(RE)FAIRE SYSTÈME

BUG & RESET

5-7, rue de l'École-Polytechnique ; 75005 Paris

http://www.editions-harmattan.fr

ISBN : 978-2-343-25404-3
EAN : 9782343254043

(RE)FAIRE SYSTÈME

BUG & RESET

L'Harmattan

SOMMAIRE

THÈME

THÈME

CRISE ET FAIRE SOCIÉTÉ SUR LA PLANÈTE : UN INÉDIT À INVENTER

Vanessa CASADELLA
Université de Picardie Jules Verne
vanessa.casadella@u-picardie.fr
Ahmed SILEM
Université de Lyon
ahmed.silem@univ-lyon3.fr
Bérangère SZOSTAK
UVSQ, Université Paris Saclay
berangere.szostak@uvsq.fr

Face au danger que génère une crise, les acteurs d'une société cherchent généralement à s'enfuir, à se protéger dans une zone où la menace ne gronde pas. C'est ainsi que lors d'une crise environnementale (un tsunami, un tremblement de terre, une canicule...), les personnes vont se déplacer dans des espaces sécures ; lors d'une crise économique, les entreprises peuvent limiter les difficultés en s'orientant vers de nouveaux marchés ou en développant des nouveaux produits ; lors d'une crise politique (guerre, révolution), tout un chacun peut devenir un réfugié et demander l'asile dans un pays en paix. Cela implique en creux que la crise, même la plus intense, reste localisée et qu'il est possible de trouver des espaces non atteints par ladite crise. Cependant, comment agir quand une crise touche la planète entière et que les espaces sécures sont très limités, voire inexistants ? Comment envisager de poursuivre ce qui fonde notre humanité, en l'occurrence les interactions, les échanges, les proximités entre les pays, les acteurs d'un même pays et les humains dans leur ensemble ? La crise de la Covid-19 pose ces questions. En effet, depuis l'identification du virus, notre faire société a été profondément bouleversé : les règles, les critères, les normes classiques de notre société ont été remis en question à tous les niveaux (macroéconomique, microéconomique et interpersonnel). Le troisième volume du numéro relatif à la crise de la Covid-19 aborde ces questionnements et propose des pistes pour penser ce que l'on peut panser dans notre société, que ce soit au plan mondial ou local.

Dans le premier article, Lahsen Abdelmalki et Mourad Attarça s'attachent ainsi au commerce international, qu'ils adoptent comme prisme d'analyse pour questionner les événements et les faits relatifs à la crise actuelle. Ils cherchent à comprendre dans quelle mesure la crise modifie les règles relatives aux relations entre les États, accélère, amplifie le phénomène de démondialisation suite aux perturbations des échanges, induites par la fermeture des frontières. Les auteurs critiquent également la relation souvent avancée entre, d'une part, la crise économique et sanitaire, et, d'autre part, la démondialisation. En effet, selon eux, il convient de ne pas négliger les coûts de la résilience découlant de la crise, de la réorganisation envisagée – coûts que les firmes multinationales (ou FMN) assument, et continuent d'assumer pour continuer leur développement. Les auteurs concluent sur le rôle toujours d'actualité de l'OMC (Organisation Mondiale du Commerce), malgré ses défaillances et limites, qui permet une régulation du commerce international.

Ces FMN sont l'objet d'attention de Christian Palloix, qui, dans le deuxième article de ce numéro, questionne leur stratégie. En effet, force est de reconnaître que la crise de la Covid-19 les a impactées de manière positive. Dit autrement, la crise leur a offert des opportunités qu'elles ont exploitées. Loin de les remettre en question, la situation a conduit les FMN à renforcer leur modèle organisationnel, en particulier sur les aspects suivants : fermeture de sites, restructuration organisationnelle par le biais de cessions-acquisitions, afin d'accroître leur rentabilité, le niveau des dividendes et le cours de valorisation de leurs actifs.

Ainsi, la crise n'est pas synonyme uniquement de dangers et de menaces pour certains acteurs de l'économie. Nadia Chettab le montre également dans le troisième article. Elle analyse comment la crise engage ce que l'on pourrait appeler une destruction créatrice de la mondialisation – mondialisation qui témoigne des logiques d'interactions entre les États et les institutions internationales, du fait des perturbations vécues par les entreprises globalisées. La crise a, il est certain, perturbé fortement les États-Unis, la Chine et l'Europe, qui sont les centres d'animation des chaînes de valeur mondiales. Selon l'auteur, cela conduit à un renouvellement du paradigme en vigueur pour davantage structurer les chaînes de valeur selon des pôles d'intégration régionale mieux maîtrisés par les États. Et ce paradigme est dynamisé, entre autres, par les technologies du numérique, en particulier la *blockchain*[1], qui ont été largement sollicitées depuis le début de la crise en 2020. En effet, elles ont favorisé le dialogue entre les acteurs économiques obligés d'être à distance, ainsi que le partage des connaissances nécessaires pour trouver des solutions face à l'épidémie.

Sur ce dernier point, Abdelkader Djeflat détaille dans le quatrième article, l'importance d'analyser la crise par le truchement de l'économie de la connaissance. Le sujet de la crise étant médical, il était vital de travailler sur des connaissances précises et nouvelles en vue d'un remède, et ainsi de

[1] La *blockchain* est une technologie permettant le stockage et la transmission d'informations formant une base de données. Cette technologie est réputée transparente et sécurisée. Elle fonctionne sans organe central de contrôle, et l'ensemble des utilisateurs ont la liberté de partager de manière simultanée la base de données créée.

dépasser des solutions d'un autre âge (port du masque, imposition de la distanciation sociale et du confinement...). L'auteur souligne, dans ce sens, quatre piliers fondamentaux pour y parvenir : les TIC, l'éducation et la formation, la recherche et l'innovation, les institutions. Il rappelle également des attributs importants des connaissances consubstantielles à ces piliers : elles sont des biens non rivaux, cumulatifs et sources d'externalités positives. Fort de ces considérations, l'auteur propose un cadre conceptuel pour penser la réponse cognitive à la crise, qui se doit de résulter d'un consensus mondial selon lequel le virus est bel et bien un « ennemi commun ».

Si les auteurs des quatre premiers articles de ce numéro adoptent une maille d'analyse macroéconomique, les suivants la réduisent pour considérer la crise au niveau plus local. Par exemple, Désiré Avom s'intéresse à des économies emblématiques du continent africain. Dans ce cinquième essai, l'auteur souligne combien une gouvernance macroéconomique reste problématique pour bon nombre d'États africains, alors même que c'est un préalable au changement nécessaire du modèle économique desdits États. En effet, ils doivent investir dans le capital physique et numérique. De son côté, Pierre Salama s'intéresse à l'Amérique latine, qui est une région en soi très inégale au niveau des revenus, de la pauvreté, de la protection sociale et de l'éducation. La crise de la Covid-19 exacerbe cet état de fait. Il convient dès lors d'engager, selon l'auteur de ce sixième article, des réformes radicales : imposer des normes environnementales et les respecter, augmenter le pouvoir d'achat provenant du travail, engager une réforme fiscale propice à la solidarité, améliorer les capacités du tissu industriel, développer une politique industrielle pour augmenter la productivité, mais aussi une politique de redistribution en faveur des personnes vulnérables, et, enfin, réguler le taux de change pour favoriser le tissu industriel. Xavier Richet s'intéresse, quant à lui dans le septième article, à la Chine, pays qui a marqué et qui marquera définitivement la géographie de la crise en tant que berceau identifié du virus. L'auteur montre que la crise sanitaire a conduit l'ensemble des économies du G20 à adopter des mesures fortes sur les plans de la finance, de la fiscalité, du social et de la sphère règlementaire (contrôle des prix, des emplois, restrictions commerciales). Du fait de la crise, la question qui se pose alors concerne les relations nouées entre la Chine et les grandes économies de marché. En effet, la Chine est désormais face à des sujets nouveaux, comme la croissance endogène et la demande intérieure, mais aussi l'indépendance technologique dans des secteurs stratégiques.

Si l'ensemble de ces articles interroge selon des regards complémentaires, la notion de l'espace, qu'il soit mondial ou local, ils mettent en évidence que notre faire société est fondé sur une proximité physique, qui a été mise à mal par la crise. André Torre propose alors de revenir sur le concept de « proximité » et de discuter de son rôle dans la propagation de la pandémie, ce qui a conduit les pouvoirs publics à réduire de manière drastique les interactions humaines et sociales. Avec la crise, la proximité géographique est devenue suspecte. Elle inquiète et fracture la société, alors même que la mise à distance des gens les uns vis-à-vis des autres, conduit à une perte des échanges et des repères. La crise montre combien il est fondamental d'organiser désormais, les proximités même à distance. Cela est d'autant plus essentiel que, même proches physiquement, ces échanges et repères sont perturbés par un objet banal : le masque. A partir d'un travail d'analyse original de 2.1 millions de *tweets* publiés sur le réseau social Twitter entre février et mai 2020, Sophie Balech, Michel Calciu, Julien Monnot et Christophe Bénavent ont étudié le rôle joué par le masque au cours de la crise, en adoptant le cadre du management du désastre. Les auteurs expliquent, preuve à l'appui dans ce dernier article de recherche du numéro, que le masque est présenté comme ce par quoi les relations sociales se redéfinissent et qui, malgré l'isolement qu'il génère, nous rapproche de la réalité commune à tous. Cet objet matériel joue un rôle central dans l'élaboration des différentes interactions sociales entre les gens. Il nous conduit ainsi, pouvons-nous ajouter, à inventer un faire société inédit sur toute la planète.

LA CRISE ÉCONOMIQUE DE 2020 SIGNE-T-ELLE LA FIN DE LA MONDIALISATION ?
UNE INTERPRÉTATION DANS LE CONTEXTE DE LA CRISE SANITAIRE DE LA COVID-19

Lahsen ABDELMALKI
Université Lumière Lyon 2
Lahsen.Abdelmalki@univ-lyon2.fr
Mourad ATTARÇA[1]
Université de Versailles
mourad.attarca@uvsq.fr

RÉSUMÉ

Les relations traditionnelles qui existent entre la croissance économique et le commerce international sont passablement perturbées par la crise de la Covid-19 qui sévit depuis le printemps 2020. Alors que les organisations économiques internationales annoncent un creusement prononcé du cycle de croissance (OCDE, FMI, etc.) ou des investissements directs étrangers (CNUCED), une aggravation bien plus prononcée devrait affecter les échanges mondiaux de biens et de services prévient l'OMC. Si le pessimisme des prévisions statistiques fait la quasi-unanimité parmi les économistes et les observateurs politiques, tel n'est pas le cas pour les effets structurels induits par la crise elle-même. Pour certains, la crise de la Covid-19 signe la fin de la mondialisation en provoquant une marche forcée vers la régionalisation du commerce et un retour à des politiques publiques portant le sceau des souverainetés nationales. Pour d'autres, au contraire, le modèle productif antérieur connaîtra des infléchissements qui se matérialiseront par une régionalisation des sources d'approvisionnement, le raccourcissement des chaînes de valeur et la relocalisation des activités au plus près des marchés de consommation. En d'autres termes, le nouvel âge de la mondialisation va porter à se protéger sans succomber au protectionnisme. L'article fournit une matière suffisante permettant de comparer entre ces doctrines en

[1] Les auteurs remercient très sincèrement Ahmed Silem pour sa relecture attentive et ses remarques.

confrontant leurs arguments et leurs propositions dans un contexte où les supputations sur la durée et l'ampleur de la crise demeurent fondamentalement incertaines.

Mots-clés : commerce international, crise sanitaire, mondialisation, ouverture des économies, raccourcissement des chaînes de valeur, régionalisation des échanges, sécurité des approvisionnements.

ABSTRACT

Is the 2020 Economic Crisis the Last Nail in Globalization's Coffin: An Interpretation in the Context of the Covid-19 Health Crisis

The traditional relationship between economic growth and international trade has been significantly disrupted by the Covid-19 crisis since spring 2020. While international economic organizations are predicting a marked deepening of the growth cycle (OECD, IMF, etc.) or foreign direct investment (UNCTAD), a much more pronounced worsening should affect world trade in goods and services, warns the WTO. Although the pessimism of the statistical forecasts is almost unanimous among economists and political observers, this is not the case for the structural effects induced by the crisis itself. For some, the Covid-19 crisis signals the end of globalization by provoking a forced march towards the regionalization of trade and a return to public policies henceforth under the influence of the imperative of national sovereignty. For others, the previous production model will experience changes that will materialize through the empowerment of sources of supply, the shortening of value chains and the relocation of activities closer to consumer markets. Finally, the new age of globalization will lead to protection without succumbing to protectionism. The article provides sufficient material to compare these doctrines by comparing their arguments and proposals in a context where speculations about the duration and extent of the crisis remain fundamentally uncertain.

Key words : international trade, health crisis, globalization, opening of economies, shortening of value chains, regionalization of trade, security of supply.
JEL Codes : F62, F10

Depuis l'hiver 2020, les spéculations vont bon train sur les conséquences multiples attendues de la double crise en cours, celle de l'épidémie de la Covid-19 et, corrélativement, celle de la récession économique. Pour certains, les effets conjugués de ces deux phénomènes signent le passage de l'« ancien monde » au « nouveau monde ». Le premier monde, en vigueur jusqu'aux années 1970, a connu la recherche effrénée de la croissance économique et de l'ouverture internationale. Le nouveau monde, en branle depuis le début des années 1980, est marqué par une croissance durablement molle et le retour obstiné aux souverainetés des nations. A la lutte pour la compétitivité et à l'essor des échanges internationaux, thèmes mobilisateurs de la période antérieure, a succédé, au tournant du nouveau siècle, une mobilisation générale pour un nouveau type de croissance qui empêche l'effondrement et permette de contenir les contraintes de l'ouverture internationale (Debray, 2020).

Cet article confronte les deux thèses rattachées à ce basculement historique. Les auteurs se demandent s'il y a lieu de parler de poursuite de la mondialisation ou plutôt de l'amorce d'une démondialisation porteuse d'un retour vers les territoires locaux, les ensembles régionaux et les cadres nationaux. Cette interrogation est à l'origine de nombreuses polémiques depuis plusieurs années (Moreau-Defarges, 2000) et se trouve désormais réactivée par l'avènement brutal de l'épidémie de la Covid-19 depuis le printemps 2020. Alors que les répercussions économiques et sociales de cette dernière restent largement incertaines, autant dans leur ampleur que dans leur durée, nous inclinons à considérer que leurs effets induits sur la croissance ne permettent pas de conclure objectivement à la fin de la mondialisation. En effet, il y a au moins autant de facteurs qui attestent de la poursuite de la mondialisation que de facteurs qui donnent à penser que nous sommes à l'heure de la démondialisation.

1. LE COMMERCE INTERNATIONAL FRAGILISÉ PAR LA RÉCESSION ET LA CRISE SANITAIRE DE LA COVID-19

Plusieurs facteurs suggèrent l'avènement d'une planète « démondialisée ». Parmi les plus souvent avancés, il y a la persistance de la récession et son corolaire l'essoufflement du commerce international. Certains mettent en avant également les effets structurels de l'épidémie de la covid-19 sur la stérilisation du capital fixe et les ressources productives, matérielles et humaines. Enfin, la suspicion sur l'insécurité des approvisionnements dans certains produits sensibles incite à la revendication d'une plus grande souveraineté nationale sur ces ressources.

1.1. La persistance de la récession et les incertitudes sur la poursuite de la crise sanitaire poussent aux replis protectionnistes

L'atonie actuelle de la croissance fait partie des facteurs qui incitent un nombre croissant d'observateurs à plaider en faveur d'une possible réversibilité de la mondialisation. Des économistes se sont également convertis à cette thèse, naguère mise en avant par Jacques Sapir (2011) et récemment réactivée par Christian Chavagneux (2017). Ils ajoutent leur voix à celles des militants traditionnels de la démondialisation (Latouche, 2019). La faiblesse de la croissance, en dégradant l'emploi et les revenus, sème un sérieux doute sur les vertus du commerce international et sa capacité d'être pourvoyeur de bien-être. Le commerce international, qui était autrefois perçu comme instrument d'une pacification des relations entre les nations, se révèle un facteur de discorde entre les nations comme le montrent actuellement les relations houleuses entre les États-Unis et la Chine, mais aussi entre les États-Unis et certains de leurs alliés traditionnels comme l'Europe, le Mexique ou le Canada.

Les rapports de force internationaux ont profondément changé, d'une manière qui modifie la perception qu'ont les États des bénéfices et des risques liés à l'ouverture. Les États-Unis et l'Europe doivent désormais composer avec des puissances émergentes qui leur disputent le *leadership* du commerce mondial. Parmi ces nouvelles puissances, il y a certes la Chine et l'Inde, mais aussi le Brésil, la Turquie et les économies dynamiques de l'Est et du Sud-Est asiatique. En particulier, il y a lieu de citer le cas de la Corée du Sud qui s'est hissée depuis peu au rang de 5ème puissance commerciale, derrière la Chine, les États-Unis, l'Allemagne et le Japon, mais devant la France, l'Italie et le Royaume-Uni. Les anciennes puissances commerçantes, qui voient leurs déficits extérieurs se creuser et leur compétitivité être malmenée, en appellent logiquement, ou plus exactement leurs entreprises et secteurs économiques les plus concurrencés, à la protection. Ce qui est paradoxal, c'est que ces appels trouvent des relais efficaces auprès de nombreux acteurs de la société civile qui sont traditionnellement plutôt hostiles aux milieux d'affaires. C'est ainsi que des écologistes et des associations de défenses des consommateurs se sont joints à beaucoup d'organisations syndicales pour vanter les vertus du « localisme » et en appellent au retour de l'État souverain. Les appels en faveur de la relocalisation des activités en France sont une dimension nouvelle de ce retournement des analyses et des opinions.

La thèse de la démondialisation n'est pas seulement une affaire d'humeur politique ou de conjoncture dépréciée, elle est aussi devenue un sujet d'intérêt pour les économistes. Après avoir, des décennies durant, défendu le libre-échange, l'économiste américain Paul Samuelson a concédé quelques années avant sa mort en 2009, que « face à la dure réalité des choses, il serait inconsidéré de voir le libre-échange comme une panacée face à la faiblesse durable de la croissance aux inégalités géographiques mondiales ». Dans ce registre, l'étude dévastatrice des économistes américains Francisco Rodriguez et Dani Rodrik (2000) doit être citée. C'est la première étude scientifique contemporaine à avoir réussi à semer le doute sur l'existence d'une relation significative et constante entre croissance, commerce extérieur et bien-être.

Dani Rodrik (2018) a récidivé plus récemment avec un article remarqué dans lequel il soutient, qu'avec la fin des « trente glorieuses », les partisans de l'ouverture en exagèrent souvent les bénéfices afin de relancer une mondialisation visiblement en panne. Ces derniers suggèrent notamment que l'élimination des barrières commerciales doit logiquement stimuler la spécialisation internationale et donc l'efficacité des entreprises (efficacité productive et emploi accrus) et des marchés (hausse des échanges). Pour l'auteur, ces objectifs pris ensemble sont contradictoires ou plus exactement supposent des conditions draconiennes. En particulier, les échanges doivent croître de manière forte et équilibrée simultanément pour tous les participants à l'échange. Or, depuis quelques années, les accords commerciaux ne réalisent plus de créations nettes d'emplois importantes, ils ne font le plus souvent que les redistribuer d'une industrie à l'autre et/ou d'un pays à l'autre. Dans l'ensemble, le jeu serait à somme nulle. Dans l'avenir, le commerce international ne serait pourvoyeur d'emplois qu'à la condition d'une reprise forte de la croissance et de la demande mondiales. Or, cette perspective est très improbable à court terme et pourrait même être retardée, voire empêchée, par la diffusion de l'épidémie par paliers successifs, certes selon une gravité différenciée, à tous les secteurs d'activité économiques et à l'ensemble des économies nationales.

1.2. Le commerce international, en évolution sinueuse depuis plusieurs années, est confronté aux effets inédits de la crise sanitaire de 2020

Les oscillations du rythme du commerce international au cours des cinq dernières années (2015-2020) tranchent avec l'essor important et quasi-continu qui avait marqué les échanges depuis la création du GATT en 1947[2]. En dollars courants, le commerce mondial de marchandises a bondi de 59 milliards de dollars en 1948 à 18 919 milliards de dollars en 2018, soit une multiplication par 320 en 70 ans (OMC, 2019). Aucune autre grandeur économique n'a progressé autant en si peu de temps. La tendance vient rappeler que la principale facette de la mondialisation est incontestablement la facette commerciale. Dans l'ensemble, l'après-guerre confirme l'importance croissante prise par le commerce international

---

[2] *General Agreement on Tariffs and Trade*, Accord général sur les tarifs douaniers et le commerce.

devenu, dans la durée, l'un des vecteurs structurants de l'économie mondiale et l'un des déterminants de la croissance dans la plupart des régions de la planète.

Toutefois, cet essor a enregistré un coup d'arrêt en 2015, les exportations mondiales de marchandises ayant reculé de 15,7 % cette année-là, essuyant de nouveau une baisse de 0,8 % en 2016. Le commerce mondial avait déjà subi des retournements plus tôt dans le temps, notamment en 1982, 1993 et 1997. En 2001, il s'est contracté en écho aux évènements du 11 septembre. En 2009, il s'est également replié de 17,3 % en réaction aux turbulences économiques et financières entraînées par la crise dite des Subprimes.

En avril 2020, l'OMC a publié une note d'actualisation dans laquelle elle prévoit « une chute du commerce mondial entre 13 % et 32 % en 2020 ». Elle justifie cette contraction forte par « l'effet de la pandémie du nouveau coronavirus qui a fortement désorganisé les activités économiques et la vie normales dans le monde ». Pour l'Organisation, la crise a contraint les gouvernements à prendre des mesures sans précédent pour protéger la vie des personnes, entraînant inévitablement une baisse du commerce et de la production qui, par ricochet, aura des conséquences douloureuses pour les entreprises, en plus des souffrances humaines causées par la maladie elle-même (OMC, 2020).

Le large éventail de possibilités d'évolution liées à la baisse prévue s'explique par la nature sans précédent de la crise sanitaire et par l'incertitude quant à son impact financier, économique et social. Dans plusieurs scénarios, l'OMC estime que toutes les régions du monde devront subir un recul à deux chiffres des exportations et des importations en 2020, sauf l'Afrique, le Moyen-Orient et la Communauté des États indépendants (CEI). La baisse relativement faible estimée pour ces régions tient au fait que les pays concernés dépendent principalement des exportations de produits énergétiques dont la demande mondiale est relativement indépendante des fluctuations de prix. Dans l'ensemble, les conséquences sur le commerce international seront plus prononcées que celles entraînées par la crise financière mondiale de 2008-2009.

En fait, le commerce international avait déjà entamé un repli avant que le virus ne commence à sévir. En 2019, le commerce mondial des marchandises a enregistré un recul de 0,1 % en volume, après avoir progressé de 2,9 % en 2018. Dans le même temps, la valeur en dollars des exportations mondiales de marchandises a baissé de 3 % pour atteindre 18 890 milliards de dollars.

A partir de 2021, la reprise dépendrait à la fois de la durée de l'épidémie et de l'efficacité des mesures prises. « Si la pandémie est maîtrisée et si le commerce se remet en route, la plupart des régions pourraient enregistrer en 2021 une reprise à deux chiffres avoisinants 24 % dans le scénario optimiste et 21 % dans le scénario pessimiste » (OMC, 2020).

1.3. L'ouverture accentue les effets brutaux de l'épidémie de la Covid-19 depuis le début de 2020

Les premières estimations des conséquences de l'épidémie de la Covid- 19 en cours sur le commerce international, montrent une grande incertitude dans l'identification des effets de la crise économique sur les tendances du commerce international (ONU, CEA-a, 2020). La dernière grande récession s'était produite en 2009 et avait été marquée par un recul du PIB de 5,2 % à l'échelle mondiale. Le commerce mondial avait alors plongé de 23,0 %.

Une observation attentive des données caractéristiques des vingt dernières années permet de relever une corrélation très particulière entre les deux types de cycles. Quand la croissance économique, mesurée par la variation du PIB, est à la hausse, le commerce international, mesuré par le montant des exportations de marchandises, croît également, mais plus que proportionnellement. Inversement, quand la croissance économique recule, le commerce international subit un creux plus marqué. Cette double tendance est vérifiée à l'échelle de l'économie mondiale, elle l'est aussi au niveau de nombreuses économies nationales (Database, OMC & OCDE, 2020).

Sur une période plus longue (1980-2018), cette corrélation se maintient, toutefois des facteurs structurels interviennent. En particulier, la matrice des échanges des économies nationales se déforme, signalant des évolutions de fond des politiques industrielles nationales, mais aussi au niveau des indices de compétitivité globaux et sectoriels. L'observation suggère également l'existence d'une relation forte à long terme entre les périodes de relâchement des politiques commerciales (baisses des droits de douane, harmonisation des normes techniques et sanitaires, conclusion d'accords de libéralisation des échanges, etc.) et les périodes de prospérité économique. A l'inverse, les périodes de durcissement des politiques commerciales (recours accru aux instruments de protection commerciale, contingentements, représailles, etc.) sanctionnent des situations d'atonie de la croissance, voire de retour à des périodes de récession, comme ce fut le cas en 2015-2016. D'une certaine manière, le ralentissement actuel du commerce international, même s'il est accentué par l'épidémie, serait un fait banal dans son existence même car il a déjà eu des précédents dans l'histoire.

1.4. La sécurité des approvisionnements a remis à l'honneur la revendication de la souveraineté nationale sur les ressources stratégiques

La polémique récente sur la sécurité des approvisionnements a relancé la revendication de la souveraineté nationale sur les ressources stratégiques, particulièrement dans les domaines de l'alimentation et de l'approvisionnement en denrées agricoles. Les inquiétudes exprimées par l'opinion publique de devoir subir des ruptures dans l'accès à ces produits ont rejoint les réticences dont font preuve, depuis au moins les années 1950, les pays industrialisés membres de l'Organisation mondiale du commerce (OMC) sur la perspective d'une libéralisation accrue des marchés des produits agricoles.

Ces pays annoncent sporadiquement leurs intentions de relancer l'ouverture des marchés. D'un point de vue officiel, les négociations se poursuivent toujours entre les grands pays agricoles du Nord (États-Unis, Europe, etc.) et les pays en développement (PVD). Dans les faits, ces discussions sont contrariées par les subventions énormes que l'Europe, dans le cadre de la Politique Agricole Commune (PAC) et les États-Unis continuent de verser à leurs producteurs. Certes, l'OMC a mis en place une procédure de poursuite et de renforcement des engagements de réduction des subventions aux exportations et des soutiens internes, mais cela ne modifie pas la donne. Aux yeux l'Europe et des États-Unis, les intérêts agricoles sont non négociables et les arguments ne manquent pas : la sécurité alimentaire, la spécificité des produits et des activités agricoles au service du développement rural et de la fixation des populations à la campagne, etc. En conséquence, les droits de douane sont toujours prohibitifs pour les pays du Sud, d'autant plus prohibitifs que l'on touche ici, avec les produits de la pêche et du textile, aux rares activités dans lesquelles peuvent s'exprimer les spécialisations traditionnelles de ces pays. Parmi ces derniers, certains crient leur déception de voir qu'on les a obligés à ouvrir leur économie à l'importation des produits manufacturés et aux services, au nom des bienfaits de la libéralisation du commerce, mais sans contrepartie pour les produits agricoles. On ne doit pas être surpris de voir que, se sentant lésés, ces pays font savoir aujourd'hui qu'ils sont plus que jamais favorables à un commerce affranchi des restrictions imposés par les pays industrialisés.

Toutefois, actuellement, la priorité n'est plus à œuvrer pour déverrouiller les marchés agricoles des pays riches, pour résorber une partie des déséquilibres commerciaux entre le Nord et le Sud, elle est à tirer les enseignements de ces déséquilibres et, dans les opportunités ouvertes par la crise épidémique, de tenter d'identifier celles qui autoriseront les issues les plus salvatrices. C'est dans cette perspective que la Commission économique pour l'Afrique (CEA, cf. supra) a averti que l'épidémie pourrait faire entre 300 000 et 3 millions de victimes sur le continent africain, le palier devant dépendre de l'importance des mesures prises pour stopper la propagation du virus.

Sur le plan économique, les pays d'Afrique pourraient connaître en moyenne un ralentissement de la croissance de 1,8 % dans le meilleur des cas et une contraction de 2,6 % de l'économie dans le scénario le moins favorable. Cela pourrait faire basculer 29 millions de personnes dans l'extrême pauvreté. Même si la propagation de l'épidémie est ralentie, elle devrait entraîner des dommages économiques irréversibles. Déjà, le recul du prix du pétrole, ressource qui représente 40 % des exportations africaines, a provoqué l'évaporation de la moitié des ressources d'exportation du continent et d'autres exportations majeures de l'Afrique, comme les articles textiles et les produits de la floriculture, ont reculé également. Le tourisme, qui représente jusqu'à 40 % du PIB de certains pays, est pratiquement à l'arrêt, tout comme le transport aérien qui y contribue. Faute d'une réaction locale rapide, et en l'absence d'une coopération internationale appropriée, les gouvernements se trouveraient exposés à une perte brutale de tout contrôle sur l'ordre public. La CEA évalue à 100 milliards de dollars le budget nécessaire pour répondre aux urgences sanitaires et progressivement contenir les pressions qui s'exercent déjà sur le continent.

Si l'Afrique est singulièrement vulnérable, c'est parce que 56 % de la population urbaine est concentrée dans des bidonvilles, le plus souvent surpeuplés et mal ou non équipés, et que seuls 34 % des ménages ont accès aux moyens d'une hygiène élémentaire. Environ 70 % de la population active est employée dans ce qui est appelé communément le « secteur informel » et la plupart de ces salariés ne peuvent faire de télétravail, ni même se passer quotidiennement d'une quête de quoi vivre. Près de 40 % des enfants de moins de cinq ans souffrent de malnutrition. De tous les continents, l'Afrique est celui qui a la plus forte prévalence des pathologies de masse en raison du manque d'équipements dans les établissements hospitaliers et des professionnels de santé, de sa forte dépendance à l'égard des importations dans les domaines des médicaments et produits pharmaceutiques et, enfin, du fait que les économies sont incapables de faire face aux coûts croissants des soins et aux conséquences exorbitantes des confinements.

Au-delà de l'Afrique, ce sont tous les pays en développement, en particulier les plus touchés par la crise sanitaire, qui sont contraints par des besoins croissants de financement de leur économie. À ce titre, la capacité de ces États à générer et collecter leurs propres recettes et à mettre en valeur leurs ressources spécifiques apparaît comme un enjeu fondamental pour se hisser au niveau des effets en cascade et multisectoriels de l'épidémie.

2. DE LA CRISE ÉCONOMIQUE ET SANITAIRE À LA DÉMONDIALISATION : UNE ÉVIDENCE DISCUTABLE

Les inerties que rencontre la mondialisation, depuis quelques années, a pour contrepoids d'autres facteurs qui continuent de soutenir la poursuite de l'intégration internationale. Parmi ces derniers, l'importance que représentent historiquement les marchés internationaux pour les économies nationales n'est pas des moindres. Les économistes savent depuis longtemps que l'ouverture est consubstantielle à la croissance et au développement, seules ses formes et son intensité changent périodiquement. Par ailleurs, la thèse de la fin de la mondialisation est contredite par la poursuite de l'internationalisation des approvisionnements et de l'externalisation de leurs processus de production par les firmes multinationales. Une dynamique qui incite à considérer l'OMC comme un « gendarme » nécessaire à la défense de l'ordre multilatéral (Abdelmalki, Sandretto, 2017).

2.1. La nouveauté n'est qu'ignorance de l'histoire…

L'ouverture et l'expansion par les marchandises et les capitaux sont au cœur de la dynamique du capitalisme depuis les origines de ce dernier, c'est ce que rappellent conjointement les géographes et les historiens de l'économie (Giraud 2018 ; Bihr, 2018 ; Cardinat, 2013). Si l'essor des investissements directs étrangers (IDE) a marqué le pas au cours des toutes dernières années, il se maintient toutefois à un très haut niveau. Beaucoup d'entreprises nord-américaines et européennes continuent de se délocaliser vers le reste du monde pour gérer leurs actifs ou préserver leur compétitivité. Les faits le prouvent, les situations de prospérité accélèrent les flux des IDE, mais les situations de crise les accélèrent encore plus car les capitaux doivent renouveler sans cesse leurs conditions de rentabilité (CNUCED, 2018).

De même, si la réduction des barrières à l'échange s'est amorcée sous l'égide du GATT, dans un contexte d'une prospérité naissante à partir de 1947, et si elle est restée ensuite à l'œuvre sous l'égide de l'OMC jusqu'à ces dernières années, elle se poursuit aujourd'hui dans un cadre plutôt bilatéral ou régional. Selon le secrétariat général de l'OMC, environ 483 Accords commerciaux régionaux (ACR) ont été notifiés à l'Organisation depuis 1995 dont 303 accords actifs en janvier 2020 (Secrétariat des ACR, 2020, Genève). L'ouverture internationale n'est donc pas en crise, ce sont ses formes qui ont mué. Elle a été impulsée par les pays industrialisés à partir du début du 19ème siècle, elle est aujourd'hui reprise et relancée par les économies dynamiques du Sud. La révolution industrielle a mis plus d'un siècle pour s'accomplir en Europe et en Amérique du Nord, mais seulement quelques décennies à s'installer dans les pays du Sud. Les effets bénéfiques de la mondialisation sont à ce point évidents pour Pascal Lamy que ce dernier n'hésite pas à écrire que : « la démondialisation est un concept réactionnaire » (2011).

Pour ce dernier, à la fois ancien Directeur général de l'OMC et ancien Commissaire européen au commerce, les problèmes auxquels s'est heurté le système de l'économie mondiale depuis 2009, force ce dernier à se transformer profondément à un double niveau. D'une part, au niveau de l'Europe, le projet européen est exposé à des défis qui dissimulent des risques importants : l'Union va-t-elle retrouver un dynamisme suffisant pour réduire le chômage et stimuler l'investissement ? Pourra-t-elle affronter efficacement les tentations souverainistes et nationalistes que la crise amplifie partout, certes de manière inégale, sur tout le continent ? L'auteur considère que des décennies de libre circulation des idées, des biens et des services, des personnes et des capitaux ont contribué à la formation d'un ensemble européen solidement intégré, à tel point que le commerce intra-européen représente 70 % des échanges de l'Union européenne, et bien davantage pour certains pays-membres. Toutefois, l'Union doit œuvrer à renouveler son projet. À la paix et à la prospérité européennes par l'intégration des marchés doit succéder un nouveau projet qui prenne en considération l'état du monde ainsi que l'évolution de la mentalité de la société européenne elle-même. Face à une Chine conquérante et à une Amérique plus que jamais introvertie et belliqueuse, la vocation de l'Europe doit être de « civiliser la mondialisation ». Cela reviendrait à pacifier les relations internationales et à aplanir les menaces internes et externes, en participant à des missions qui prennent en considération les besoins réels de la société et qui incitent les administrations nationales à adopter des normes et des politiques communes qui deviendraient des références pour tous (Lamy, Gnesotto, 2017).

Au niveau mondial, l'on assiste, depuis une trentaine d'années, à un renouvellement incessant des tensions qui donne, à chaque nouvelle secousse, une trajectoire différente à la mondialisation. Dans les années 1990 et 2000, la récession qui avait frappé les grandes économies (États-Unis, Allemagne, France, Japon, etc.) a entraîné une rapide expansion des chaînes de production grâce à la baisse des tarifs douaniers et à l'essor des nouvelles technologies qui ont écrasé les coûts liés à la distance (transport, assurance, délocalisation, etc.). Ce modèle productif a connu un succès considérable qui a poussé nombre d'entreprises à s'installer dans les zones où les coûts de production sont les plus faibles. Le capitalisme de marché était alors dans une logique d'efficience.

La singularité de la crise de la Covid-19 tient au fait qu'elle va accélérer la reconfiguration des chaînes de valeur au nom de la « précaution ». Pour Pascal Lamy, la précaution sera imposée par les États dans les secteurs considérés comme stratégiques (médicaments, alimentation, agriculture, sécurité, etc.). Au lieu d'avoir une ou des usine(s) dans un pays, les firmes multinationales choisiront d'en avoir une en Chine et d'autres ailleurs. Les entreprises vont remanier les chaînes de valeur pour les rendre plus « résilientes » aux chocs économiques (comme les ruptures d'approvisionnement), et sanitaires (comme le repli vers des produits plus sûrs). Cela se fera au prix d'une performance moindre. En effet, on connaissait les coûts de la transition environnementale, la crise de la Covid-19 va désormais confronter la mondialisation aux coûts de la résilience. Cela va se traduire par une hausse des prix et/ou une baisse des profits et donc par une croissance mondiale moins rapide. Dans ce contexte sans précédent, les marchés internationaux continueront de jouer leur rôle en compensant les reculs de la production et de l'offre sur les marchés nationaux. Tout compte fait, l'épidémie ne signera pas la fin de la mondialisation, mais une diversification de cette dernière (Lamy, 2020).

2.2. Des implications incertaines du repli du commerce international sur la dynamique de l'économie mondiale à long terme

Le taux de croissance annuel moyen du commerce international a atteint 4,1 % durant la décennie 1980-1989, pour passer ensuite à 5,7 % durant la décennie 1990-1999 et atteindre 7,5 % durant la décennie 2000-2009, malgré les évènements qui ont marqué le début et la fin de dernière période. Si le taux de croissance des échanges s'est ensuite affaissé à 3,2 % sur la période 2010-2018, la tendance ne signe pas la fin des interdépendances entre les firmes, les marchés et les nations.

Au-delà de l'état de la conjoncture qui donne à être pessimiste sur les perspectives de l'ouverture internationale, les économies nationales poursuivent sur la dynamique de l'intégration internationale. La majorité des États de la planète continue de faire de l'ouverture le moteur du développement économique. Lorsque le GATT est né, à la fois comme Traité commercial et comme Organisation en 1947, il y avait 23 parties contractantes. A la création de l'OMC en 1995, ce nombre est passé à 123 pays membres. Aujourd'hui, l'Organisation compte 164 pays membres auxquels viennent s'ajouter 24 pays observateurs. De la sorte, on peut considérer que la quasi-totalité des pays de la planète, à l'exception de ceux que les États-Unis classent comme des « États voyous » (Iran, Libye, Corée du Nord, etc.) ou de ceux qui peinent à négocier leur adhésion à l'OMC (Algérie, Bosnie, etc.) ont convenu de faire de l'ouverture de leur économie la locomotive de leur intégration au système économique mondial. Les doutes sur la réalité de la reprise et les tentations de repli pourront persister le temps des difficultés en cours, mais devraient logiquement s'estomper avec le retour à un environnement plus stable.

Au demeurant, ce retour à la stabilité internationale ne fait pas l'unanimité. Pour certains, même si le commerce international est prévu en forte baisse en 2020, cette baisse pourrait être amortie au moins en partie par un « effet rattrapage ». Les stocks ayant fortement baissé depuis le printemps 2020, les entreprises devront à la fois œuvrer à les reconstituer et à satisfaire la demande courante, ce qui devrait soutenir une reprise inégale mais progressive (De Vijlder, 2020). Dans le contexte français, à supposer qu'il n'y ait pas de nouvelles vagues épidémiques, nécessitant le recours à de nouveaux confinements totaux ou partiels, la croissance devrait rebondir au moins de 7 % en 2021 pour se replier ensuite à 4 % en 2022 (Banque de France, 2020).

A plus long terme, les prévisions sur la reprise de la croissance et la poursuite de l'ouverture restent un sujet d'interrogation. Ainsi, Christian Cauvin (2013) et Nicolas Bouzou (2020) tranchent en affirmant que ce qui est en jeu, ce n'est pas la fin de la mondialisation, mais ses formes et modalités futures d'expression. A l'inverse, pour Patrick Arthus (2020), la crise en cours, par son ampleur et les incertitudes qu'elle provoque, peut induire des irréversibilités fortes dans la mesure où l'économie perd du capital fixe et donc des capacités de production. Elle sacrifie aussi du capital humain car il est difficile de remettre sur le marché du travail tous les salariés licenciés depuis le début de 2020. Parallèlement, la crise de la Covid-19 accélère la perception de leur fragilité par les États. Tout particulièrement, les entreprises accumulent des dettes et des méventes qui peuvent les dissuader d'investir et d'embaucher à court terme. Selon lui, ces deux facteurs portent un coup dur à la mondialisation. Le montant des importations des pays de l'OCDE en provenance des pays émergents, en proportion de leur PIB consolidé, après avoir fortement augmenté jusqu'en 2015, est constant depuis 2016 et pourrait connaître un fort repli au cours des prochaines années. L'effet de la crise actuelle ne devrait pas seulement se refléter dans la contraction du commerce international, mais aussi dans une régionalisation de ce dernier ainsi que dans une métropolisation des chaines de valeur. Les firmes multinationales, indépendamment de leur nationalité, travailleront dans le futur à satisfaire les marchés des aires régionales où elles sont localisées, loin du modèle en vigueur jusqu'à présent où les lieux d'approvisionnement et de production, d'un côté, et les lieux des débouchés, d'un autre côté, étaient séparés.

Pour Josep Borrell (2020), les grandes crises accélèrent généralement l'histoire. Cette leçon doit pousser à penser les enjeux de la crise de la Covid-19 sous l'angle des effets qu'elle est susceptible d'induire au niveau des dynamique déjà en action. L'épidémie n'accouchera pas de la fin de la mondialisation, mais elle aidera à la remise en cause de ses présupposés idéologiques, notamment le fameux triptyque qui associe l'ouverture des marchés, le recul de l'État et la privatisation de l'économie. La phase de la mondialisation qui a précédé s'était soldée par une extension de la production au niveau mondial en profitant à la fois de la diminution spectaculaire des coûts de transport, de l'essor de la digitalisation et de la faiblesse des coûts de fabrication qui ont conféré un avantage décisif aux pays émergents, Chine en tête. En conséquence, les flux tendus ont remplacé les stocks. La crise en cours ne remettra pas en cause les chaines de valeur héritées de cette période en raison de leurs avantages productifs et commerciaux incontestables. En revanche, le modèle productif antérieur connaîtra des infléchissements majeurs qui se matérialiseront par un plus grand souci dans la diversification des sources d'approvisionnement, notamment dans les produits de santé, par le raccourcissent de certaines chaines de valeur et la relocalisation des activités associées au plus près des marchés de consommation et, enfin, par le retour à l'État-protecteur qui est mieux à même de protéger les citoyens contre les coûts sociaux de la cris et l'incertitude des marchés. En définitive, le nouvel âge de la mondialisation va porter à « se protéger sans succomber au protectionnisme ».

Pour l'OMC, la probabilité d'une reprise forte de la croissance et du commerce international est plus grande si les États et les entreprises considèrent l'épidémie de la Covid-19 et la récession qu'elle engendre comme des chocs temporaires. Elle sera d'autant moins coûteuse si les États acceptent de renforcer la coopération internationale pour favoriser des solutions communes. Une démarche coordonnée est la seule qui puisse stimuler les investissements et maintenir l'ouverture et la prévisibilité des marchés (OMC, 2020).

2.3. La mondialisation toujours à l'agenda des firmes multinationales

Une note récente de l'INSEE (2018) souligne le degré avancé de l'internationalisation de l'économie française par l'entremise de « ses » firmes multinationales (FMN). Cette internationalisation se traduit davantage par l'implantation à l'étranger de filiales de FMN que par les exportations. C'est aussi le cas pour le Royaume-Uni. L'Allemagne se distingue en associant une présence forte de filiales à l'étranger à des exportations importantes. L'INSEE souligne également que les FMN sous contrôle français ont la moitié de leur activité et de leur emploi implantée à l'étranger, soit respectivement 52 % et 53 %. Symétriquement, au sein de l'économie française, les FMN, qu'elles soient sous contrôle français ou étranger, représentaient environ la moitié de l'emploi (47 %) et de la valeur ajoutée (56 %) des entreprises installées sur le territoire. Les multinationales sous contrôle étranger pèsent respectivement 12 % et 15 %. Au même moment, les stocks d'IDE en France et français à l'étranger représentaient respectivement 41 % et 64 % du PIB, d'après les définitions officielles du manuel de la balance des paiements. En longue période, selon les données de la Banque de France, le stock d'investissement direct français à l'étranger a été multiplié par 3,6 depuis 2000. Parallèlement, l'ouverture aux investissements étrangers s'est poursuivie avec un stock d'IDE en France multiplié par 2,3. La comparaison avec les autres pays de l'OCDE montre la forte extraversion des FMN françaises relativement à la taille de l'économie nationale.

La CNUCED estime à environ 15 % du PIB mondial la part de la valeur ajoutée brute produite par les filiales étrangères des FMN (CNUCED, 2017). Dans cette réalité, qui semble s'accentuer irréversiblement, s'enracine une autre justification à la poursuite de l'ouverture. En effet, la distinction établie traditionnellement par les économistes entre « avantages comparatifs » et « avantages concurrentiels » semble vouée à devenir ténue. L'identité des entreprises se confondrait de moins en moins avec l'identité des économies nationales. Même si l'avantage comparatif garde sa signification, l'avantage concurrentiel devient un puissant vecteur de développement des investissements et des échanges mondiaux. L'avantage concurrentiel qui a trait à la capacité des firmes à combiner les initiatives stratégiques et la gestion de leurs ressources évolue plus rapidement que l'avantage comparatif.

Les écoles de pensée économiques ont traditionnellement des opinions différentes sur le poids relatif de chacun de ces deux types d'avantages. Toutefois, un nombre croissant d'auteurs s'accorde sur le fait que les modèles commerciaux des grandes nations résultent d'une combinaison des deux types d'avantages. L'essor du commerce de produits similaires (ou commerce intra-branche) en serait la démonstration. Ce dernier articule à la fois l'internationalisation des processus de production des FMN, lesquels se délocalisent d'un pays à l'autre, et la hausse des échanges entre les économies liées par de telles délocalisations.

Certains économistes qui mettaient autrefois l'accent sur la primauté des stratégies d'entreprises en viennent aujourd'hui au constat que l'environnement macroéconomique, la qualité des infrastructures et la transparence des réglementations nationales peuvent nettement influer sur le comportement des entreprises et leurs avantages concurrentiels. Inversement, des économistes qui mettaient plutôt l'accent sur l'avantage comparatif reconnaissent plus volontiers aujourd'hui que les choix stratégiques des firmes deviennent vecteurs de commerce tout autant que les avantages comparatifs. Cette évolution conjointe vers l'avantage compétitif a pour effet d'atténuer la différenciation entre les économies nationales et la superposition facilement admise entre firmes nationales et économies nationales (Fréry, 2020 ; Mouhoud, 2017).

Dans le contexte ouvert par la crise sanitaire, certains considèrent que ces deux types d'avantages vont évoluer et, en partie, converger sous un double effet. D'un côté, les États vont se lancer dans une concurrence vigoureuse pour attirer les investissements industriels susceptibles d'amortir le choc provoqué par le ralentissement des appareils productifs. Leurs aides iront prioritairement aux secteurs les plus fragilisés par la crise ou dont la sensibilité a été révélée par cette dernière. Du côté des FMN, il est attendu que l'investissement et la production chutent plus fortement dans les secteurs ayant des chaînes de valeur complexes comme l'électronique, l'aéronautique et la construction automobile. Cette chute devrait être compensée par une reprise de l'investissement, soutenue par un essor rapide des innovations, dans les secteurs en prise avec la crise sanitaire : le transport, la logistique et les produits de santé. Le commerce des services pourrait être le plus directement touché par la crise en raison des restrictions visant le tourisme ainsi que la fermeture de nombreux établissements de vente au détail et d'hébergement.

2.4. L'OMC dans la tourmente de la crise du multilatéralisme ou pourquoi un gendarme du commerce mondial est toujours nécessaire

Certes, ce n'est plus à Genève que se discutent désormais les accords commerciaux, mais dans les capitales des pays qui recherchent des facilités commerciales ou qui ont des différends à régler. Certains poussent le pessimisme jusqu'à parler de la fin du multilatéralisme (Dubet, 2018). Non seulement cette fin n'est pas encore actée, mais on peut voir, derrière l'essoufflement des négociations multilatérales, une augmentation continue du négoce dans le cadre d'accords commerciaux régionaux ou bilatéraux. Les États-Unis, déjà impliqués dans une quarantaine de ces accords commerciaux, viennent de renégocier coup sur coup de nouveaux accords avec le Mexique, le Canada, le Japon et le Brésil. L'Europe n'est pas en reste. L'Union est, elle aussi, associée dans une quarantaine de traités de même type avec toutes les régions du monde : la Turquie, la Norvège, la Corée du Sud, le Japon, le Mercosur, le Canada mais aussi la Chine et les États-Unis, etc.

On peut se réjouir ou s'inquiéter de la multiplication de tels accords aujourd'hui, beaucoup ayant une opinion plus ou moins arrêtée sur leur opportunité ou leur dangerosité. Le juste milieu serait de considérer que l'ouverture se poursuit, mais en quelque sorte « à la carte ». La baisse considérable des droits de douane dans le monde témoigne de la résistance aux tentatives de retour à la protection : ces droits représentent aujourd'hui moins de 3 % en moyenne pour les produits manufacturés. Lors de la session du Kennedy round (1963-67), ils avaient été réduits de 35 % et de 40 % de nouveau lors de la session de l'*Uruguay Round* du GATT (1986-94). On ne devrait pas minorer les effets de telles négociations qui se matérialisent concrètement par le fait que les consommateurs peuvent accéder à des produits plus nombreux, variés et de façon moins onéreuse. Les faits attestent que les États accordent plus facilement des facilités commerciales en période prospérité alors qu'ils sont tentés, à tout le moins au niveau déclaratif, par la protection lorsque la situation économique se dégrade, que le chômage s'aggrave et que l'opinion publique se met à douter des vertus de l'ouverture. Nous sommes dans ce dernier cas de figure aujourd'hui !

Personne ne peut prétendre que le fonctionnement de l'OMC est satisfaisant. En particulier, on a beaucoup reproché à l'OMC de se focaliser sur la libéralisation des échanges au détriment de l'intégration de la société civile ou de la prise en compte effective des effets du commerce sur la société, la santé et l'environnement. Il s'ensuit que le fonctionnement de l'OMC pourrait sans doute être amélioré sur de nombreux points, mais de là à souhaiter la mort de l'OMC… Il y a lieu aussi de dissiper une autre ambiguïté : l'OMC a parfois l'image d'une énorme machine bureaucratique enchâssée dans sa doctrine dont elle peine à se départir. Sur ce dernier aspect, il faut rappeler que l'OMC est une Organisation intergouvernementale qui n'a pas de personnalité juridique propre. Au cœur de l'Organisation, se trouvent des États qui négocient des accords commerciaux qui sont ensuite le plus souvent ratifiés par leurs parlements nationaux. Bien entendu, tous les pays ne pèsent même d'un même poids, mais il arrive aussi que les différends portés à l'arbitrage de l'Organe de Règlement des différends (ORD) de l'OMC donnent lieu à des décisions contraires aux intérêts des grandes puissances (Kieffer, Marquet, 2020).

Si l'OMC n'a plus la confiance des États membres, ou même seulement si elle perdait la confiance des membres qui comptent le plus comme l'Europe ou les États-Unis, l'on risquerait de se retrouver face au « vrai » libéralisme, c'est-à-dire au fond à la « loi de la jungle ». Même si l'Organisation fonctionne de façon sous-optimale, son cadre demeure source de stabilité et de prévisibilité. Comme l'avait si bien dit Henri Lacordaire, dominicain, en 1848, « entre le fort et le faible, entre le riche et le pauvre, entre le maître et le serviteur, c'est la liberté qui opprime et la loi qui affranchit » (cf. Abdelmalki, Sandretto, 2017).

CONCLUSION : L'EUROPE, L'ÉPIDEMIE DE LA COVID-19 ET LE TOURNANT DE LA MONDIALISATION

Que cette modeste contribution s'achève par une référence à l'Europe peut surprendre. Pourtant, il faut bien admettre que les difficultés de l'Europe à s'affirmer accentuent les tensions sur les équilibres commerciaux mondiaux. Normalement, la politique commerciale dont elle s'est dotée devrait lui témoigner d'un rôle à la mesure de sa dimension de première « puissance » commerciale de la planète. En réalité, si l'Europe a affuté ses règles de fonctionnement et harmonisé les conditions de la concurrence au niveau interne, elle n'a pas réussi à progresser au même rythme au niveau extérieur. Elle est régulièrement confrontée à des divisions internes que l'élargissement vers l'Est, à partir de 2004, n'a fait qu'aggraver en multipliant la nature des problèmes à résoudre et les solutions pour le faire. Cela a pour effet que l'Europe donne parfois l'impression de ne pas exister face à ses grands adversaires.

Chaque nouveau conflit commercial révèle au grand jour le « coût de la non-Europe ». Mille occasions ont été offertes à l'Union pour faire la preuve de son unité (le conflit avec la Chine sur les panneaux photovoltaïques ou avec les États-Unis sur la banane ou le commerce de voitures), chaque fois l'Europe a trouvé matière pour se diviser à Bruxelles avant même de rencontrer ses partenaires à Pékin ou Washington pour trouver des issues aux différends commerciaux. Le Brexit n'est qu'un avatar de ces tensions qui laisseront, sauf changement de cap spectaculaire que personne ne peut plus espérer, subsister un doute sérieux sur l'aptitude de l'Europe de donner un nouveau tournant au multilatéralisme et à son missionnaire en chef, l'OMC.

Il faut remarquer que cette attitude de l'Europe coûte aussi indirectement au reste du monde. En s'enfermant dans ses problèmes internes et en se mettant à la marge des grands dossiers de la planète, l'Europe laisse de manière non intentionnelle les États-Unis et la Chine dans un affrontement permanent qui peut avoir des conséquences suicidaires pour la diplomatie commerciale internationale (Borell, 2020). En fait, on voit bien que les marges de manœuvre sont étroites pour l'Europe. Vis-à-vis de la Chine, il s'agit d'éviter que le centre de gravité de la planète ne continue irrésistiblement de se déplacer vers le Pacifique. Vis-à-vis des États-Unis, il s'agit d'éviter de se perdre dans un alignement automatique sur le grand allié occidental qui est loin de lui vouer la même solidarité, particulièrement depuis l'arrivée de Donald Trump à la présidence américaine en janvier 2017.

La crise de la Covid-19 offre opportunément à l'Europe la possibilité de corriger son attitude pour tenter de s'inscrire dans l'histoire, d'autant que la santé est un domaine qui échappe normalement à son emprise institutionnelle. En effet, elle n'a qu'une « compétence d'appui » aux politiques des États. La mission de l'Union est aussi d'encourager la coopération entre les États membres, selon les termes de l'article 168 du Traité sur le fonctionnement de l'UE. Il s'ensuit que les États-membres sont libres de légiférer et d'agir au niveau domestique, au risque d'exprimer des doctrines incohérentes ou d'engager des actions discordantes.

Poussés par les premiers effets de la crise sanitaire, les dirigeants de l'UE se sont entendus en juillet 2020 sur un plan de relance et sur un cadre financier pluriannuel permettant de le financer durant la période 2021-2027. Il s'agit officiellement de sortir de la crise et de jeter les bases d'une Europe plus inclusive et plus résiliente. Pour ce faire, le budget de l'UE a été renforcé pour l'ensemble de la période et porté à 1 100 milliards d'euros. Un nouvel instrument de relance a été également créé et doté d'un montant de 750 milliards d'euros, grâce à de nouveaux financements levés sur les marchés financiers pour la période 2021-2024. Enfin, le fonds européen d'ajustement à la mondialisation (FEAM) a été réactivé et ses ressources portées à 386 millions d'euros. Il s'agit d'un fonds de solidarité créé en 2006 qui apporte une aide aux travailleurs touchés par l'ouverture de l'économie européenne à la mondialisation, en particulier lorsque cette ouverture a pour effet des fermetures d'activité ou des licenciements.

Tirant la leçon de la dépendance à l'égard de certains produits médicaux d'importation (molécules, masques, respirateurs, gants et lunettes, etc.) révélée par la crise de la Covid-19, l'Union a également adopté une nouvelle stratégie pharmaceutique visant à remédier aux risques de nouvelles ruptures d'approvisionnement dans ces différents domaines. Symétriquement, un nouveau plan d'action portant sur les matières premières critiques a été programmé afin de renforcer les marchés d'électromobilité, de batteries, d'énergies renouvelables et d'applications numériques. Pour couronner le tout, l'Union s'est engagée à entreprendre un examen de sa politique commerciale extérieure afin de garantir la continuité des flux de marchandises et de services et renforcer le filtrage des IDE.

Reste le plus difficile, obtenir la participation active et durable de tous les pays-membres à la réalisation de ces objectifs et une action coordonnée avec les autres parties engagées au sein de l'OMC dans la mesure où, sans une réforme de cette dernière et sans soutien apporté à son action, beaucoup parmi les objectifs précédents ne pourraient être atteints. L'histoire rendra son verdict...

BIBLIOGRAPHIE

ABDELMALKI, L., SANDRETTO, R. (2017), L'OMC et la régulation du commerce internationale en danger, in *Regards croisés sur l'économie, La Découverte et la Documentation française*, 2 (21), 131-140.

ARTHUS, P. (2020), Covid-19 : adieu la mondialisation, *vidéo en ligne*, 22 mars.

BANQUE DE FRANCE (2020), Projections macroéconomiques, *publications.banque-france.fr*, Juin.

BIHR, A. (2018), *Le premier âge du capitalisme 1415-1763*, Syllepse.

BORELL, J. (2020), Covid-19 : le monde d'après est déjà là…, *Politique étrangère*, 2/2020, 1-13.

BOUZOU, N. (2020), *Inventons la mondialisation de demain*, Editions de l'Observatoire.

CAUVIN, C. (2016), *Au-delà de la mondialisation : construire le monde de demain,* L'Harmattan.

CHAVAGNEUX, C. (2017), Les forces de la démondialisation, *Alternatives Économiques*, 10-20.

CNUCED (2018), Les investissements dans le monde : repères et vue d'ensemble, Rapport annuel, Genève.

CNUCED (2017), Les investissements dans le monde : repères et vue d'ensemble, Rapport annuel, Genève.

DE VIJLDER, W. (2020), Covid-19 : l'impact sur l'économie mondiale, *Note de conjoncture de BNP-Paribas*, 9 avril.

DEBRAY, R. (2020), *Le siècle vert,* Gallimard, Coll. Tracts.

DUBET, F. (2018), Déclin et retour des frontières, *Politiques des frontières*, 5-27.

FMI (2020), *Perspectives de l'économie mondiale*, Database, juin.

FRERY F. *et alii* (2020), *Stratégique*, Pearson, 12ème édition.

GIRAUD, P.N. (2018), *Fernand Braudel : la dynamique du capitalisme*, Flammarion.

INSEE-Références (2018), Mondialisation et firmes multinationales, in *Mondialisation, compétitivité et innovation, Dossier Fiches thématiques.*

KIEFFER, B., MARQUET, C. (2020), *L'organisation mondiale du commerce et l'évolution du droit international public*, Bruylant.
LAMY, P. (2011), La démondialisation, un concept réactionnaire, *Le Monde,* 30 juin.
LAMY, P. (2020), Le Covid-19 va accélérer le passage du protectionnisme au précautionnisme, *Le Monde*, 9 avril.
LATOUCHE, S. (2019), *La décroissance*, PUF, Coll. Que-Sais-Je ?
MOREAU DEFARGES, P. (2000), Mondialisation : l'irréversible et l'irrésolu, *Le Débat*, 5(112), 102-105.
MOUHOUD, E.M. (2017), Mondialisation et délocalisation des entreprises, *La Découverte*, Coll. Repères.
OMC (2019), *Examen statistique du commerce mondial,* Rapport annuel, Genève.
OMC (2020), Forte chute attendue du commerce avec une économie mondiale bouleversée par la pandémie de COVID-19, Communiqué de presse, 8 avril.
ONU-CEA (2019), *Le Covid-19 en Afrique : sauver des vies et l'économie*, Addis-Abeba.
RODRIGUEZ, F., RODRIK, D. (2000), Trade Policy and Economic Growth : A Skeptic's Guide to Cross-National Evidence, (Politique commerciale et croissance économique : le guide du sceptique face aux données transnationales), *NBER Macroeconomics annual*, 15.
RODRIK, D. (2018), What do Trade Agreements Really do?, *Journal of Economic Perspectives,* 23 (2).
SAPIR, J. (2011), *La démondialisation*, Seuil, Coll. Économie humaine.

COVID-19 – LA MONDIALISATION ET LES FIRMES MULTINATIONALES À L'ÉPREUVE DE LA CRISE SANITAIRE

Christian PALLOIX
Université Picardie Jules Verne
christian.palloix@wanadoo.fr

RÉSUMÉ

Alors que le cours de la mondialisation était en retrait en 2018 et 2019 – baisse des exportations mondiales, baisse des flux d'investissements directs à l'étranger, plafonnement et ralentissement du taux annuel d'évolution du PIB monde –, la crise sanitaire 2020 et 2021 accentue ce retrait du cours de la mondialisation sans qu'on puisse anticiper une quelconque « démondialisation » pour l'avenir. Mais, les acteurs majeurs de cette mondialisation, les firmes multinationales, en s'appuyant sur leurs chaînes logistiques – arrimées dans les paradis fiscaux – surfent sur les opportunités offertes par les difficultés actuelles de la mondialisation, avec fermetures de sites, restructurations, cessions-acquisitions, pour asseoir encore davantage leurs dominations et améliorer leur rentabilité.

Mots-clés : mondialisation, firme multinationale, chaîne logistique, investissement direct étranger, internationalisation de la production.

ABSTRACT

Coronavirus – Globalization and multinational firms under the pression of the health crisis

While the course of globalization was down in 2018 and 2019 – decrease of world exports, decrease of foreign direct investment flows, capping and slowing down G.D.P. world rate of change, – the 2020 and 2021 pandemic crisis is intensifying this withdrawal of the course of globalization without being able to anticipate a 'deglobalization' for the future. But, the major players in this globalization, the multinational corporations, relying on their supply chains – anchored in tax havens, deploy on the opportunities offered by the present difficulties of globalization – with industrial site closures, corporate restructuring, divestments and corporate acquisitions – to further consolidate their dominance and improve profitability.

Keywords: globalization, multinational corporation, supply chain, foreign direct investment, internationalization of production.
JEL Codes : F21, F62, F23

INTRODUCTION

Les années 2018 et 2019 abritaient déjà certains dysfonctionnements de la mondialisation : plafonnement du PIB monde, baisse des exportations mondiales, ralentissement de la productivité ici et là, baisse des flux d'investissements directs étrangers, une internationalisation de la production stagnante, etc… La crise sanitaire 2020-2021 accentue les évolutions notées précédemment, interrogeant le cours actuel de la mondialisation.

Mais dans ce cours de la fragilisation de l'économie mondiale, les firmes multinationales (FMN), le principal acteur de l'internationalisation de la production (et de sa fragmentation), affichent davantage encore leur domination. Pour ce faire, les FMN s'appuient sur des chaines logistiques, pilotées depuis les paradis fiscaux, assurant massivement les transferts de profits pour améliorer distribution de dividendes et valorisation des actifs. Et la crise sanitaire 2020-2021 offrent de nouvelles opportunités pour asseoir leur domination.

1. UN COURS DE L'ÉCONOMIE MONDIALE QUI RALENTIT DÉJÀ AVANT LA CRISE SANITAIRE ET QUI SE CONTRACTE EN 2020 ET 2021

1.1. Un cours de l'économie mondiale qui ralentit déjà avant la crise sanitaire

Certes, selon les données de la CNUCED[1], les années 2010-2019 sont marquées par une internationalisation croissante de la production mondiale conduite par les FMN :

[1] UNCTAD, World Investment Report, Genève.

- le poids des ventes des filiales des FMN dans le PIB Monde évolue de 35,6 % en 2010 à 35,9 % en 2019, tout en se situant en retrait par rapport à 2016 avec 38,5 % ici ;
- le poids de la valeur ajoutée des filiales des FMN dans le PIB Monde évolue de 9,0 % en 2010 à 9,2 % en 2019 ;
- le poids des exportations des filiales des FMN (CNUCED) rapportées aux exportations mondiales de biens et services (FMI) se situait à 41,3 % en 2010 et à 42,5 % en 2016 avant de décroître quelque peu à 33,1 % en 2017 (pas de données ultérieurement).

Dans le même temps, l'emploi généré par les filiales des FMN progressait de 63 millions de personnes en 2010 à 82 millions de personnes en 2019.

Ce cours de l'internationalisation de la production mondiale est alimenté selon la CNUCED par l'évolution des flux d'investissements directs avec deux cours distincts :

- un cours croissant des flux d'investissements directs entrants de 2010 (1 244 milliards de $) à 2015 (1921 milliards de $), à un taux de 9,1 %/an ;
- un cours décroissant des flux d'investissements directs entrants de 2015 (1 921 milliards de $) à 2019 (1 540 milliards de $), à un taux de -5,4 %/an, avec des évolutions contrastées de 2015 à 2019 selon les régions, dont une plus nette décroissance en direction des pays développés (-8,5 %/an), dont une décroissance moindre en direction des économies émergentes (-2,0 %/an), dont une progression en direction des économies en transition.

Ces flux d'investissements directs entrants (le plus généralement sous la coupe des FMN) se décomposent eux-mêmes en investissements de « *greenfield projects* » (projets entièrement nouveaux) et investissements de « *cross-border M&AS* » (fusions et acquisitions transfrontalières)[2] dont :

- un cours du montant des investissements « *greenfield* » croissant à 983 milliards de $ en 2018, mais nettement décroissant en 2019 à 846 milliards de $ (-13,9 %) ;
- un cours légèrement décélérant des investissements dits de « fusions-acquisitions transfrontalières » à 816 milliards de $ en 2018, mais qui chute fortement en 2019 à 491 milliards de $ (-39,8 %).

Les exportations mondiales, qui progressaient de 6 390 milliards de $ en 2000 à 15 014 milliards de $ en 2010 à un taux de 8,9 %/an, selon les

[2] Cf . UNCTAD, World investment report, Genève.

données de l'OMC, marquent le pas ensuite pour s'afficher à 19 179 milliards de $ en 2018 à un taux de 0,8 %/an, nettement en retrait sur le cours 2000-2010, et s'abaissent à 18 669 milliards de $ en 2019 (- 2,7 %)[3].

Déjà, en 2018, l'OCDE faisait état d'une croissance ralentie du PIB monde 2016-2018 avec un plateau de l'évolution annuelle inférieur à 3 %/an et une prévision d'évolution inférieure en 2019[4]. Le PIB monde ralentit à 87,1 milliards de $ en 2019 (+1,8 %) selon les données de la CNUCED.

L'exercice 2019 annonce dès lors un nouveau cours de la mondialisation, dans un contexte d'internationalisation de la production certes maintenu sous le sceau des FMN, mais avec une baisse des flux d'investissements directs, une baisse des opérations d'investissements en *« greenfield »* et « fusions-acquisitions », une baisse des exportations mondiales, un PIB en recul.

1.2. Un cours de l'économie mondiale qui se contracte davantage dans le cours de de la crise sanitaire 2020-2021

L'OCDE[5] et le FMI[6] constatent de concert une baisse du PIB monde de - 3,3 %/- 3,4 % en 2020, dont - 8,2 % en France, avec un rebond espéré à + 6,0 %/+ 6,4 % en 2021, mais qui sera nettement en retrait sur cette prévision.

Les exportations mondiales (OMC) décroissent à 17 223 milliards de $ en 2020 (- 2,7 %) après une baisse également équivalente de - 2,7 % en 2019, sans réelle perspective de reprise en 2021.

Les flux d'investissements directs entrants (CNUCED), qui décroissaient régulièrement depuis 2016 (- 5,4 %/an), chutent dans l'estimation de 2020 à 890 milliards de $ (- 42,2 %) et sont à nouveau en retrait de - 50 % sur le premier trimestre 2021.

De concert, les institutions internationales se veulent rassurantes sur la reprise de l'activité économique en 2021, mais en plaçant celle-ci sous les incertitudes de l'évolution de la crise sanitaire et de son impact sur l'économie.

Dès lors, est-il question de 'démondialisation' ? Il paraît trop tôt pour l'affirmer.

---

[3] OMC, *World trade values.*

[4] OECD – *Trends on global growth*, 2018.

[5] OECD – *Strengthening the recovery – The need for speed*, March 2021.

[6] FMI, *Perspectives de l'économie mondiale - Projections*, 2021.

2. UNE ORGANISATION DE LA FMN CONFORTÉE PAR LA CRISE SANITAIRE ?

2.1. Avant la crise sanitaire, une nouvelle organisation spécifique de la FMN qui faisait écho à la théorie de l'agence (Jensen & Meckling, 1976) et au recours au « principal »

Depuis le début des années 1990 à nos jours, trois arrangements institutionnels et organisationnels des firmes multinationales (Kichou, Palloix, 2015) se déclinent nationalement et internationalement dans l'agroalimentaire et la chimie[7].

Un premier arrangement court jusqu'au début des années 2000 où l'arrangement institutionnel est également organisationnel avec la séparation des centres de profit (*holding* et filiales commerciales) et des centres de coûts (filiales industrielles) des FMN avec une organisation en « rateau ». Cette séparation des centres de profit et des centres de coûts conduit alors au transfert massif des fonctions supports (administration, comptabilité et finances, commercial et marketing, ressources humaines, logistique, ...) vers la société opérationnelle (S.O.) nationale (commerciale), voire leurs délocalisations vers les pays à bas salaires. Le centre de coût (les usines) met à la disposition de la société opérationnelle (la société commerciale ou la *holding*) la production des biens et services à prix coûtant (plus un faible *mark up*) que la société opérationnelle commercialise sur les différents marchés nationaux, s'attribuant pour son seul compte le profit réalisé.

Un deuxième arrangement surgit dans le cours des années 2000-2010 où l'arrangement organisationnel prend le pas sur l'arrangement institutionnel avec la montée des « chaînes logistiques »[8] en régime de prix

---

[7] Arrangements déclinés chez General Mills/Yoplait, Unilever, Kraft/Mondelez, Continental Foods, Cargill, Danone,... et qui copient à leurs manières les arrangements développés de manière plus sophistiquée (pas d'usines en propre, mais usines sous-traitantes) par Apple, Nike, et autres. Mais il en est de même par exemple, sous des formes moins sophistiquées certes, dans l'industrie automobile (Renault et autres opérateurs).

[8] Ces chaînes logistiques sont saisies généralement sous les termes de "*Global value Chain*" (CNUCED, FMI, OCDE, ...), se focalisant sur le seul versant "valeur", alors qu'il convient de saisir la complexité de cette chaine logistique selon sa déconnexion avec d'un côté des chaînes distinctes de prix et de rémunérations, avec prix de transfert et optimisation fiscale, et, de l'autre, une chaîne de valeurs d'usage.

de transfert (*cost plus*[9], *profit split*[10]) et où la chaîne logistique (en tant que « principal » renvoyant à la théorie de l'agence) coiffe les sociétés industrielles (centres de coûts). La « chaîne logistique », comme institution et organisation, est le « principal » (Jensen, Meckling, 1976) qui assure la gouvernance des « agents » (que sont les sociétés industrielles et commerciales en Europe comme en France) et qui assume les « risques » (?) (légitimation du « *profit split* »). Cette « chaîne logistique » se décompose en trois circuits distincts[11] :

- un circuit de valeurs d'usage où le « principal » (une société filiale de la FMN domiciliée dans un paradis fiscal) met à la disposition des sociétés industrielles ici et là en Europe les « *inputs* » (matières premières, emballages, ...) qu'elle a achetés et dont elle reste propriétaire ainsi que des « *outputs* » biens fabriqués, la société industrielle étant réduite à un rôle de façonnier ;
- un circuit de marchandises cédés par le « principal » aux sociétés opérationnelles (commerciales ou autres) de la FMN à prix de transfert (*cost plus*) qui les commercialisent à prix de marché sur leurs marchés nationaux ; c'est le marché qui crée la richesse ;
- un circuit de rétrocession du profit (*profit split*) de la société opérationnelle vers le « principal » à un taux variant de 25 % à 50 % de l'EBIT[12] réalisé par la société opérationnelle, soit une évaporation fiscale conséquente vers le « principal ».

Un troisième « arrangement » surgit dans le cours des années 2010-19 où l'actif « marque » et la « chaîne logistique » se confortent réciproquement dans le prélèvement des richesses sous l'appellation « *limited risk distributor* »[13]. Les marques de la FMN, localisées dans une entité juridique d'un paradis fiscal, sont le nouveau « principal »

---

[9] Selon l'OCDE, méthode dite transactionnelle du prix de revient majoré .... mais qui, dans la pratique des multinationales, revient à prendre en compte principalement les coûts de revient de la filiale plus une marge généralement fort réduite ayant pour objet de répondre à la législation du travail, un minimum d'exigences sociales (intéressement, participation).

[10] Selon l'OCDE, méthode transactionnelle du partage des bénéfices .... mais qui revient à transférer la majorité du bénéfice réalisé par la société opérationnelle vers le principal (holding de la chaîne logistique) domicilié dans un paradis fiscal ; cette méthode fait l'objet d'un projet "BEPS" de l'OCDE pour une plus équitable répartition des profits.

[11] Décomposition que ne prend pas en compte l'analyse en termes de "*global value chain*".

[12] EBIT : *earnings before interest and taxes* (solde intermédiaire qui se rapproche de l'excédent brut d'exploitation), avec un taux d'EBIT rapporté au chiffre d'affaires.

[13] LRD : la distribution des risques est partagée entre le distributeur (la société opérationnelle) et le principal (la holding de la chaîne logistique ou la holding détenant les marques), avec un risque limité pour le distributeur et un risque majoré pour le principal, justifiant le partage des profits en faveur du principal.

complémentaire du « principal » logistique précédent. Par rapport aux actifs « marques », la société opérationnelle (commerciale) est cantonnée à une fonction de distributeur où sa fonction de commercialisation ne lui confère qu'une rémunération limitée à hauteur de 2 à 5 % du chiffre d'affaires réalisé par les « marques » sur le marché national, le reste (95 à 98 % de l'EBIT) assurant d'une part la rémunération des actifs « marques » et d'autre part la rémunération du « principal » de la chaîne logistique (*profit split*), soit une évasion fiscale accélérée. Le nouveau modèle LRD ne change rien aux deux premiers vecteurs ci-dessus de la chaîne logistique d'amont ; le troisième vecteur se charge de deux sous-circuits de rétrocession du profit, l'un en faveur du « principal » de la chaîne logistique et l'autre en faveur du « principal » où sont logés les actifs « marques ». Les actifs des FMN se centrent désormais sur les actifs intangibles (marques, brevets, licences, …) qui sont au centre de la préoccupation de la gouvernance des FMN au vu des « *goodwill* » ou « *badwill* » affectant à leurs bilans la valorisation de ces actifs intangibles, et ceci en raison notamment de l'évolution du cours des actions sur les places boursières.

L'attention portée sur les « *global value chains* » (GVC) a toutefois le mérite de cibler la fragmentation de la production mondiale de biens, notamment dans les biens intermédiaires, fragmentation qui inciterait les diverses institutions internationales (FMI, OECD, Banque mondiale, OMC) bien au contraire à davantage de libéralisation de l'économie mondiale, avec une attente d'un poids des GVC dans les exportations mondiales à 60 % en 2030 dans les prévisions précédentes de l'OMC !

2.2. Dans le cours de la crise sanitaire 2020-2021, une organisation spécifique renforcée de la FMN

La crise sanitaire a offert en France des opportunités aux firmes multinationales pour améliorer leur taux d'EBIT. Les FMN, loin de revoir leur modèle organisationnel, l'ont renforcé avec la généralisation des chaînes logistiques et du modèle 'marques' selon les trois vecteurs désignés dans le point précédent, et cela avec des annonces de fermetures de sites ou de restructurations pour améliorer le cours de la valorisation de leurs actifs affichés au bilan.

Un premier cours est de jouer sur le premier vecteur de la chaîne logistique d'amont en fermant ou cédant les sociétés industrielles dont les coûts de fabrication sont jugés trop élevés par rapport à la performance attendue du « principal » :

- le groupe Unilever a cédé en 2020 le site de St Vulbas (produits d'entretien) au groupe espagnol Persan et annonce en 2021 la fermeture du site de Duppigheim (soupe déshydratée et soupe liquide)[14] ;

[14] *Les Echos,* 14 avril 2021

- le groupe néerlandais Refresco (jus de fruits) annonce en 2021 la fermeture du site de Château-Thébaud[15] ;
- le groupe Heidelbergcement (Ciments Calcia) ferme la cimenterie de Cruas et restructure celle de Gargenvilleen France en 2021[16] ;
- le groupe Cargill arrête l'activité amont (amidonnerie humide) du site d'Haubourdin en 2020 (plus de 150 licenciements)[17] ;
- …..

Un deuxième cours est de jouer sur tout ou partie des vecteurs de rétrocession du profit vers le « principal » tant des « marques » que de la « chaîne logistique » :

- le groupe General Mills rétrocède en 2021 sa participation dans Yoplait France à Sodiaal Union, au vu d'une rentabilité jugée insuffisante ;
- le groupe Heineken licencie en 2021 nombre de salariés de la force de vente hors domicile (cafés-restaurants-hôtels) et de fonctions supports du siège ;
- le groupe Danone, avec l'éviction de son PDG 'Faber', est questionné par ses actionnaires sur la rentabilité de ses actifs dans les 'eaux' et 'l'ultrafrais' ;

Dans le même temps, le montant distribué de dividendes par le CAC 40 se reprend vivement en 2021 après le retrait observé en 2020 à 28,6 milliards d'euros (- 42 %) : il est annoncé un montant à distribuer en 2021 à 41 milliards d'euros (+ 44 %)[18], soit l'effacement du recul observé en 2020 lié alors à la crise sanitaire …. mais sans effet en 2021 ?

Le regard porté sur les GVC dans le cours de la crise sanitaire[19] souligne les risques d'approvisionnement liés à ces GVC, avec des ruptures, notamment dans les biens pharmaceutiques et médicaux.

Pour conclure, les FMN paraissent peu affectées dans leur activité par la crise sanitaire, en s'appuyant sur l'organisation de leurs chaînes logistiques (bien au-delà des « *Global Value Chains* »). Tout au contraire, elles saisissent les opportunités offertes par les difficultés de la mondialisation – qui justifieraient selon elles les fermetures de sites, les restructurations, les cessions-acquisitions – pour accroître leur rentabilité, distribuer davantage de dividendes et améliorer le cours de la valorisation de leurs actifs.

---

[15] *Usine nouvelle*, 06 avril 2021

[16] *Usine nouvelle*, 28 novembre 2020

[17] *Le Monde*, 18 août 2020

[18] *Le revenu*, 19 mars 2021

[19] OECD, *Global value chains : efficiency and risks in the context of COVID-19*, 11 february 2021

BIBLIOGRAPHIE

FMI (2021), *Perspectives de l'économie mondiale - Projections,* https://www.imf.org/fr/Publications/WEO/Issues/2021/03/23/world-economic-outlook-april-2021

JENSEN, M., MECKLING, W. (1976), Theory of the firm : managerial behavior, agency costs and ownership structure, *Journal of financial Economics,* 3, October.

KICHOU, L., PALLOIX, C. (2015), Gouvernance et Gouvernement des multinationales – Fondements et pratiques des multinationales, Colloque *Gouverner la crise, gouverner dans la crise*, Amiens, 7-9 décembre 2015, 26 p.

OECD (2021), *Global value chains : efficiency and risks in the context of Covid-19*, 11 february, https://www.oecd-ilibrary.org/social-issues-migration-health/global-value-chains-efficiency-and-risks-in-the-context-of-covid-19_67c75fdc-en

OECD (2021), *OECD Economic Outlook, Interim Report March 2021*, OECD Publishing, Paris, https://doi.org/10.1787/34bfd999-en

UNCTAD, *World Investment Report*, United Nations, New-York & Genève (plusieurs publications annuelles)

LA CRISE DE LA PANDÉMIE DE LA COVID-19, UNE DESTRUCTION CRÉATRICE DE LA MONDIALISATION

Nadia CHETTAB
Université Badji Mokhtar Annaba – Algérie
nad.chet@gmail.com

RÉSUMÉ

La pandémie de la covid-19 a soulevé des inquiétudes quant à l'avenir de la mondialisation, processus qui a structuré l'économie mondiale durant les trois dernières décennies, spécialisant les pays sur ce qu'ils savaient faire le mieux, et laissant le marché garantir à chacun le meilleur prix. Ce nouveau virus, qui s'est propagé de la région de Hubei en Chine au début de 2020, a rapidement interrompu les chaînes de production à travers le monde. L'ampleur de cette pandémie et le blocage de la production mondiale qui s'en est suivi ont révélé, une fois encore, les doutes sur la capacité du marché à absorber les chocs de grande ampleur, à ramener l'économie à l'équilibre et à assurer sa relance.
Le but du présent travail est de montrer le rôle central des institutions politiques et économiques, ainsi que l'évolution endogène de la technologie dans la réponse à la crise. Après un éclairage historique et quelques illustrations récentes des incidences de la crise sanitaire, le présent article revisite les dynamiques qui structurent le marché mondial, montrant que celles-ci se renouvellent et mènent à un redéploiement de la mondialisation.

Mots-clés : Chaînes de valeur globales, globalisation, intégration régionale, Blockchain.

ABSTRACT

The Covid-19 pandemic crisis: a creative disruptive process of Globalisation

The COVID-19 pandemic has raised concerns about the future of globalization, a process that shaped the world

economy over the past three decades, specializing countries in what they can do best and letting the market guarantees the best price for everyone. This new virus, which spread from the Hubei region of China in early 2020, quickly interrupted the production chain across the world. The scale of this pandemic and the ensuing slowdown of the world's production have once again shown doubts and raised concerns about the capacity of the market to absorb by itself large-scale shocks and put back the economy on the path of growth.
The aim of this work is to show the central role of political and economic institutions, as well as the endogenous evolution of technology to help find solutions to the present crisis. After a historical perspective and some recent illustrations of the health crisis, this article revisits the dynamics, which structure the world market, showing that they evolve leading to a redeployment of globalization.

Keywords: Global value chains, globalization, regional integration, Blockchain.
JEL Codes: F23, F62

INTRODUCTION

Depuis trois décennies, les termes de « Mondialisation » et « Globalisation » tendent à se substituer au terme plus traditionnel d' « économie internationale ». Au-delà de l'aspect sémantique, le terme et la réalité de la *globalisation* renvoient aux dynamiques économiques d'intégration des entreprises dans un cadre institutionnel de *mondialisation* qui, lui, relève d'une logique des États[1] et des institutions internationales[2].

Mais, si ces deux dynamiques, qui structurent l'économie mondiale, ont des objectifs complémentaires, elles se sont développées, le plus souvent, indépendamment l'une de l'autre. L'intégration économique[3] est un

[1] L'État exerce sa souveraineté sur le territoire qui correspond à l'espace national, il a pour raison d'être d'assurer sa cohésion intérieure et défendre ses intérêts vis-à-vis de l'extérieur.

[2] Les institutions internationales (OMC, FMI, BM, etc.) définissent et structurent le cadre institutionnel de la mondialisation.

[3] C'est une forme d'intégration poussée des nations dans un espace régional unifié. Exemple : APEC, ASEAN, MERCOSUR, etc. Le processus d'intégration économique, selon la typologie de Bela Balassa (1961) comporte cinq étapes : zone de libre-échange, union douanière, marché commun, union économique, union économique et monétaire. Cf Balassa B. (1961) *The Theory of Economic integration*, Homewood Richard Irwin Inc, 304 pages.

processus long, nécessitant plusieurs phases de développement tandis que les dynamiques de globalisation symbolisent un mouvement historique plus rapide et plus poussé, basé sur un processus de localisation d'entreprises, de plus en plus libres.

Structurée par cette asymétrie entre les dynamiques et dans laquelle les entreprises prennent le pas sur leurs États par le développement de chaînes de valeur mondiales (CVM), liant ainsi les économies locales au marché mondial (Cali et *al.* 2016)[4], la mondialisation a, non seulement, insufflé à l'économie mondiale un plus grand potentiel de croissance et de transfert de technologie mais, également, engendré une vague importante de perturbations des marchés.

La prééminence des problèmes économiques depuis les années 1990 témoigne, en fait, du profond changement qui s'opère dans les structures de l'économie mondiale. Pendant longtemps, on a accordé aux mécanismes de marché un rôle déterminant dans les modes de coordination et de régulation économique et sociale. On a aussi considéré les dynamiques de globalisation comme indépendantes vis-à-vis de l'évolution des politiques d'intégration régionales. Or, la question de la récurrence des cycles de crises et leur rapport au fait que les deux dynamiques – qui structurent la mondialisation et évoluent d'une façon concomitante sans être toujours articulée – fût longtemps éludée.

Sur fond de fragilités structurelles non corrigées, la Covid-19 a frappé le cœur battant de la mondialisation, c'est-à-dire les centres d'animation des chaînes de valeur mondiales représentés par les États-Unis, la Chine et l'Europe. Les dynamiques qui structuraient les différents chaînons dans la production mondiale se sont trouvées rompues. La production de matières premières et des biens intermédiaires fabriqués dans différents lieux dans le monde puis leur expédition pour être assemblés ailleurs n'ont pu se réaliser, et la production finale n'a pu être effectuée et réexportée vers les pays destinataires, paralysant, ainsi, un grand nombre de chaînes de production à travers le monde. Selon le Forum Économique Mondial[5] (2020), la pandémie de la Covid-19 a affecté plus de 75 % de la production manufacturière mondiale.

Aujourd'hui, les dégâts collatéraux induits par ce choc extérieur sont nombreux, faisant ainsi entrer le monde dans l'ère de ce qui est, désormais, considéré par tous comme étant « la nécessaire résilience économique », autrement dit, la nécessité pour les pays de recadrer d'une manière fondamentale les politiques de développement pour plus d'inclusivité afin de recouvrer une meilleure maîtrise des ressorts internes du

---

[4] Cali, M, et *al.* (2016). "The Labor Content of Exports Database", *Policy Research Working. Paper.* 7615, *World Bank document* https://doi.org/10.1596/1813-9450-7615

[5] Voir http://www3.weforum.org/docs/WEF_GVC_the_impact_of_COVID_19_Report.pdf

développement économique. Les États, d'une façon quasi-générale, sont entrés dans un processus de réalignement de leurs chaînes d'approvisionnement au plus près de chez eux. L'inclusivité repose, dorénavant, sur le développement de chaînes d'approvisionnement régionales et la relocalisation des entreprises. L'enjeu dans cette reconfiguration des CVM devient dès lors l'organisation de la production en circuits courts, c'est-à-dire la diversification des chaînes d'approvisionnement au niveau régional, afin de faire face à d'éventuels risques à venir. Ce qui ouvre la voie à la construction de pôles régionaux avec comme conséquence une reconfiguration des formes de relations économiques mondiales et de ses bases géographiques.

Des questions se posent quant à la pertinence de la relocalisation et de l'inclusivité par rapport à l'intégration mondiale et/ou régionale. Il est pourtant certain que la rupture de la production mondiale induite par la Covid-19 s'avère comme un élément majeur dans la recomposition des chaînes d'approvisionnement. Cette réalité entraîne une série de questions : En quoi cette rupture affecte-t-elle le fonctionnement d'une approche qui accorde aux mécanismes de marché un rôle déterminant dans les modes de coordination et de régulation sociale ? Le changement sera-t-il palpable et profond ? Un alignement est-il envisageable entre les dynamiques d'intégration régionale menées par les États et celles de la globalisation conduites par les entreprises, au point de remettre en cause le principe d'efficacité qui structure le capitalisme de marché ? Plus largement, quelles seraient alors les perspectives d'avenir pour la mondialisation ?

L'objet de cet article est d'observer, en écho avec la crise globale que nous vivons, les lignes de force qui structurent les dynamiques d'une économie mondiale conduite par les seules forces du marché et la maximisation des profits afin de déceler les facteurs de rupture et de continuité de la mondialisation. Les conclusions du présent travail montrent que l'interruption des chaînes de production à travers le monde ne traduit, en aucun cas, la fin de la mondialisation. Nous assistons à un processus de destruction créatrice de la mondialisation qui se caractérise par la fin du paradigme classique de mondialisation fondée sur le principe de « l'efficacité » économique, synonyme de maximisation des résultats de l'entreprise, de son profit et des dividendes des actionnaires, d'une part, et à l'émergence d'une néo-mondialisation structurée sur les pôles d'intégration régionale mieux maitrisée par les États et abritant des chaînes de valeurs régionales, d'autre part. Dans tous les cas de figure, la période post-Covid19 ouvre la porte à une nouvelle « normalité » économique mondiale régissant la période actuelle caractérisée, non pas par la crise économique en elle-même mais plutôt par des transformations rapides dans un monde qui, lui, est en crise.

Structuré selon trois sections, le présent travail montre comment les premiers effets de la Covid-19 ont été révélateurs des fragilités structurelles du système économique mondial qui se sont traduites par une fragmentation des processus productifs (section 1). Puis, la crise induite par la Covid-19 a agi comme un catalyseur à cette transformation des fondements mêmes de la mondialisation, induisant ainsi de nouvelles formes de recomposition des processus productifs, non seulement sur le « principe d'efficacité » qui a, longtemps, structuré les dynamiques économiques mondiales, mais également sur celui de l'inclusivité et de la sécurité de l'approvisionnement en biens et leur disponibilité pour les économies nationales (section 2). Ce processus de destruction créatrice de la mondialisation ne peut toutefois être pensé dans sa totalité s'il est amputé de son élément essentiel que constituent les technologies numériques, en particulier la *Blockchain* qui, sans aucun doute, contribuera grandement à travers les travaux menés par le Forum Économique Mondial à la déconcentration des CVM de la Chine pour accélérer leur diversification déjà entamée dans la région (section 3).

1. LA CRISE INDUITE PAR LA COVID-19, UN RÉVÉLATEUR DE FRAGILITÉS STRUCTURELLES NON CORRIGÉES

Le développement rapide des chaînes de valeur mondiales[6], fondées sur le principe d'efficacité[7], n'a pas été sans incidences, tant sur les systèmes de production et le marché local du travail que sur le niveau de vie des populations locales et la structure des dépenses publiques. La littérature économique a mis en exergue les imperfections du marché mondial. Dans leur analyse, Autor *et al.* (2013) ont, par exemple, montré le risque d'effondrement du marché du travail local en occident du fait d'une croissance économique plus rapide de l'autre côté de la planète. Par ailleurs, Egger *et al.* (2018) expliquent, de leur côté, comment les avantages fiscaux accordés aux entreprises étrangères, en concurrence avec les entreprises locales, mettent en péril l'équilibre des finances publiques nationales.

De fait, des cycles conjoncturels suivis de cycles structurels ont, pendant longtemps, rythmé le développement de l'économie mondiale, et ce, jusqu'à l'éclatement du premier choc systémique en 2007-2008.

---

[6] Dans la recherche d'avantages de localisation, les entreprises investissent à l'étranger soit par l'IDE vertical afin de tirer le meilleur parti possible des facteurs de production locaux à l'étranger, soit par l'IED horizontal à la recherche de marchés en installant des filiales étrangères intéressées à approvisionner les marchés étrangers en biens et services. Les CVM à travers la fragmentation géographique de la production ont alors joué un rôle crucial dans la forte accélération du commerce mondial durant la période 1990-2008.

[7] Les CVM sont structurées sur une logique d'optimisation de la compétitivité par les avantages-coûts : minimisation des coûts, réduction des stocks et augmentation de l'utilisation des actifs. Elles sont basées sur des stratégies de segmentation des processus productifs et chaque élément est fabriqué dans le pays qui offre la meilleure efficience ou rentabilité pour le segment en question.

L'insuffisance de la demande a empêché le relèvement durable du taux de profit (Gordon, 2016) et a par conséquent entraîné une baisse de la rentabilité des investissements et empêché l'introduction de nouvelles technologies. Cela s'est traduit par un ralentissement de la croissance à un niveau en-dessous de son potentiel (Summers, 2016)[8]. La reproduction de ces contradictions a, dès lors, inscrit les dynamiques économiques dans un cercle vicieux entre l'accumulation de capital induite par les redressements temporaires, d'une part, et la suraccumulation et la rechute des taux de profit, du fait des limites et antagonismes persistants des progrès de la productivité et de l'effondrement du mythe de l'extensibilité sans fin de la demande globale, d'autre part.

Arslan *et al.* (2018) n'hésitent pas à affirmer qu' « *Après des décennies d'intégration rapide, la mondialisation a montré des signes de décrochage depuis la crise financière mondiale de 2008* ». De fait, le paradigme de « démondialisation » a été introduit, pour la première fois, à la suite de cette crise financière. Des signes de décrochage de différentes formes ont, depuis, structuré le développement mondial : (i) l'impasse à laquelle est parvenue le cycle de Doha de l'Organisation Mondiale du Commerce, (ii) l'effondrement du Partenariat transpacifique et l'érosion de l'« ordre international fondé sur des règles », (iii) le non-respect par la Chine de la Convention des Nations Unies sur les lois de la mer dans ses différends en mer de Chine méridionale et (iv) la sortie des États-Unis de l'accord de Paris sur le changement climatique, de l'accord de partenariat Transpacifique et plus récemment, de l'Organisation Mondiale de la Santé.

Les solutions trouvées pour dépasser la crise de 2008 se sont, cependant, inscrites dans le même modèle d'une économie mondiale fondée sur un marché totalement libre et basé sur la compétitivité par les coûts. Bien que la demande soit réapparue comme une variable motrice de la croissance, les fragilités du système mondial n'ont pas été corrigées.

Sur ce fond de fragilités structurelles non corrigées, la Covid-19 est vite devenue à la fois révélateur de tensions dans l'ordre économique mondial et catalyseur d'une nouvelle situation qui met en relief les défaillances séculaires d'une économie mondiale menée par les seules forces du marché. Les CVM, qui ont constitué durant trois décennies des vecteurs d'efficacité accrue, se sont révélées, avec la Covid-19, comme

---

[8] Summers L. (2016), Demand side secular stagnation, *American Economic Review*, 105(5), p.60-65. Selon l'auteur, plusieurs éléments caractérisent la stagnation économique actuelle des pays développés : des taux de croissance potentiels bas, des taux d'intérêt naturels qui ont continuellement baissé depuis le milieu des années 1990 et qui sont à zéro (voire négatifs dans certains pays), des taux d'inflation sous-jacents qui sont très faibles, ainsi qu'un net ralentissement des gains de productivité. La jonction de ces éléments engendre une situation qui bloque les économies en dessous du plein emploi : sans inflation et sans possibilité de faire baisser significativement les taux d'intérêt nominaux, l'obtention de taux d'intérêt réels négatifs utiles pour relancer l'activité économique sont pratiquement impossibles.

accélérateurs, non seulement, des chocs technologiques affectant la demande de main-d'œuvre (Baldwin, 2016 ; Baldwin, 2019) mais également, des chocs économiques entre les régions, notamment en termes d'emplois (Acemoglu *et al.*, 2016 ; Acemoglu *et al.,* 2015).

Cette pandémie apparaît comme un miroir grossissant des faits de dépendance économique à l'égard de l'extérieur, ne serait-ce que par les ruptures provoquées dans les chaines d'approvisionnement et/ou le blocage de transferts technologiques ; la réalité économique interne ne pouvait plus s'accommoder de tels phénomènes de dépendance dans l'approvisionnement et/ou la disponibilité du produit dans le pays. La crise du Covid-19 a non seulement accentué des problèmes tels la relocalisation des industries clés (Mouhoud, 2017) et le raccourcissement des chaînes d'approvisionnement, mais elle s'est également traduite par un phénomène, plus large, de « découplage » des liens technologiques entre États. La démonstration en a été faite, notamment, par les États-Unis et la Chine. Ces derniers pays, dans leur course croissante pour contrôler les technologies de l'avenir, se sont engagés, alors, dans des opérations de verrouillage des technologies avancées en contrôlant leurs exportations[9].

En somme, la pandémie de la Covid-19 a provoqué un choc multiforme affectant, pratiquement, tous les domaines de l'économie et de la société. Les effets de la crise sur les secteurs sont variables mais le secteur manufacturier et celui des services restent les plus touchés (M. Lhermitte, 2020). En effet, les ruptures d'approvisionnements et de stocks subséquentes à l'arrêt brutal de la production ont provoqué, d'abord, l'effondrement d'une grande majorité de chaînes de valeur mondiales avec de graves répercussions sur les producteurs et les consommateurs de différents pays en amont et en aval de la chaîne de valeur de ces produits. Ensuite, les mesures de restriction des déplacements des personnes et des biens dans le but de ralentir la transmission du virus ont retardé, voire, carrément, empêché la livraison d'intrants critiques, en particulier dans l'automobile et l'électronique (Haren, Simchi-Levi, 2020 ; Baldwin, Tomiura, 2020). Enfin, l'arrêt quasi total du trafic aérien a entraîné une forte augmentation des coûts du fret aérien, pression supplémentaire sur les industries qui dépendent de la livraison, *juste à temps*, de biens intermédiaires produits à l'étranger. Cet enchaînement de contraintes a amené les fournisseurs à allonger considérablement les délais de livraison de leurs produits, asséchant, ainsi, les stocks de leurs clients.

Finalement tout le paradigme sur lequel la mondialisation s'est constituée au cours des 30 dernières années, et qui consacrait un rôle primordial aux mécanismes de marché comme mode de coordination et

---

[9] Un contrôle des exportations n'est pas une interdiction d'exporter ; mais l'opération nécessite, au préalable, l'accord du gouvernement avant de vendre, transférer ou de transporter un produit sur un marché étranger.

de régulation sociale, se trouve remis en question. Les modèles de création de valeur à l'échelle mondiale s'en trouvent alors affectés, avec des conséquences, sans précédent, sur l'approche globale des procédés de fabrication ainsi que sur les chaînes d'approvisionnement et de distribution.

Cependant, cette situation grave, qui peut être qualifiée de récession mondiale, ne signifie, aucunement, la fin de la mondialisation comme phénomène de création et de distribution de la valeur. Dans un espace international rétréci par la restriction des échanges induite par la pandémie de la Covid-19, les CVM, en rupture par rapport à une demande mondiale en produits de la santé en pleine expansion, se replient d'abord sur elles-mêmes, ensuite se redéployent sur les régions proches, à la recherche d'un environnement propice qui se traduirait, certainement, dans le long terme, par une reconfiguration des formes de relations économiques mondiales et de ses bases géographiques.

2. LA CRISE DUE A LA PANDÉMIE DE LA COVID-19, UN CATALYSEUR D'UNE TRANSFORMATION STRUCTURELLE MONDIALE

Le ralentissement brutal de la production mondiale induit par la pandémie du coronavirus a révélé les faiblesses du modèle de la chaîne d'approvisionnement mondiale et interpellé les États et les entreprises sur leur dépendance excessive vis-à-vis de sources extérieures et, notamment, de la Chine. Rappelons, à cet effet, que la Chine est, pour de nombreux produits, le maillon structurant des chaînes de valeur mondiales, en tant que (i) producteur de produits primaires et de composants de biens de haute valeur ajoutée, (ii) consommateur de produits de base et industriels mondiaux, et (iii) enfin, comme centre des opérations d'assemblage et de transformation dans des segments entrant dans ces chaînes de valeur mondiales.

Sur la période 2005-2010, selon les données de l'OCDE (base TIVA), la part de la valeur ajoutée chinoise dans la demande finale mondiale de produits manufacturés est passée de 9 % à près de 25 %. La Chine occupe, aujourd'hui, la première place du classement mondial, loin devant les États-Unis, le Japon et l'Allemagne. Elle est devenue le principal marché de produits intermédiaires où les biens de consommation finale sont produits pour être exportés vers les États-Unis et les pays européens. Selon une nouvelle étude de Dun & Bradstreet[10] (2020), 163 des sociétés figurant au palmarès *Fortune 1000* ont des fournisseurs directs dans la région de Hubei et 938 d'entre elles comptent un ou plusieurs fournisseurs

---

[10] Dun & Bradstreet, [2020], Business Impact of the Coronavirus in www.dnb.com consulté 21 mars 2020.

de deuxième niveau[11] dans cette même région qui, faut-il le souligner, fut la première et la plus gravement touchée par la Covid-19.

Ainsi, pivot incontournable des chaînes de fabrication, d'approvisionnement et d'assemblage, la Chine[12], place forte de la production mondiale de biens manufacturés, s'est avérée être le talon d'Achille des relations transfrontalières, facteurs essentiels à la croissance économique mondiale. La chute de la production industrielle en Chine, qui a baissé de 13,5 % en janvier et février 2020 combinés par rapport à l'année précédente[13], a gravement perturbé les réseaux de production internationaux, compromettant la viabilité des lignes d'approvisionnement critiques avec comme conséquence des incidences dramatiques sur les entreprises, les consommateurs et l'économie des autres pays partenaires.

Dans un monde où les processus de production sont de plus en plus fragmentés, avec une proportion croissante d'étapes de production réparties au-delà des frontières nationales, un tel choc d'offre, bien que circonscrit géographiquement, a des conséquences bien au-delà de l'épicentre du choc et qui vont se manifester par des contractions importantes des flux commerciaux internationaux et des niveaux de production. Cet aspect se lit, notamment, dans la baisse significative des exportations[14] de Chine qui se chiffre à 17 % pour les mois de janvier et février 2020 combinés par rapport à l'année précédente.

De manière plus précise, et à titre d'illustration, le rapport de l'ONUDI (2020) montre la dépendance du secteur manufacturier allemand vis-à-vis des intrants importés de Chine ; ces derniers entrent dans un quart de la production industrielle allemande. L'activité de production allemande dans des secteurs tels que l'électronique, l'informatique et le textile est à l'arrêt du fait de sa forte dépendance d'intermédiaires s'approvisionnant de Chine. Ainsi, il apparaît clairement qu'une concentration importante de fournisseurs sur une région (en l'occurrence la Chine) est source de vulnérabilités mises à jour par ces chocs d'offre dont la diffusion systématique de ses effets affecte les producteurs et les consommateurs des différents pays, en amont et en aval de la chaîne de valeur de ces produits.

---

[11] C'est-à-dire des fournisseurs qui approvisionnent les fournisseurs de premier niveau.

[12] La Chine, premier exportateur mondial depuis 2009, est devenue en 2013 la première puissance commerciale, avec un poids total dans les échanges internationaux (exportations + importations) qui dépasse celui des États-Unis (11 % contre 10,3 %).

[13] Source Bureau national des statistiques (BNS), cité par *Capital* du 16/03/2020, https://www.capital.fr/entreprises-marches/chine-lindustrie-chute-pour-la-premiere-fois-en-30-ans-la-consommation-plonge-1364785.

[14] Selon les statistiques officielles du commerce chinois in http://english.customs.gov.cn/Statics/c0992b6e-de82-4697-9fd9-6514d3c4a9c6.html consulté le 21 mars 2020.

Par ailleurs, et au-delà de la grande dépendance de l'industrie mondiale des exportations intermédiaires de la Chine, l'intégration verticale[15] de la production chinoise en Asie a permis à son économie de s'affranchir de façon notable d'intrants produits à l'étranger, ce qui signifie que le monde est nettement plus exposé face à la Chine que ne l'est ce pays par rapport au reste du monde. Par cette jonction de stratégies de développement axées sur l'exportation, menées par ses entreprises et centrées, initialement, sur l'intégration régionale conduite par l'État, la Chine a, progressivement, « globalisé » le monde, plaçant l'Asie de l'Est au cœur du nouveau modèle régissant la production mondiale et le commerce international (McKinsey, 2019)[16].

Dans ce cadre systémique, l'avantage de la Chine apparaît lié à sa capacité à articuler les dynamiques de globalisation de ses entreprises avec ses politiques d'intégration régionale. La puissance de production de la Chine est, essentiellement, assise sur le potentiel de production que lui procure son intégration régionale. En effet, le système productif chinois opère des ajustements entre les besoins des centres industriels développés (USA- Europe- Japon) et ses investissements dans les pays voisins d'Asie du sud-est devant lui assurer les ressources nécessaires au développement de ses chaînes d'approvisionnement régionales. Ces dernières lui donnent la capacité de réagir de manière adaptée aux changements, d'absorber les perturbations négatives, de survivre pendant les perturbations et de récupérer rapidement.

Ainsi, centre industriel dominant, la Chine organise, aussi bien, les relations économiques transfrontalières avec les pays développés que la complémentarité avec les pays voisins. Sans cette articulation des dynamiques de globalisation et d'intégration régionale, la Chine n'aurait pu être l'usine du monde eu égard au volume même des opérations transfrontalières. Cette intégration régionale conduite par l'État chinois explique la capacité de réponse de la Chine au choc de la Covid-19 et le niveau de résilience plus élevé des entreprises chinoises, aussi bien publiques que privées, comparativement à celui des entreprises des autres régions dans le monde, spécialisées dans le « commerce des tâches »[17].

---

[15] L'intégration verticale signifie que l'entreprise est propriétaire de ses fournisseurs en amont et de ses clients en aval. C'est une stratégie d'entreprise liée à la décision de "fabriquer" ou d'"acheter" (cf. Williamson, 1991). Ces entreprises cherchent avant tout à réduire leurs coûts de fonctionnement et à mieux coordonner la chaîne logistique. Le succès de la Chine a été le résultat d'un partenariat étroit entre le secteur privé et le secteur public, le second facilitant l'activité du premier. L'établissement de ces relations industrielles a, en outre, ouvert la voie à l'approfondissement de l'intégration régionale.

[16] Cf. McKinsey Global Institute, Globalization In *Transition: The Future of Trade and Value Chain*, Janvier 2019.

[17] Les théories du commerce international qualifient de « commerce des tâches » la fragmentation des chaînes de valeur entre différentes zones économiques spécialisées sur certains maillons. Dans ce cadre, la spécialisation repose non plus sur l'équilibre global

Cette asymétrie face à la pandémie de la covid-19 montre, clairement, que le système productif mondial[18] basé sur les gains liés à l'hyperspécialisation des entreprises et des régions (Hennequin *et al.* 2017) a atteint ses limites.

Alors que « la compétitivité par la réduction des coûts » a toujours constitué le principe fondateur des CVM, les entreprises encadrées par les institutions internationales commencent, désormais, à ajouter d'autres dimensions pour évaluer la valeur globale (cf. *Rapport Forum Economique mondial*, 2020)[19]. Les risques, la résilience et la souveraineté technologique se sont alors imposés comme les nouveaux éléments déterminants de la compétitivité dans ce contexte mondial inédit. Cette tendance au renforcement de la résilience par la coordination des dynamiques de globalisation et d'intégration économique régionale prend, ainsi, tout son sens, et la réorientation des CVM vers de nouvelles approches intégrant la « compétitivité des risques » pour prévenir, s'adapter et répondre aux chocs à venir, s'inscrit au cœur même des stratégies gouvernementales.

Ce nouveau cadre exacerbe les tensions entre les USA et la Chine. La confrontation ne se limite plus aux aspects commerciaux mais concerne, plus largement, l'hégémonie sur la gouvernance mondiale. Une guerre géoéconomique à des fins de suprématie politico-économique engagée entre ces grandes puissances prend la forme d'une destruction créatrice de la mondialisation. D'un côté, la politique américaine cherche à briser les chaînes de valeur impliquant les produits chinois en utilisant les contrôles à l'exportation pour rompre les liens entre les entreprises chinoises et leurs partenaires économiques et commerciaux, notamment, coréens et japonais, de l'autre, la Chine, glorifiant la résilience de son économie, qui a combiné l'intégration des CVM avec la spécialisation régionale croissante, continue à faire de l'intégration économique régionale la première de ses priorités. Ce choix stratégique lui ouvre, ainsi, la voie à l'établissement de nouveaux accords commerciaux avec ses voisins reposant, probablement, sur des règles d'origine régionale[20]. Ce dernier

---

de l'avantage comparatif des pays dans la production d'un bien final, mais sur l'avantage comparatif des « tâches » que ces pays accomplissent à un stade donné de la CVM.

18 Les entreprises, combinant commerce, investissement et partenariats stratégiques ont formé des chaînes de valeurs opérant sous exigences de rentabilité financière qui ont induit une hyperspécialisation des territoires et à la concentration de l'emploi dans un nombre restreint de secteurs d'activité.

19 Le Forum économique mondial, en collaboration avec Kearney, a mené une enquête auprès de plus de 400 hauts cadres responsables des chaînes d'approvisionnement à travers l'Asie, l'Europe et les États-Unis – entre le 30 mars et le 17 avril 2020 – dans l'objectif de comprendre comment la crise affecte l'industrie et les mesures prises pour atténuer ses effets, leur niveau de préparation au rétablissement et perspectives à venir.

20 Prévoyant des préférences pour l'approvisionnement en composants à l'intérieur du bloc de 15 membres du Partenariat économique régional global (RCEP) plutôt qu'à l'extérieur de la région.

aspect est d'autant plus plausible que le choc économique induit par la Covid-19 a coïncidé avec le lancement de deux nouveaux accords commerciaux méga-régionaux. Et sur ce plan, on assiste à un redéploiement important des relations internationales dans le Pacifique avec l'ajustement stratégique de plusieurs accords où la Chine renforce son *leadership* et ses relations avec les principales puissances économiques de la région à travers :

(i) L'ancien accord de partenariat transpacifique (2008-2016) remis à l'ordre du jour en 2016 par les États-Unis. Ce projet de zone de libre-échange intercontinentale intègre les économies des régions Asie-Pacifique[21] et Amérique ; il représente la plus vaste zone économique au monde, représentant près de 40 % du PIB mondial, plus de 30 % du commerce international et une population de plus de 790 millions de personnes.

Conçu sur des obligations strictes, particulièrement sur les questions de transparence et de libéralisation des échanges, ce partenariat transpacifique (PTP) avait pour objectif d'amener les pays de la région et, à plus long terme la Chine, à adopter des réformes économiques, à assouplir leur arsenal juridique et à mettre fin à certaines de leur pratiques[22] (entreprises d'État, restrictions de localisation des flux de données, obligations de travail et subventions). Mais le retrait des États-Unis du PTP décidé par le président américain Trump en janvier 2017 a permis aux pays membres, notamment le Japon et le Canada, grands promoteurs du libre-échange sur l'échiquier international, de modifier les termes du PTP, pour en faire un Accord Global et Progressif de Partenariat Transpacifique (CPTPP)[23].

Aujourd'hui, la question du retour des États-Unis dans cet accord, prévu pour 2021 ou 2022, n'est pas encore tranchée. Pour les responsables chinois, les conditions de ré-adhésion seront négociées prochainement avec l'administration américaine comptant, bien sûr, dans cet intervalle, consolider la position de la Chine en tant qu'acteur économique dominant en Asie.

(ii) Le Partenariat économique régional global (RCEP)[24] initié par l'ASEAN[25]. Après huit ans d'efforts, ce partenariat, censé entrer en vigueur

---

21 Au départ le TPT regroupe 12 pays : l'Australie, Brunéi, le Canada, le Chili, les États-Unis, le Japon, la Malaisie, le Mexique, la Nouvelle-Zélande, le Pérou, Singapour et le Vietnam.

22 Ces mesures édictées par le Président Obama visaient particulièrement la Chine.

23 CPTPP: *Comprehensive and Progressive Trans-Pacific Partnership*. Le Partenariat a été signé en 2018. L'Accord est entré en vigueur le 30 décembre 2018 pour les six premiers pays à avoir notifié leur ratification, soit : l'Australie ; le Mexique ; le Japon ; Singapour ; la Nouvelle-Zélande ; le Canada et le Vietnam.

24 RCEP : Partenariat Économique Régional Global.

25 L'ASEAN a été créée en 1967 sous l'impulsion de l'Indonésie, la Malaisie, les Philippines, Singapour et la Thaïlande. Elle est aujourd'hui composée de 10 pays : les cinq

à la fin de l'année 2020, constitue une réelle avancée pour les pays de la région puisqu'il se veut un accord commercial progressif, c'est-à-dire que la priorité est donnée aux aspects commerciaux avant les thématiques liées à l'investissement dont certaines sont prévues pour 2020 et d'autres pour 2025.

En effet, cet accord de libre-échange entre 16 pays[26] de la région, à l'exception de l'Inde[27], donnera naissance à une grande zone régionale de libre-échange avec 3,5 milliards d'habitants représentant 30 % du PIB mondial. Trois pays (Corée du sud, Chine, Japon) constituent, à eux seuls, le centre le plus important de la production des biens manufacturés au monde et les effets économiques de ce partenariat économique régional global seront fondamentalement structurants : il réduirait, entre autres, les barrières tarifaires au commerce sino-japonais, déjà soumis aux tarifs de la nation la plus favorisée, mais également libéraliserait les secteurs clés du commerce sino-coréen exemptés de la réforme tarifaire en vertu de leur pacte bilatéral de libre-échange.

Parallèlement à ces deux projets, d'autres initiatives de partenariat économique et commercial sont lancées par la Chine : la zone de libre-échange Asie-Pacifique (FTAAP)[28] élaborée dans le cadre du sommet de la Coopération économique pour l'Asie-Pacifique (APEC)[29] en 2014 et le projet de la route de la soie (OBOR pour *One Belt One Road*) initié en 2013.

En ces temps de récession mondiale, la construction de ce « Pôle Régional Transpacifique » engendrera, à l'évidence, l'une des mutations les plus importantes de la transformation structurelle du marché mondial. La libéralisation du potentiel induite par la mise en œuvre de l'ensemble de ces accords de partenariat favorisera l'émergence de nouveaux ressorts de la croissance économique mondiale et constituera le point d'ancrage de nouvelles chaînes de valeur globales. Cet aspect est d'autant plus envisageable qu'en complément à ces importants partenariats dans la région, un accord commercial trilatéral Chine-Japon-Corée (CJK) est en

---

membres fondateurs auxquels s'ajoutent Brunei, le Cambodge, la Birmanie, le Laos, et le Vietnam.

[26] Les 10 pays membres de l'ASEAN, (la Birmanie, le Brunei, le Cambodge, l'Indonésie, le Laos, la Malaisie, les Philippines, Singapour, la Thaïlande et le Vietnam) ainsi que 6 autres pays qui possèdent déjà un accord de libre-échange bilatéral avec l'ASEAN (: l'Australie, la Chine, l'Inde, le Japon, la Corée du Sud et la Nouvelle-Zélande. L'Inde est ainsi exclue de cet Accord.

[27] Il faut, toutefois, préciser que l'Inde, autrefois considéré comme un partenaire essentiel dans cette région du monde a refusé d'adhérer au Partenariat Économique Régional Global (RCEP).

[28] Free Trade Area of the Asia Pacific. Cette zone représente près de 58 % du PIB mondial.

[29] L'APEC compte aujourd'hui 21 membres, 35 % de la population mondiale, environ 60 % du PIB mondial et environ 47 % du commerce international. Cf. http://www.apec.org/About-Us/About-APEC/Member-Economies

cours de construction. Déjà signataires du RCEP et représentant plus de 80 % du PIB dans le RCEP, ces trois économies dominantes d'Asie du nord-est ne manqueront pas, via cet accord trilatéral, de promouvoir les secteurs de haute technologie comme les équipements de fabrication de semi-conducteurs.

S'il fallait tirer une conclusion première de ces développements historiques, celle-ci résiderait en la construction de pôles régionaux en tant que mode d'intégration économique. L'intégration régionale impose aux États d'un espace géographique défini, des normes précises de production et d'échanges dont l'objet ne se limite pas à la formation de relations aux effets mutuellement avantageux pour les participants à ces chaînes de valeur ; il induit également des incidences économiques positives à long terme sur la modernisation industrielle devant aboutir à une transformation structurelle. Cette institutionnalisation ne peut provenir que de l'intérieur de l'espace commun de ces relations marchandes, elle est, de ce fait, un mode d'inclusivité du processus productif. Il y a donc bien, nécessité d'un moment étatique imposant les nouvelles normes à travers des mécanismes institutionnels et politiques spécifiques dans une mondialisation à repenser.

Une deuxième conclusion consisterait dans le fait que le marché, à lui seul, ne doit, ni ne peut faire respecter les logiques et/ou les valeurs de chaque centre de production. La division des systèmes productifs autant que la réallocation du travail social ou encore l'innovation, anticipant sur une production à venir, ne peuvent s'accomplir que dans un cadre institutionnel prédéfini. Aussi, il y a nécessité d'une action venant de l'extérieur de l'espace marchand que seul l'État peut accomplir, et qui se trouve fondée sur des formes de socialisation indépendantes des processus d'échanges (respect des droits de propriété, de transfert de richesses, etc.). Ces mesures étatiques sont la base d'une jonction de politiques d'intégration qui conditionnent la formation du marché et les capacités d'anticipation des entreprises.

La troisième et dernière conclusion serait que la mondialisation ne peut être le produit des seuls échanges induits par la dynamique de globalisation, elle implique l'intervention des instances politiques pour une plus grande inclusivité des processus productifs. Là, se trouve, probablement, la forme nouvelle de la mondialisation.

3. *BLOCKCHAIN*, VECTEUR PRIVILEGIÉ DE CONNEXION DE L'ESPACE ÉCONOMIQUE MONDIAL

L'économie mondiale est un ensemble reflétant un mode de cohésion d'économies nationales différenciées, et la technologie, aussi bien que les équilibres institutionnels et leurs évolutions sont des éléments déterminants dans l'intégration de ces économies dans cet ensemble. Cet aspect est d'autant plus important que la technologie évolue au fil du temps, souvent en fonction des développements scientifiques mais, également, de facteurs institutionnels, des prix des facteurs, de l'abondance et/ou de la rareté des différents types de compétences ainsi que des structures du marché devant promouvoir les changements censés faciliter l'intégration. Ces facteurs économiques et politiques sont, certes, déterminants dans la répartition des ressources mais les développements technologiques sont, à bien des égards, aussi, sinon plus, importants puisqu'ils pourraient, à leur tour, affecter la dynamique institutionnelle mise en place.

En ce qui concerne la problématique des interdépendances dynamiques entre la Technologie et les Institutions, l'histoire économique nous enseigne que l'émergence de nouvelles technologies et la répartition des gains issus de ces dernières ont été façonnées par un équilibre institutionnel en perpétuelle évolution (Chettab, Silem, 2020). Les quatre révolutions industrielles[30] sont allées de pair avec des changements politiques majeurs, y compris le développement de l'État et les actions de réformes qui ont transformé les institutions politiques et la répartition du pouvoir politique, particulièrement en Europe (Acemoglu 2002, 2003). Il est donc admis de considérer, aujourd'hui, les nouvelles technologies introduites par la quatrième révolution industrielle (2012) comme un élément endogène de transformation structurelle tout autant que la nature des institutions et leur efficience.

Il est clair que les dynamiques d'intégration régionale, à elles seules, engendrent une reconfiguration des CVM, mais celle-ci ne peut être qu'imparfaite. Par nature, cette reconfiguration les « standardise » en fixant des normes générales. Les tendances à la centralisation finissent toujours par bloquer les dispositions naturelles au fractionnement des systèmes productifs, caractéristique structurante des CVM. C'est dans cette incapacité de l'État à les dominer que se trouve l'expression même des

---

[30] Trois révolutions industrielles ont déjà eu lieu: la 1ère, fin du XVIIIème siècle, repose sur l'invention de la machine à vapeur (1er principe de la machine de James Watt qui date de 1769), l'exploitation intensive du charbon, la mécanisation dans le textile, le développement de l'industrie métallurgique et sidérurgique favorisant le développement des chemins de fer et des ponts ; la 2ème, s'étendant de 1870 à 1945, correspond à l'apparition de nouvelles formes d'énergie (électricité), le développement de l'industrie automobile avec les chaînes de montage pour une production de masse, le développement du transport aérien et l'avènement de la chimie ; la 3ème, sur la période 1972-1993, a porté sur les nouvelles sources d'énergie (énergie atomique, énergie solaire), la cybernétique, l'électronique et l'informatique, la conquête de l'espace. La 4ème révolution industrielle, associée au développement du numérique, est celle qui correspond à l'"industrie 4.0", L'Industrie 1.0 fait référence aux sites Web et aux données structurées 1-N. L'Industrie 2.0 correspond aux réseaux sociaux, aux signaux faibles et au passage de la donnée à l'information N-N. L'industrie 3.0, c'est l'Internet des objets, des données capteurs, de *Machine to Machine* et du *Big Data.* L'industrie 4.0 fait référence à l'intelligence artificielle, aux robots et à la coopération Homme-Machine.

défaillances systémiques. Ce point est fondamental car, si l'intégration régionale menée par les États et les institutions internationales est, effectivement, une forme de résolution de la crise, elle se trouve, en réalité, déconnectée des réalités économiques mondiales.

Pour éviter ce scénario, les institutions internationales anticipent la reconfiguration, en cours, des CVM en mettant en place un dispositif technologique pouvant encadrer les changements des modèles mondiaux de création de valeur. De nouvelles approches et formes de collaboration entre les chefs d'entreprises et les gouvernements ainsi que de nouveaux outils technologiques sont à développer pour aider au renforcement de la résilience globale.

Dans ce défi de transformation impliquant le renouvellement de la gouvernance des systèmes de production et d'échange, la redéfinition des procédures de propriété des données et de modèles commerciaux, le Forum économique mondial (*WEF Report*, 2020) a accéléré la mise en œuvre du projet portant sur la gouvernance des chaînes d'approvisionnement par la *blockchain* (2018). Signalons que depuis 2018, la *blockchain* et les flux commerciaux sont apparus comme un domaine prioritaire d'exploration dans les événements du Forum économique mondial y compris les Assemblées annuelles 2018 et 2019 à Davos.

A l'origine, en 2008, la *blockchain* a constitué la base sur laquelle repose la finance numérique (Bitcoin, etc.). Depuis, et sans entrer dans les détails techniques, on peut dire que la *blockchain* a évolué pour désigner des chaînes intégrées des différentes composantes d'une fonction spécifique ou globale de management dont les informations sont traçables et accessibles aux parties concernées par la fonction : fournisseurs d'intrants, producteurs, commerçants, tiers prestataires de logistiques, transporteurs. Cette inclusivité constitue un partage de la responsabilité de l'ensemble de la chaîne (de production en l'occurrence), les transactions réalisées à chaque étape du processus sont, ainsi, ouvertes à l'inspection de tous les acteurs économiques.

Grâce aux transferts directs que permet cette technologie, c'est-à-dire ceux ne nécessitant pas le passage par un organe central de contrôle (les banques par exemple) puisque c'est le réseau décentralisé qui assure le processus de validation et de sécurisation des transactions, la *blockchain* apparaît comme une réponse à la défiance à laquelle font face les institutions politiques et économiques.

En effet, deux catégories d'applications sont particulièrement manifestes : la première porte sur les applications de type « *notarial*[31] » qui se réalisent à travers la tenue d'un registre qui a vocation à être partagé. La

[31] Toutes modifications, aussi bien, dans les modalités de contrôle des transactions, de transfert de biens et d'échanges entre acteurs économiques que de certification des processus industriels ou financiers peuvent être réalisées par la *blockchain.*

seconde catégorie est qualifiée d'« *Internet de la valeur* »[32] , elle vise à instaurer la confiance au sein des réseaux.

D'une façon générale, de telles applications sont conçues pour se substituer à des mécanismes centralisés afin de créer de la confiance là où elle fait défaut, d'une part, et pour augmenter la productivité en réduisant les coûts par l'automatisation des transactions, d'autre part. Ce sont, là, les fondements structurant de la *blockchain.* Ce qui implique la création d'une « économie du bien commun de la confiance » en opposition au modèle privé à l'œuvre, ouvrant, par-là, la voie à une nouvelle approche de la gouvernance des relations transfrontalières.

Nul ne peut nier qu'actuellement plusieurs défis[33] entravent l'adoption généralisée de cette technologie de gestion qui est de nature disruptive. Mais, différents travaux sont en cours pour, justement, concilier cette technologie naissante avec le déploiement des chaînes d'approvisionnement à l'échelle mondiale. Pour répondre à ce besoin, une démarche collaborative États-Entreprises est, aujourd'hui, lancée pour co-créer un cadre adapté et de nouveaux outils capables de façonner le déploiement de la *blockchain* pour plus d'interopérabilité, de transparence et d'inclusivité.

Dans cette optique, l'enquête du Forum Économique Mondial (Edmond, 2020) a montré que des nouveaux critères entrent, désormais, en jeu dans la composition des chaînes d'approvisionnement : (i) l'augmentation de la visibilité, (ii) l'évaluation des risques et (iii) l'accroissement de la flexibilité. Ces résultats constituent la preuve que la crise induite par la Covid-19 a poussé les entreprises à réorienter leurs stratégies vers de nouvelles approches relatives à une *compétitivité des risques.* La construction de stratégies des entreprises en collaboration avec les gouvernements devient, alors, essentielle pour développer une capacité à s'adapter et à répondre avec promptitude aux chocs futurs.

Une plateforme du Forum Économique Mondial, en collaboration avec le cabinet Kearney, a été mise en place pour anticiper l'avenir de la production des industries et, notamment, des produits de pointe afin d'intégrer les besoins spécifiques des entreprises dans leur quête de renforcement de la résilience des chaînes de production et d'approvisionnement. Ont été associés à cette enquête les dirigeants d'entreprises de différents secteurs industriels, de la santé et des transports

---

32 Cette application fait le croisement entre la dimension transactionnelle et le monde physique à travers les vérifications des informations provenant du monde physique (date, etc.). Ces transactions programmables sans intervention d'un tiers de confiance sont qualifiées de « *Smart Contracts* ».

33 Les défis de la disruption sont présentés dans plusieurs publications et sites. Voir notamment : « Les défis de la disruption », « *La lettre de la gouvernance publique* » 1/12/2016, http://ifgp.fr/defis-de-disruption/, Philippe Silberzahn (2015) *relever le défi de l'innovation de rupture*, Pearson, 201 pages.

et logistique – ainsi que les gouvernements, les universités et la société civile pour développer des plans d'action collectifs.

Encadré 1. Plan d'action du Word Economic Forum (2020)

- Collaborer avec l'industrie du Forum collectivités (comme l'automobile, la santé, transport et logistique, consommateur), et traduire les cinq impératifs clés présentés en actions spécifiques adaptées aux besoins de chaque secteur industriel : (i)Adaptation rapide des systèmes de production aux changements du consommateur, (ii) Flexibilité des systèmes d'approvisionnement grâce aux avancées de la technologie numérique, (iii) coordination de la logistique dans les CVM, (iii) adopter de nouveaux comportements au travail pour augmenter la résilience et (iv) responsabilité partagée et collaboration parmi les entreprises et les autorités économiques, sociales et environnementales,
- Soutenir les entreprises et les gouvernements pour améliorer la fabrication et l'investissement stratégiques et la mise à jour des politiques industrielles ;
- Fournir une plateforme de discussion et partager des connaissances entre les dirigeants des systèmes de fabrication et d'approvisionnement ;
- Intégration, agrégation et amplification des collaborations existantes et des initiatives mondiales qui soutiennent la reconfiguration des chaînes de valeur tout en apportant de la valeur aux entreprises, à la société et à l'environnement.

Ainsi, il est raisonnable de penser que la *blockchain* peut constituer une des modalités d'auto-régulation de l'économie mondiale qui faciliterait une localisation étroite des risques qui permettrait de circonscrire la crise.

Dans cette perspective de transformation structurelle mondiale, chaque entreprise occupe une place dans la segmentation des processus de production : certains sont anciens, d'autres, au contraire, mettent en œuvre de nouvelles techniques de production (robotisation, automatisation des systèmes productifs, etc.). Ces entreprises n'ont pas, encore, induit une restructuration de la demande à leur profit, elles ne peuvent donc satisfaire leur contrainte de valeur dans les mêmes conditions. Dans ce cas, le critère de proximité fondé sur des stratégies d'intégration régionale, sans lesquelles la réduction des coûts de transport et l'harmonisation des dispositifs douaniers ne sont possibles, s'impose comme une forme d'auto-régulation par laquelle peuvent s'exprimer les potentialités de restructuration des relations transfrontalières pour assurer plus d'inclusivité aux économies.

CONCLUSION

Le présent travail pourrait surprendre par son caractère abstrait : à aucun moment ne sont analysées les tendances concrètes de la mondialisation, seule leur possibilité est prise en compte, ainsi que la manière dont les dynamiques de globalisation et d'intégration pourraient les exprimer. Cette démarche est imposée par le caractère théorique et prospectif de l'étude. Les changements/modifications conduits au niveau de la mondialisation et des chaînes de valeur ne peuvent trouver d'explication au niveau du marché mondial dont le principe directeur repose sur l'efficacité économique par la réduction des coûts. Le rêve de maintenir l'expansion économique par le seul mécanisme de marché ne s'accorde pas avec l'imprévisible.

Pour cette raison, a été mis particulièrement en avant, le caractère asymétrique révélé par la pandémie de la Covid-19 du cas de la Chine qui tire avantage à la fois des relations transfrontalières et régionales par opposition au reste du monde inscrit dans une hyper spécialisation structurée sur un « commerce des tâches ». Cette asymétrie montre la fragilité du système mondial : le chevauchement des dynamiques d'intégration de l'État et celles poussant à la segmentation des processus productifs, un dualisme de formes étatiques et privées qui sonne le glas du modèle de mondialisation en vigueur.

La résolution de la crise ne sera point un retour au protectionnisme mais ouvrira la voie à la constitution de blocs régionaux en s'appuyant sur les nouvelles technologies numériques, ce sera, là, une nouvelle phase de mondialisation : la reproduction des relations transfrontalières basées sur la formation de procédures sociales émanant de l'État, que ce soit au niveau de la formation des espaces d'intégration ou des solutions de segmentation adoptées. Ce qui poussera les entreprises à découpler, à délimiter et à réaligner leurs chaînes de valeur, dans certains cas, de manière préventive et, dans d'autres, en raison de nouvelles contraintes gouvernementales.

Mais le progrès technologique, tout en constituant une réponse alternative, ne peut être l'unique solution. Le concept de régulation économique post-Covid-19 spécifie ainsi la place des processus institutionnels et politiques dans la destruction créatrice de la mondialisation.

BIBLIOGRAPHIE

ACEMOGLU, D. (2002), Directed Technical Change, *The Review of Economic Studies,* 69 (4), 781-809.

ACEMOGLU, D., AGHION, P., GRIFFITH, R., ZILIBOTTI, F. (2003), *Vertical Integration and Technology : Theory and Evidence*, mimeo MIT.

ACEMOGLU, D., AUTOR, D., DORN, D., GORDON, H. H., BRENDAN, P. (2016), Import Competition and the Great US employment sag of the 2000s, *Journal of Labor Economics,* 34, S1, Part 2.

ACEMOGLU, D., ROBINSON, J. A. (2015), The Rise and Decline of General Laws of Capitalism, *Journal of Economic Perspectives,* 29(1), Winter, 3-28.

ASLAN, Y., CONTRERAS, J., PATEL, N., SHU, C. (2018) (ed), How has globalization affected emerging market economies, BIS Background Paper in *Globalisation and deglobalisation,* BIS Papers, 100, Monetary and Economic Department, Bank of International Settlements, Basel, 2018, 43-49.

AUTOR, D. H., DORN, D., HANSON, G.H. (2013), The China Syndrome: Local Labor Market Effects of Import Competition in the United States, *American Economic Review,* 103, 6, october, 2121-2168.

BALDWIN, TOMIURA (2020), *Economics in the Time of COVID-19,* A VoxEU.org Book, Edited by Richard Baldwin and Beatrice Weder di Mauro.

BALDWIN, R. (2019), *The Globotics Upheaval: globalization, robotics and the future of work,* Eds Weidenfeld & Nicolson.

BALDWIN, R. (2016), The World Trade Organization and the Future of Multilateralism, *Journal of Economic Perspectives,* 30(1), Winter, 95-116.

CHETTAB, N., SILEM A. (2020) ; *Innovations, Industries et Institutions en Algérie: une étude exploratoire,* CREAD, Alger.

EDMOND C. (2020), https://fr.weforum.org/agenda/2020/01/voici-les-principaux-risques-auxquels-le-monde-sera-confronte-en-2020//

EGGER, P., W. EGGERT, C. KEUSCHNIGG et H. WINNER (2010), Corporate Taxation, Debt Financing and Foreign-plant Ownership, *European Economic Review,*54(1), 96-107.

EGGER, P.H., N.M. STRECKER, ZOLLER-RYDZEK, B. (2018), Estimating Bargaining-related Tax Advantages of Multinational Firms, *CEPR Discussion Paper,* 13143.

GORDON, R.J. (2016), *The rise and fall of American growth: the US standard of living since the Civil War,* Princeton University Press, Princeton.

HAREN, SIMCHI-LEVI (2020), How Coronavirus Could Impact the Global Supply Chain by Mid-March Haren, P. *Harward Business Review,* February 28.

HENNEQUIN, H., MIOTTI, L., MOUHOUD, E. M. (2017), Measurement and anticipation of territorial vulnerability to offshoring risks: An analysis on sectoral data for France, *Economie et Statistique/Economics and Statistics,* 497-498, 127-148.

LHERMITTE, M. (2020), FDI: Now, Next & Beyond- April 15.2020.

MOUHOUD, E.M. (2017), *Mondialisation et délocalisations des entreprises,* La Découverte, Paris.

ONUDI (2021), Rapport annuel 2020, Vienne, 108 p.

SUMMERS, L. (2016), Demand side secular stagnation, *American Economic Review*, 105(5), 60-65.
WORLD ECONOMIC FORUM (2020), WEF report 2020, http://www3.weforum.org/docs/WEF_GVC_the_impact_of_COVID_19_Report.pdf

LE CORONAVIRUS ET L'IMPORTANCE DE L'INSERTION DANS L'ÉCONOMIE DE LA CONNAISSANCE : UNE LECTURE ÉVOLUTIONNISTE

Abdelkader DJEFLAT
DIM-Maghtech – Clersé 8019 CNRS
Université de Lille
Abdelkader.djeflat@univ-lille.fr

RÉSUMÉ

La pandémie du coronavirus a pris de court quasiment tout le monde, les gouvernements en tête, plusieurs décisions ont été prises au sommet des États pour surtout limiter les dégâts sur la population d'abord et sur l'économie ensuite. Au-delà des conséquences économiques et financières, au cœur de cette pandémie, trône l'incapacité de l'humanité à trouver un remède dans le sens médical du terme, dévoilant ainsi une crise profonde de la connaissance dans des pays, pourtant parmi les plus avancés sur l'échelle de l'économie de la connaissance. Face à une incapacité du marché à fournir une réponse, les mesures institutionnelles ont permis de contenir les effets de la pandémie. Ce travail montrera que la plupart des mesures relèvent de l'univers de l'économie de la connaissance dans un premier temps et dans un deuxième temps comment les fondements évolutionnistes de cette économie ont été bousculés par les pratiques. Les riches illustrations de l'observation de la réalité illustreront la partie empirique et conforteront l'idée de la crise de la Covid comme source d'opportunités.

Mots-clés : Covid 19, crise sanitaire, connaissance, économie de la connaissance, capability, théorie évolutionniste.

ABSTRACT
The coronavirus and the importance of being inserted in the knowledge economy: an evolutionary perspective

The coronavirus pandemic took almost everyone by surprise, governments in the lead, and several decisions were taken at the top of the States to especially limit the damage on the population first and then on the economy. With its restrictions on factor mobility, it inevitably turned into a deep economic crisis, the contours of which can hardly be defined. Beyond the economic and financial consequences, at the heart of this pandemic, stands the inability of humanity to find a cure in the medical sense of the term, thus revealing a deep crisis of knowledge in countries, yet among the most advanced on the scale of the Knowledge Economy. (EC). Faced with an inability of the market to provide a response, measures of institutional imperfections have made it possible to contain the effects of the pandemic. This work will show that most of the measures fall under the knowledge economy universe first and secondly how the evolutionary foundations of this economy have been shaken up by practices. The rich illustrations of reality observation will illustrate the empirical part reinforce the idea of the Covid crisis as a source of opportunities.

Keywords: Covid 19, health crisis, knowledge, knowledge economy, evolutionary theory.
JEL Codes : 03, H5, I2

INTRODUCTION

A de rares occasions dans l'histoire, le monde s'est senti aussi désarmé, dans un temps relativement court, devant un phénomène, comme il l'est devant la crise du Covid-19. Alors que les avis et analyses préliminaires arrivaient à la conclusion d'un phénomène passager, circonscrit, tout au moins géographiquement dans la lignée des crises précédentes (Sars-cov, H5N1, Ebola entre autres), cette crise a bousculé tous les pronostics, les avis et les croyances.

Au cœur de cette pandémie, l'incapacité de l'humanité à trouver un remède dans le sens médical du terme, dénote une crise profonde de la connaissance reconnue partiellement auparavant (Foray, 2019 ; Pillot *et al.*,

2000) ou plus exactement de l'absence de connaissance[1] pour y faire face d'une manière encore plus sérieuse que les crises précédentes. Dès lors, le combat est porté non plus sur le terrain, la finance seule (où trouver les milliards nécessaires pour faire face aux dépenses), mais sur celui de la connaissance donnant, ainsi, de plus en plus de poids à l'économie de la connaissance dans laquelle le monde a basculé depuis quelques années (Kuriakose, 2020). Ce qui paraît certain, c'est l'affirmation du rôle pivot de l'économie de la connaissance dans cette crise de la Covid-19, où plusieurs des ingrédients qu'elle propose permettent de répondre, du moins partiellement, aux questions urgentes qui se sont posées dans les domaines technologiques et organisationnels liés en particulier à la santé.

De ce fait, il est utile de poser certaines questions notamment, comment l'économie de la connaissance a permis de répondre aux urgences créées par la pandémie ? Quels concepts et outils ont été mobilisés ? Quelles lectures nouvelles peut-on faire de la crise Covid-19 à travers le prisme de la connaissance et de l'économie de la connaissance et quels arbitrages a-t-elle permis entre le marché et les organisations, thème central de ce dossier ?

Nous tenterons de répondre à tous ces questionnements à travers une optique évolutionniste qui a largement contribué à asseoir le socle de la réflexion de l'économie de la connaissance (Machlup, 1962 ; Nelson, Winter, 1982 ; Lundvall, 1988 ; Foray, 2019). La section une de nature empirique examinera comment concrètement, l'économie de la connaissance a permis de répondre aux urgences qu'a fait naître la pandémie. La section deux examinera la question du lien entre économie de la connaissance et la question de la crise de la Covid-19 au plan théorique et conceptuel et sa double insertion dans des logiques de marché et des logiques institutionnelles. La section trois discutera les résultats avant la conclusion.

1. LA CRISE DE LA COVID-19 ET L'IMPORTANCE DE L'ÉCONOMIE DE LA CONNAISSANCE : EXAMEN EMPIRIQUE

1.1. D'une crise sanitaire à une crise de la connaissance

La pandémie du coronavirus a pris de court quasiment tout le monde, les nations et les gouvernements en plus de tous les opérateurs économiques et les citoyens et souvent dans la précipitation, plusieurs décisions ont été prises au sommet des États à la hâte, ressemblant plus à du bricolage face à l'urgence et pour surtout limiter les dégâts sur la population d'abord, ensuite sur l'économie. Cette pandémie arrive à un

---

[1] Madame La députée Laure de la Raudière, le 28 avril 2020, à l'occasion du débat parlementaire à l'Assemblée nationale.

moment où les nations du monde étaient mobilisées dans le sens de la réalisation des Objectifs pour le Développement Durable (ODD) dont l'échéance de 2030 arrive à une vitesse fulgurante. Paradoxalement, l'un des effets indirects et inattendus de cette pandémie, est la réduction de la pollution à l'échelle planétaire (arrêts ou limitations des usines, avions, transports routiers etc.) Pékin a connu une réduction de 30 % de son niveau de pollution depuis le début de la Covid.

D'une épidémie, le corona est devenu rapidement une pandémie, d'une crise chinoise (expression de Donald Trump), il devient mondial, d'un phénomène passager, il se prolonge et personne à l'heure où nous écrivons n'est capable d'en prédire la fin alors que la barre symbolique d'un million de décès est déjà franchie (1 029 394 au 30 septembre 2020, source Wikipédia, 03/10/2020). Des avis de plus en plus informés prévoient un phénomène de long terme ponctué par confinements, déconfinements, re-confinement (total ou partiel) et, en attendant, nous vivons dans une planète masquée, a « *faceless planet* » pour reprendre l'expression de Léo Bret (1961). La survie est tenue par des pratiques d'un autre âge : masque, distanciation sociale, lavage des mains, et confinement pour apprendre à vivre avec[2] à défaut d'en assurer la disparition.

Cette crise sanitaire, avec ses restrictions sur la mobilité des facteurs et notamment celle des hommes et des marchandises, s'est inévitablement transformée en une crise économique profonde dont on arrive à peine à définir les contours. Perte de production et de revenus, crise des balances de paiements, effondrements du prix des matières premières, le pétrole en tête, mettant en difficulté les pays producteurs, effondrement de secteurs d'activité entiers, dont le transport aérien et avec lui le secteur du tourisme.

Les règles de fonctionnement, aussi bien du marché que celles des organisations, sont profondément perturbées. Sur le marché des biens et services, la disponibilité n'est plus le facteur déterminant, mais l'accès que l'absence de transports pendant le confinement a rendu difficile, perturbant ainsi profondément les chaînes de valeurs globalisées. Sur le plan de l'organisation, l'État en tant qu'institution de régulation se voit contraint d'intervenir directement sur l'économie à travers ses organes, le transformant en État « interventionniste » à outrance. L'État providence dégage les fonds publics pour aménager des services de soins intensifs, acheter des équipements, prendre en charge le chômage partiel, mais également, applique un confinement stricte et verbalise « des gens ordinaires qui font des choses ordinaires »[3].

---

[2]Jonathan Van-Tam Britain's deputy chief medical officer – UK https://www.healthline.com/health-news/why-we-need-to-learn-to-live-with-covid-19#This-isnt-a-second-wave

[3] Le Nouvel Economiste du 13/03/2020 https://www.lenouveleconomiste.fr/le-retour-en-force-de-lÉtat-76869/

La crise s'est très vite transformée en crise de la connaissance, comme indiqué plus haut. Plusieurs éléments l'indiquent : l'absence de remède pour lutter contre les symptômes, des avis divergents et controversés concernant les traitements d'urgence (cf. la controverse en France concernant l'hydroxychloroquine), des vaccins qui prennent des mois à être mis au point et qui sont contestés quand ils voient le jour (cf. le vaccin russe Spoutnik V[4]). Tout ceci, en dépit d'un stock phénoménal de connaissances accumulées dans les domaines directement concernés par le virus : pas moins de 65,6 millions d'articles et publications en immunologie et 18 millions de travaux en virologie existent sur le Web. On se retrouve dans la situation où l'on sait beaucoup trop mais, finalement, pas suffisamment pour résoudre la situation. Cependant, c'est aussi un contexte d'asymétrie exacerbé de l'information qui prévaut (Akerlof, 1970 ; Pillot *et al.*, 2020) doublé d'asymétrie de la connaissance (Denis, Bourbon, 2020).

1.2. Les réponses de l'economie de la connaissance à la crise de la Covid 19

Le traitement de la question du coronavirus a montré combien il était important de mobiliser dans un temps record les différents piliers de l'économie de la connaissance (Djeflat, 2020a) et parfois mobiliser des capacités dormantes (Djeflat, 2020b). Ce faisant, elle a permis d'esquisser, à notre avis, des réponses aux questionnements que soulève cette pandémie et qui sont relatifs à l'allocation des ressources, à la coordination des activités économiques à travers des règles et des décisions individuelles et collectives, et, la structuration des liens tissés entre les organisations en référence au marché. L'économie de la connaissance, qu'on peut brièvement définir comme un « mode régulation et l'allocation des ressources pour produire, stocker, diffuser d'une manière efficiente les savoirs et les connaissances » (Foray, 2009) repose selon une certaine optique (Chen, Dahlman, 2004) sur quatre piliers : les TIC, l'éducation et la formation, la recherche et l'innovation et les institutions. On les examine tour à tour.

Les Technologies de l'Information et la Communication (TIC). Comme élément central dans la lutte contre la Covid19, les TIC ont pleinement montré leur utilité et font la différence. En tant que moyen de communication notamment par le biais des réseaux sociaux et professionnels, le niveau de sensibilisation à la dangerosité de la Covid a été très rapidement atteint dans les différents pays, là où les moyens traditionnels auraient pris des semaines pour amener la population à vraiment réaliser la gravité de la situation. A titre d'illustration, la société Netino a passé au crible quelque 300 000 commentaires laissés du mercredi 11 au jeudi 19 mars sur son

---

[4] On comptait plus de 50 vaccins candidats au mois de Mars 2020.

réseau : 93 % des messages portaient sur l'épidémie dont 50 % étaient favorables au confinement[5], ce qui l'a rendu plus acceptable aux yeux du public français. Les TIC ont été sollicitées également pour organiser le télétravail et permis à des milliers de travailleurs de continuer à opérer parfois dans des conditions presque normales notamment là où le travail physique sur chantier (les éboueurs par exemple) et l'interface avec le public n'est pas une condition fondamentale. On estime le nombre d'employés en télétravail à 40 % au total dans l'Union Européenne à la suite de la Covid[6] pendant le confinement, en passe de devenir une pratique bien installée dans les mœurs et pourrait devenir la norme à la fois dans la période Covid-19 que dans la période post-Covid 19. Enfin, le e-commerce a connu une explosion durant le confinement grâce au paiement en ligne et au *marketplace*. Ainsi durant les premiers jours du confinement le trafic a augmenté de plus de 162 % la fréquentation des *drives* de la grande distribution de 300 %[7] pour les produits alimentaires. Le marché a repris tous ses droits et son ampleur au plus haut sommet de la crise. Cela implique un accès internet haut débit généralisé et la possession d'outils informatiques performants à domicile, mais également la disponibilité de plateformes de travail suffisamment développées, ce qui n'est pas le cas dans de nombreux pays et même souvent au sein d'un même pays et à faire apparaître d'importantes inégalités.

La recherche et l'innovation. La pandémie a montré également d'une manière criante combien il était important de disposer d'une capacité de recherche et d'innovation conséquente et de compétences avérées mobilisables à court terme sur des problématiques nouvelles et inédites, comme c'est le cas maintenant avec la Covid 19. Ces compétences peuvent être sollicitées là où elles se trouvent dans le pays et pas seulement dans les centres de recherche. Cela implique également des capacités financières mobilisables à très court terme. Ainsi, aux États Unis, une force de frappe de 300 000 innovateurs médicaux, chercheurs et personnels de plus de 2 500 universités, écoles de médecine et autres institutions de recherche dans chaque État a été mobilisée par le NIH (*National Institute of Health*)[8] dès le mois de mars 2020 pour trouver un remède et un vaccin. Ceci, en plus d'un soutien financier appréciable[9] à l'écosystème technologique composé de start-up innovantes dont l'agilité est l'un des traits distinctif appréciable. En Europe, la Commission européenne a financé 103 projets

---

[5] https://netino.fr/barometre-covid-19-reseaux-sociaux/

[6] https://ec.europa.eu/jrc/sites/jrcsh/files/jrc120945_policy_brief_-_covid_and_telework_final.pdf

[7] https://www.midilibre.fr/2020/03/22/coronavirus-le-commerce-est-il-le-grand-gagnant-de-cette-crise-sanitaire,8814019.php

[8] https://edition.cnn.com/2020/03/12/perspectives/coronavirus-vaccine-research/index.html

[9] De 1,3 mds de dollars pour 2020

dans le cadre du programme 2020 impliquant plusieurs dizaines de chercheurs à hauteur de 459 millions d'euros et prévoit d'atteindre un milliards d'euros à la fin 2020[10]. Mais au-delà du savoir formalisé, le savoir traditionnel a pu également être mobilisé. C'est ainsi que le gouvernement indien a publié des conseils basés sur la médecine ayurvédique, les médecines traditionnelles et l'homéopathie pour combattre le nouveau coronavirus[11].

L'éducation et la formation. Elles constituent l'un des domaines qui a encaissé le plus grand choc après le secteur productif : cent cinquante-six pays ont partiellement ou totalement fermé les écoles, collèges et universités pour contenir la propagation de la maladie et cette fermeture a touché 82 % des élèves des écoles et de l'enseignement supérieur dans le monde[12]. Le processus d'accumulation et de diffusion du savoir a, de ce fait, été fortement entravé. Dans un temps relativement court, ont été organisés les cours à distance, les modes d'évaluation, le partage des documents et d'outils de travail à travers des plateformes. A titre d'exemple, près de 180 millions d'élèves à travers le pays : ils étudient à distance ; par suite de la pandémie,[13] en est sorti renforcé le *e-learning,* dont la montée vertigineuse dans le monde était déjà perceptible avant la pandémie avec un marché estimé à plus de 190 milliards de dollars en 2019 et devant atteindre 325 milliards de dollars à l'horizon 2015[14]. Il devra probablement être revu à la hausse par suite de la pandémie. A la reprise totale ou partielle, il fallait mobiliser les jeunes de tout âge pour développer des attitudes relatives à l'hygiène, au comportement individuel et en groupe face à la menace pour la santé, mais également terminer les enseignements entamés et assurer les examens.

Les institutions. Enfin, cette crise a montré le rôle vital de l'État à coordonner tous ces efforts de lutte contre le coronavirus et en particulier comment mobiliser d'une manière suffisante, adéquate et efficace toutes les sources de savoir et de connaissances pour les concentrer dans un même but, celui de lutter contre la pandémie en portant plusieurs casquettes. Concernant la recherche, alors que traditionnellement c'est le secteur privé qui domine en matière de R&D, c'est l'État qui domine dans la recherche Covid-19. C'est ainsi qu'aux États-Unis, le budget total alloué par l'État fédéral a atteint 8,3 milliards de dollars. En France, ce sont 83

---

[10] https://ec.europa.eu/info/research-and-innovation/research-area/health-research-and-innovation/coronavirus-research-and-innovation_en

[11] https://www.btlv.fr/coronavirus-linde-met-lhomeopathie-medecines-traditionnelles.html

[12] https://www.eib.org/fr/stories/coronavirus-impact-education#

[13] ttps://www.francetvinfo.fr/sante/maladie/coronavirus/covid-19-en-chine-l-enseignement-se-fait-a-distance_3850639.html

[14] https://www.callimedia.fr/e-learning-chiffres-et-tendances-du-marche/?cn-reloaded=1

projets de recherche lancés par l'ANR pour un montant de 14 millions d'euros[15], ceci en plus du versement accéléré du crédit impôt recherche apporté aux sociétés innovantes de 1,5 Mds d'euros[16]. Concernant le partage des données scientifiques, l'État a marqué une présence puissante : c'est ainsi que le bureau fédéral de la politique scientifique et technologique de la Maison Blanche a mobilisé d'autres organisations américaines pour mettre à disposition la plus vaste collection de documentation sur le coronavirus lisible par machine disponible à ce jour avec plus de 29 000 articles, dont plus de 13 000 en texte intégral en plus de l'appel à des experts d'intelligence artificielle. [17].

Ce bref examen des données montre comment les quatre piliers de l'économie de la connaissance ont permis, en un temps relativement court, de construire une capacité de réponse à la pandémie. Cela ne s'est pas fait sans bousculer certains des concepts et des fondements de cette économie que nous examinons dans la section qui suit.

2. CRISE DE LA COVID-19 ET ÉCONOMIE DE LA CONNAISSANCE : LES FONDEMENTS

Ce n'est pas la première fois que l'économie de la connaissance se voit confrontée à une situation de crise. En fait l'économie de la connaissance est elle-même née en temps de crise, celle du libéralisme à la fin des années 90 qu'elle a contribué à résoudre du moins partiellement selon une certaine optique (Donovan, 2020). Depuis, elle a été confrontée à différentes crises aussi bien économiques que sanitaires : la crise financière de 2008 où elle a montré une certaine résistance (Foray, 2019), la crise H1N1 qu'elle a réussi à surmonter et la crise du SRAS. Ceci l'a rendu, normalement, plus apte à répondre à des situations de crise. Avec la crise de la Covid-19 nous sommes face à une situation toute nouvelle et inédite. D'autres questions se posent sachant que l'économie mondiale est beaucoup plus imbriquée qu'elle ne l'était lorsque le SRAS est apparu il y a près de 20 ans, facilitant ainsi la propagation de la Covid-19[18] : elles concernent à la fois la connaissance et l'économie de la connaissance.

---

[15] https://www.enseignementsup-recherche.gouv.fr/pid39540/covid-19-la-recherche-francaise-mobilisee.html

[16] https://www.challenges.fr/start-up/malgre-la-crise-du-covid-19-les-start-up-vont-de-l-avant_706452

[17] https://www.whitehouse.gov/briefings-statements/call-action-tech-community-new-machine-readable-covid-19-dataset/

[18] *Jim Chirico, CEO of Avaya.*

2.1. La connaissance et sa configuration face à la crise de la Covid- 19

La transformation des attributs de la connaissance est sans aucun doute l'un des faits saillants résultant de la crise de la Covid-19. Une première lecture nous permet de constater des mutations perceptibles au niveau des trois attributs du savoir : un bien non-rival, cumulatif, et source d'externalités positives (Arrow, 2000). Ces attributs sont bien enracinés dans la vision évolutionniste de « path dependancy », c'est-à-dire la dépendance du sentier emprunté, impliquant la notion de trajectoire avec des irréversibilités inévitables (Nelson, Winter, 1982). Ils permettent de comprendre le changement cumulatif considérable et complexe de la technologie et de l'organisation économique (Arena, Lazaric, 2003).

Concernant le premier attribut de *non-rivalité* défini comme un bien pouvant être consommé par plusieurs personnes à la fois sans être détruit, la crise de la Covid-19 montre une extension sans précédent de cette non-rivalité. Les biens marchands matériels pénètrent dans la sphère de la non-rivalité où les acteurs partagent un bien auparavant soumis aux règles strictes de la concurrence. La vision du partage prend le dessus sur la vision de l'excluabilité (Kuriakose, 2020). La non-rivalité se constate d'abord au niveau des biens et services. Ceci inclut la fabrication des masques offerts par des entreprises privées, la préparation des repas par des restaurateurs servis gratuitement, l'hébergement du personnel médical dans des hôtels de proximité, etc. De nombreuses entreprises convertissent une partie de leurs processus de production pour fabriquer des produits à usage pressant comme le gel hydroalcoolique, les blouses et surblouses, charlottes, respirateurs, etc. Des biens initialement privés basculent de la sphère du marché vers la sphère non-marchande dans une « logique de don » (Mauss, 1924) assez particulière. Ces pratiques existaient avant la pandémie[19], elles deviennent plus courantes. La non-rivalité se constate également dans la sphère du savoir. On constate une accélération de l'émergence de biens communs immatériels non rivaux et non exclusifs tels que les connaissances thérapeutiques, les applications, etc. de plus en plus en plus socialisés. En parallèle, l'information que Kenneth Arrow (1961) et Machlup (1962) avaient tenté d'intégrer reprend sa véritable place et son rôle central, nous invitant à revoir le concept et les théories sous-jacentes de l'économie de la connaissance.

Le deuxième attribut de *bien cumulatif*, c'est-à-dire que la production de savoirs nouveaux, est la conséquence immédiate des savoirs déjà existants, est également remis en cause au plus haut de la pandémie. Le savoir accumulé pendant des années n'est plus autant nécessaire pour résoudre le problème de la crise ou bien est contesté (crise de

---

[19] Polanyi (1996) montre par exemple que la place prépondérante du marché est à relativiser du fait des rôles joués par les mécanismes de redistribution et la réciprocité.

l'hydroxychloroquine). Au contraire des savoirs tout nouveaux « non pollués » par l'expérience sont plus utiles que des savoirs anciens. Les modes d'apprentissage, *the learning,* consacrés par la vision évolutionniste qui privilégie la notion d'auto-renforcement et des modes d'ajustement des comportements tournés vers le seul passé (incarnés par la notion de routine), sont bousculés. De même, le « *thinking out of the box* » est plus utile que le savoir *in the box*, le « disruptif » plus nécessaire que l'incrémental, les savoirs des jeunes plus utiles que les savoirs des anciens, notamment dans les applications où la séniorité est plutôt un handicap bousculant ainsi les règles de la « *tacitness* ». Pour rappel, la connaissance tacite est enfermée dans la tête de chaque travailleur, structurée par l'expérience acquise, l'intuition et les secrets de métiers (Polanyi, 1966). Les applications pour les différents aspects de la gestion de la Covid-19, notamment la distanciation sociale comme *StopCovid* ou bien *UTakeCare,* initiées par des *startups,* semblent plus importantes que les plans de circulation élaborés par les experts de la gestion urbaine. Le recours à la technologie *blockchain* et à l'intelligence artificielle détrône l'expérience. Ainsi les modèles d'apprentissage cognitif ou épistémique notamment, détachés des routines, prennent le dessus laissant libre court à un processus de délibération dans le sens de Simon dans un contexte d'information très limitée (Arena, Lazaric, 2003), comme c'est le cas du contexte de la crise de la Covid-19.

Le troisième attribut *d'externalité de la connaissance* qui découle de son caractère non-contrôlable est interrogé également. Cependant, deux effets opposés semblent s'exercer simultanément. Premièrement, la diffusion de la connaissance par la proximité physique, qui a caractérisé toujours le maître et l'apprenti, le « *learning by doing* » (Arrow, 1961) et le « *learning by interacting* » (Lundvall, 1988) sur le lieu de travail, est sérieusement bousculée par le confinement. La fermeture massive des espaces de travail ou la réduction des effectifs résultant des risques de la diffusion de la pandémie entravent le « *learning* » à l'échelle de l'organisation mais également à l'échelle du pays. Les modes de partage et de socialisation des savoirs dans les organisations (Nonaka, Takeuchi, 1997) cèdent le terrain aux tâches dématérialisées et le travail à distance. Deuxièmement, d'un point de vue plus positif, les externalités de la connaissance sont reconnues largement dans la littérature depuis les effets de « *spillovers* » de la technologie (Hendrickx-Candéla, 2001). La crise de la Covid-19 a accéléré l'appétence pour en savoir un peu plus sur la pandémie à la fois de la part des spécialistes que du grand public, ce qui a amplifié les externalités de la connaissance liées au domaine de la santé en particulier. Les externalités physiques ou de proximité cèdent ainsi le pas au profit des « externalités numériques » autrefois appelées externalités informationnelles et aux externalités de réseaux selon une perspective évolutionniste.

Ces mutations des attributs de la connaissance vont avoir un impact sur l'économie de la connaissance durant la crise.

2.2. La construction de la réponse de l'économie de la connaissance à la crise de la Covid-19

Très peu de travaux ont été consacrés à la question du paradigme de l'économie de la connaissance et les enjeux de la santé, sur le plan conceptuel notamment, ce qui rend ce type de travail nécessaire. Des retombées claires sont à cerner au niveau de tous les piliers, comme on l'a vu dans la partie empirique. L'économie de la connaissance mobilise le savoir en tant que « capacité d'agir » ou « *capability* », dans un processus dynamique cohérent avec des plans d'actions (Dang et Katsuhiro, 2009). Ses autres dimensions en tant « qu'actif » ou en tant que « relation » (producteur utilisateur) (Lundvall, 1988) passent au second plan. Elle ne peut produire pleinement ses effets de « *capability* » que si plusieurs piliers agissent simultanément et interagissent en permanence en mobilisant parfois d'autres dimensions. Partant de cette observation, quatre espaces peuvent être identifiés dans ce travail exploratoire : (figure 1)

Figure 1. Les quatre espaces de l'économie de la connaissance pour construire une réponse cognitive à la crise de la Covid-19

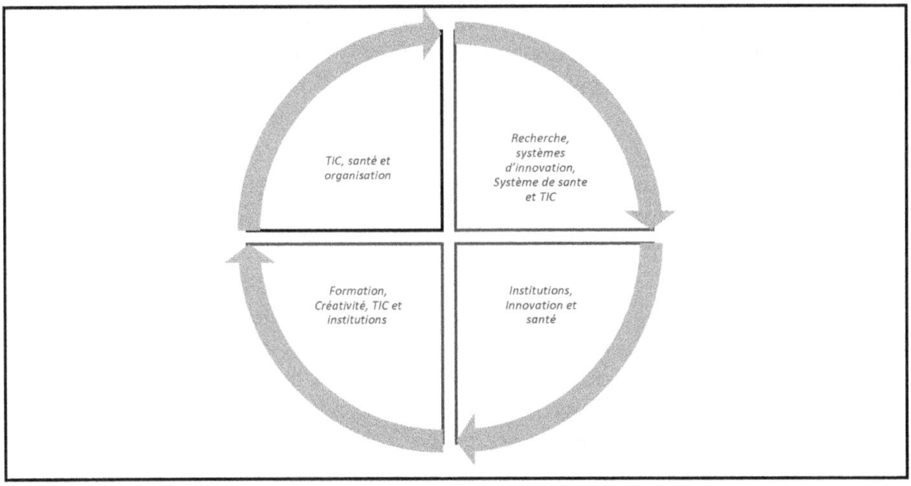

Source : canevas confectionné par l'auteur.

Espace 1 : TIC, système de santé et organisation.

Le premier constat est que l'économie numérique, sur laquelle il y avait quelques hésitations, confirme d'une manière irréfutable son existence et son rôle d'épine dorsale de l'économie de la connaissance. Dans le domaine de la santé, la maîtrise des TIC permet, en effet, de mettre en place et promouvoir les meilleures pratiques en matière de cyber santé, de santé en ligne mais également la réingénierie des systèmes de santé, tout en améliorant l'accès et la qualité des soins (Mantas, 2020). L'espace de collaboration virtuelle a rapidement mûri montrant un niveau de flexibilité et de résilience au système de santé jamais égalé auparavant. Les collaborations ont explosé durant la période de la Covid-19 et se poursuivront, sans aucun doute, après cette pandémie, touchant tous les domaines aussi bien celui de la recherche que celui des soins (échange d'expérience de protocole par exemple). Cependant, cet espace s'étend au-delà du domaine de la santé : la collaboration se constate également dans celui des tâches collectives pour la création d'un écosystème sanitaire qui inclut l'assainissement, la distribution d'équipement de protection, de nourriture, etc. *L'économie collaborative* ou encore économie du partage, qui a été sérieusement bousculée par la crise sanitaire de la Covid-19, a montré sa capacité à rebondir dans le domaine des écosystèmes de lutte contre la pandémie : les procédures se digitalisent et les offres de *coworking* s'adaptent de plus en plus à une demande à la carte[20].

A titre d'exemple, Airbnb[21] s'engage à soutenir plus de 100 000 prestataires de soins de santé en s'associant à des organisations de santé mondiales pour leurs fournir un logement. Uber[22] a promis 10 millions de trajets et livraisons gratuits de nourriture pour les travailleurs de la santé de première ligne[23]. L'économie collaborative, enchâssée dans l'économie de la connaissance, a rogné ainsi aussi bien sur le champ des espaces du marché, mais également les espaces des institutions qui voulaient un excès de régulation et a vu l'émergence des formes d'*autogouvernance (*Acquier *et al.*, 2016). Ces dernières font écho à la vision évolutionniste de l'auto-organisation, de la coordination entre des agents décentralisés mais capables de communiquer entre eux suite à l'émergence d'un ordre spontané (Arena et Lazaric, 2003). Des logiques de marché se superposent et s'entremêlent avec des logiques d'organisation.

Espace 2 : Recherche, systèmes d'innovation et organisation.

Les enjeux de de la recherche de médicaments et de vaccins ont montré que l'économie de la connaissance en tant que « *capability* » peut s'exercer que si le système d'innovation sur lequel elle s'appuie lui fournit la prestation attendue en temps de crise. Cela n'a pas été le cas. Deux faiblesses majeures sont dévoilées. La première concerne la vitesse de réponse c'est-à-dire la célérité qui était en deçà des exigences. C'est une

---

20 http://blog-french-iot.laposte.fr/post-covid-quel-avenir-pour-leconomie-du-partage/

21 Airbnb, Inc. est une société américaine de marché en ligne de location d'appartements et de résidences de vacances

22 Uber est une entreprise américaine qui développe et exploite des applications mobiles de mise en contact d'utilisateurs avec des conducteurs réalisant des services de transport (Wikipédia 09/10/2020)

23 https://news.bloomberglaw.com/environment-and-energy/insight-rebuild-sharing-economy-post-virus-to-prepare-for-climate-change

dimension des Systèmes Nationaux d'Innovation (SNI) mis en place, peu fouillée dans la littérature et qui mérite plus d'attention. La seconde est l'ordre des priorités en matière de recherche et développement souvent déterminé exclusivement par la compétitivité dans la sphère économique. Partout, le constat de la faiblesse de l'effort des pouvoirs publics dans la recherche en santé, sur des aspects essentiels à la vie, a été fait et notamment quand on le compare à celui déployé pour l'armement ou pour la recherche spatiale par exemple. L'idée d'une approche sectorielle de la recherche et de l'innovation à travers les SSI (Systèmes Sectoriels d'Innovation) (Malerba, Lee, 2020) au profit de la santé, s'est consolidée à la suite de la pandémie. Dans le sillage, une approche sectorielle de l'économie de la connaissance à travers un système sectoriel de la connaissance (SSC) mérite d'être développée.

Cependant, cette économie de la connaissance de crise restera également attentive à toutes les autres formes d'innovation : un grand gagnant de la pandémie c'est « *l'open innovation* » (Chesbrough, 2003), où toutes les sources d'innovation sont prises en considération mues non pas par les pressions du marché, mais par le souci de sauver des vies. L'ouverture des milieux de recherche les uns aux autres accentuera la dimension cumulative des connaissances à l'échelle du globe et l'espace de l'apprentissage interactif se globalisera faisant sauter les cloisons aussi bien celles des murs de l'entreprise que des frontières des pays, ce qui permettra sans doute de trouver des solutions plus rapidement à la pandémie. Pour cela, l'hyper protection de la propriété intellectuelle devra céder le terrain (Pagano, Rossi, 2009) pour permettre à la communauté internationale de chercheurs et entrepreneurs de produire les équipements et les médicaments nécessaires, mais également de les faire évoluer pour une plus grande efficacité. L'exemple est donné par l'entreprise Medtronic qui a mis à disposition de tous, le design de son ventilateur pour que tous les pays puissent le fabriquer en renonçant à ses droits de propriété (Chesbrough, 2020). La socialisation des savoirs (Nonaka, Takeuchi, 1997) se fait à une échelle mondiale. C'est ainsi qu'est publiée toute la littérature médicale connue sur le coronavirus, sous une forme lisible par machine grâce à une initiative commune des fondations Gates, Chan-Zuckerberg et le bureau fédéral de la politique scientifique et technologique US[24]. En parallèle, des communautés de pratiques émergent comme la « *Medical Informatics and Nursing Informatics Community* » qui aide les cliniciens à utiliser tous les outils et méthodes appropriés pour faciliter le diagnostic et la thérapie de leurs patients, et fournit des méthodes de collecte des *big data* aux biostatisticiens, aux spécialistes, aux experts en santé publique et aux décideurs politiques (Mantas, 2020).

---

[24] https://www.whitehouse.gov/briefings-statements/call-action-tech-community-new-machine-readable-covid-19-dataset/

Espace 3 : Formation, TICE, Innovation.

Le système éducatif et de formation est balloté entre vulnérabilité et résilience à la suite de la pandémie. La première observation est son arrêt brutal durant la période du confinement qui a montré une faible capacité à résister aux chocs extérieurs comme on l'a vu. Plus sévèrement sanctionnées ont été les filières qui nécessitent des stages sur le terrain que le confinement a rendu quasi-impossibles. La deuxième observation plus positive concerne sa capacité à réagir : en un temps relativement court, il a pu adapter ses moyens en s'adossant aux deux piliers majeurs de l'économie de la connaissance, les TIC et l'innovation. Le confinement a montré combien il était important pour les élèves et les étudiants, mais également les encadreurs, d'avoir une pleine maîtrise des TICE (Technologies de l'Information et de la Communication pour l'Éducation) pour la formation à distance même si des inégalités ont très vite été constatées à cause des dotations en équipements et l'accès au haut débit. La troisième observation, également positive, la sphère de l'éducation et la formation a fait preuve de créativité et d'innovation pour trouver des solutions, à la fois dans le domaine pédagogique mais également pour se protéger, communiquer, créer des solutions et maintenir des liens de confiance. Moins visible a été toute la formation dispensée souvent sur le tas dans le système de santé, pour prendre en charge les malades surtout en détresse respiratoire, redonnant à la connaissance tacite toute la place qui lui revient. L'économie de la connaissance se restructure, de ce fait, autour d'un espace public, celui du présentiel et un espace privé distancé, ouvrant ainsi des perspectives nouvelles d'accumulation du savoir.

Espace 4 : Institutions, Innovation, TIC et système de santé.

L'État et ses institutions reviennent en force au-devant de la scène. « Il s'agit de l'extension la plus spectaculaire du pouvoir de l'État depuis la seconde guerre mondiale »[25]. L'État devient un super « *knowledge manager* », finançant, organisant la diffusion, le stockage et les restrictions tout en assurant ses fonctions de régulation classiques. Les espaces de régulation et d'intervention se superposent et parfois se confondent et dans une situation d'urgence, ce dernier prend le dessus au risque de perturber les règles démocratiques. Bref, les règles fondamentales du marché sont bousculées et des pans d'activité pénètrent dans l'univers régulé des institutions.

Ces quatre espaces, analysés séparément ici, agissent en fait simultanément et de concert pour construire *la réponse cognitive* à la pandémie. Cette réponse cognitive s'articule autour des fondamentaux de la pensée évolutionniste qu'elle bouscule comme nous l'avons vu. Elle

---

[25] *Le Nouvel Economiste*, cf https://www.lenouveleconomiste.fr/le-retour-en-force-de-letat-76869/

s'appuie fortement sur un processus d'apprentissage aussi bien individuel qu'organisationnel, rapide du fait de la pression de la crise, et permet de recourir à la délibération et d'abandonner peut-être momentanément les routines au fur et à mesure qu'on entre dans une phase de résolution de problème. Tout cela se fait dans un contexte de connaissances très limitées qui font que des choix délibérés, mais dont les conséquences globales sont involontaires et imprévisibles (Arena), se font dans une perspective d'auto-organisation. La crise de la Covid confirme ainsi le caractère autocatalytique des systèmes fondés sur la connaissance : la connaissance se nourrit elle-même et engendre plus de connaissances d'une façon absolument imprévisible (Foster, Metcalfe, 2001).

3. DISCUSSION

Cette crise a mis en évidence un degré élevé de défaillances : celle du marché mais également des défaillances systémiques liées à l'organisation qui sont encore plus importantes. Paradoxalement, les perspectives selon lesquelles le savoir allait apporter une réponse aux questions que se pose l'humanité, se sont rapidement transformées en une crise du savoir. La Covid-19 semble avoir ouvert trois fenêtres d'opportunités liées au savoir et à l'économie de la connaissance, résultant de discontinuités multiples à la suite des travaux de Malerba et Lee (2020) sur le rattrapage (*catching up*) bien ancré dans l'approche évolutionniste.

La première est une «fenêtre technologique» liée aux changements majeurs qui sont portés par des innovations disruptives touchant trois domaines : le traitement (inclus la vaccination), la distanciation sociale et la protection, et la communication à travers les *webinars*[26]. Les prémices des solutions qui ont été trouvées pointent vers la 4ème révolution industrielle (Intelligence artificielle, *blockchain* notamment). Cette opportunité est portée par la dynamique de marché où la connaissance va s'appuyer plus que jamais sur son attribut de bien rival et excluable. Cette dynamique renforcera, sans aucun doute, le caractère d'économie confinée de l'économie de la connaissance selon l'optique de Pagano et Rossi (2009), protégée par les hautes barrières de la propriété intellectuelle exclusive, bien gardée par les accords sur les aspects des droits de propriété intellectuelle qui touchent au commerce (ADPIC) signés en marge des accords de l'Organisation Mondiale du Commerce de Marrakech de 1994. Cependant, elle montrera ses limites surtout si la crise de la Covid-19 perdure. En effet, la marchandisation excessive et la privatisation des connaissances ont montré leurs limites dans un contexte de concurrence excessive même sans la Covid-19.

La deuxième est une « fenêtre de demande », qui va au-delà de la demande des équipements et moyens de protection. C'est une demande

[26] Le nombre total des utilisateurs était estimé à 200 millions au mois d'Avril 2020.

en services de santé qui donnera l'occasion de mettre en place des systèmes de santé performants, efficaces, résilients et réactifs à toutes les menaces futures de type Covid-19 ou autre. Elle est doublée d'une demande de connaissances et d'informations pour un public de « plus en plus expert ». C'est une opportunité sans précédent d'étendre le champs de la non-rivalité concernant toutes les connaissances liées à la vie, par le nouveau souffle qu'a donné la pandémie par l'usage de l'*open source* qui reste l'un des phénomènes les plus prégnants. C'est une tendance qui continuera à s'amplifier et s'étendra vers l'espace de l'information. Ainsi, la problématique ne se pose pas simplement en termes de marché ou organisation pour la gestion de la connaissance, mais en termes de la nature des droits de propriétés largement questionnés dans leur essence et pratiques. La sur-propriété de la connaissance (Pagano, Rossi, 2009) et des savoirs utiles (Foray, 2019) qu'une économie de la connaissance confinée a cultivé durant ces dernières années, ne pourra plus continuer dans sa forme actuelle et dans tous les domaines : elle doit être contrebalancée par l'approche de type « *knowledge custodian* » ou « dépositaire du savoir » dans la ligne de réflexion d'Henry Todd (2013) et Unger *et al.* (2020). Ce serait « la garde » de la propriété des connaissances plutôt que sa possession sous des formes temporaires qui veillent aux intérêts du propriétaire mais également de la société dans son ensemble, surtout dans des domaines sensibles comme celui de la santé (Unger *et al.*, 2020). C'est une tendance forte au niveau mondial qui prône un statut de bien public mondial de la connaissance médicale et pharmaceutique sous toutes ses formes (Boidin, 2015). Des formes de rétribution portées par les institutions et non plus celles du marché sont à envisager. Des développements du droit de propriété qui rendent la propriété intellectuelle plus largement accessible existent déjà mais pourraient être beaucoup plus largement utilisés. C'est le cas notamment des Licences *Creative Commons*, qui permettent aux concédants de licence de spécifier des conditions telles que l'utilisation non commerciale. Pourrions-nous assister à un basculement majeur et inédit de la connaissance protégée vers la connaissance socialisée (Nonaka, Takeuchi, 1997) dans le domaine médical et les domaines annexes ? Pareillement, l'enjeu de l'appropriation quasi monopolistique des *data* (de nature personnelle) par quelques géants de la *high tech* empêche une économie de la connaissance plus inclusive et pose la question du contrôle des individus sur les données qu'ils génèrent (Unger *et al.*, 2020) durant et après la Covid-19.

Une troisième fenêtre d'opportunité est une « fenêtre de politique institutionnelle / publique » liée à une intervention publique puissante due à un changement radical des conditions institutionnelles créées par la crise de la Covid-19. Nous avons souligné le retour en force de l'État dans la sphère de la connaissance. Trois aspects à cette opportunité peuvent être mentionnés. Premièrement, c'est la centralité de la question de la faiblesse de la recherche médicale et thérapeutique qui focalise l'attention des États du monde entier comme nous l'avons vu, afin de créer et de développer une attitude favorable et le sens de l'urgence pour corriger le tir. Deuxièmement, elle a également mis un coup de projecteur sur toutes les catégories de travailleurs dans l'ombre dans le domaine des soins médicaux, « les soldats en blouses blanches », mais également tous les travailleurs du savoir opérant à l'ombre des institutions de recherche. Cependant les contrats sociaux existant ne peuvent être en mesure de prendre en charge, précisant les droits, les responsabilités et les attentes d'un large éventail d'acteurs du savoir. Troisièmement, le rapprochement voire la « réconciliation » dans certains pays des politiques avec leurs scientifiques et la sphère de la connaissance d'une manière générale et la soumission de la décision politique à l'avis expert.

L'enjeu est désormais de transformer ces opportunités en rupture pour une économie mondialisée plus résiliente face aux menaces des pandémies. Cela ne se fera pas cependant en vase clos dans des pays pris individuellement ou en bloc de pays tel que le monde est structuré à l'heure actuelle. L'ouverture est fondamentale car la mobilisation des esprits et l'imagination créatifs de tous pour faire face à la crise s'avère nécessaire, quel que soit le lieu géographique sur la planète. C'est la raison pour laquelle la pandémie, qui a traversé toutes les frontières, doit avoir un traitement global. Ce qui pose la question des inégalités face à la pandémie et plus exactement à sa gestion. Tout comme pour le Nord, le degré d'insertion des pays du Sud dans l'économie de la connaissance va être un facteur déterminant pour réagir avec célérité et efficacité. L'idée de « l'ennemi commun » de l'humanité commence à émerger et cette pandémie de la Covid-19 semble déboucher sur un consensus mondial que les ODD ont eu de la peine à construire.

CONCLUSION

Il est difficile de conclure une analyse d'une situation en cours alors que les perspectives futures sont encore très aléatoires. Cependant nous ferons quelques observations. L'analyse que nous avons faite à travers le prisme de l'économie de la connaissance nous a permis de décrypter quelques tendances lourdes et quelques enjeux cruciaux pour comprendre la pandémie de la Covid-19.

L'appui sur la vision évolutionniste en filigrane nous a permis de mieux analyser un phénomène en devenir et en pleine mutation comme l'est la pandémie elle-même, et d'ouvrir des pistes qui nécessitent d'être explorées plus profondément à travers une vision évolutionniste. Le choix de cette vision nous a éloigné de facto de la vision orthodoxe des dynamiques de marché. Cependant cette théorie « *appreciative* », normalement éloignée de la théorie « formelle » comme perçues par Nelson et Winter (1982), ne peut être pleinement assumée dans le contexte de crise causé par la pandémie que nous avons décrit. Marchés et organisations s'entremêlent parfois, le poids du passé et ses effets décisifs sur les décisions microéconomiques n'est plus aussi important et les irréversibilités pas aussi irréversibles du fait de la relativisation des processus cumulatifs et d'apprentissage par l'usage notamment.

Si le modèle générique de l'économie du savoir s'appuyant sur quatre pôles a été mobilisé, c'est plus pour reconnaître sa validation par la sphère décisionnelle due à sa simplicité et clarté qu'une adhésion aveugle à sa configuration, et nous en connaissons les limites. C'est aussi pour ne pas nous engager dans les méandres des débats et points de vue contradictoires qui seraient stériles, de notre point de vue, pour une économie de la connaissance que nous voulons être plus une *capability*, c'est à dire une capacité d'agir en période de crise et avec célérité. C'est aussi pour renforcer l'adhésion de la décision publique au savoir dans toutes ses formes et au renforcement de l'insertion des pays dans cette économie de la connaissance, mais pas seulement : les différentes composantes de la société doivent également suivre. Jamais le principe de la science citoyenne n'a été aussi interpelé que lors de cette crise.

Si des réponses directes et explicites n'ont pas toujours été données au thème central, les matériaux et arguments que nous avons pu réunir y contribuent pleinement, à notre avis. C'est aussi une manière d'exprimer nos réserves pour une réponse définitive dans une situation où des phases se succèdent et ne se ressemblent pas : confinement, déconfinement, re confinement ouverture. Ce faisant, les relectures que nous avons faites et émanant directement de l'observation du terrain et de l'actualité nous ont permis de revisiter les outils et les modèles pour une analyse du post-covid plus prégnante, mais aussi une piste que nous proposons pour de futures recherches.

Des leçons importantes sont donc à tirer de cette crise de pandémie pour réorienter le modèle de développement économique et social dans ce nouveau moule de l'économie du savoir, mais réadapté à l'aune de la nouvelle époque de crises multiples et de la 4ème révolution industrielle.

BIBLIOGRAPHIE

ACQUIER, A., CARBONE, V., MASSE D. (2016), *L'économie collaborative : fondements théoriques et agenda de recherche,* article présenté au Second International Workshop on the Sharing Economy, ESCP Europe, 28-29 janvier.

AKERLOF, G. (1970), The market for lemons: quality uncertainty and the market mechanism, *Quaterly Journal of Economics*, 89, 488-500.

ARENA, R., LAZARIC, N. (2003), La théorie évolutionniste du changement économique de Nelson et Winter : Une analyse économique rétrospective, *Revue économique*, 54(2), 329-354. https://doi.org/10.3917/reco.542.0329

ARROW, K. (1961), Economic Implications of Learning by Doing, Technical Report, 101, 7th December, Office of Naval Research USA.
ARROW, K J. (2000), *Théorie de l'information et des organisations*, Paris, Dunod.
BOIDIN, B. (2015), Économie politique de la santé comme bien public mondial, *Revue de la Régulation,* 1er semestre.
BRET, L. (1961), *The faceless planet*, Badger Books, UK.
CHEN, H. C., DAHLMAN, C. (2004), Knowledge and Development: A Cross-Section Approach, *Policy Research Working Paper*, 3366, World Bank, Washington, D.C.
CHESBROUGH, H. (2003), I*nnovation : the new imperative for creating and profiting from technology,* Harvard Business School Press, Boston Massachusetts.
CHESBROUGH, H. (2020), To recover faster from Covid-19, open up: Managerial implications from an open innovation perspective, *Industrial Marketing Management,* 88, 410-413.
DANG, D., KATSUHIRO, U. (2009), Modeling the development toward the knowledge economy: a national capability approach, *Journal of Knowledge Management*, 13(5), 359-372.
DENIS, J.P., BOURBON, S. (2020), La rente cognitive, une arme stratégique pour vaincre l'ubérisation, *The Conversation*, 06 Janvier.
DJEFLAT, A. (2020a), Le Coronavirus et l'importance d'être inséré dans l'économie de la connaissance, *Maghreb Emergent*, 02 Avril.
DJEFLAT, A. (2020b), Les pays du Maghreb mobilisent leurs capacités de connaissances dormantes pour faire face au Covid 19, *Notes, Analyses et Commentaires* 3, 25 Mai.
DONOVAN, N. (2020), From Knowledge Economy to Automation Anxiety: A Growth Regime in Crisis? *Journal of New Political Economy*, 25(2), 248-266.
FORAY, D. (2009), Introduction, in Foray, D. (ed.), *L'économie de la connaissance*, Paris, La Découverte, 3-8.
FORAY, D. (2019), L'économie de la connaissance, in Foray, D., Gadrey, J., Gautier, J., Gazier, B., Guellec, D., Harty, Y. (eds), *Croissance, emploi et développement: Les grandes questions économiques et sociales I.*, Paris, La Découverte, 25-44.
FOSTER J., METCALFE S. (2001), Modern evolutionary Economic perspectives : an overview, in Foster J., Metcalfe S. (eds), *Frontiers of Evolutionary Economics*, Londres, Edward Elgar.
HENDRICKX-CANDÉLA, C. (2001), Externalités de connaissance et localisation des activités : une revue des analyses empiriques, *Revue d'Économie Régionale* & *Urbaine*, février (1), 11-37.
KURIAKOSE, S. (2020), In the new economy, knowledge is king, World Bank Staff writings, https://www.tralac.org/news/article/14577-in-the-new-economy-knowledge-is-king.html

LUNDVALL, B.Å. (1988), Innovation as an Interactive Process – from User - Producer Interaction to the National System of Innovation, in *Technical Change and Economic Theory*, edited by Giovanni Dosi, Christopher Freeman, Richard Nelson, Gerald Silverberg, and Luc Soete, 349-370, London : Pinter Publishers.
MACHLUP, F. (1962), *The Production and Distribution of Knowledge in the United States*, Princeton, Princeton University Press, 416 p.
MALERBA, M., LEE, K. (2020), An evolutionary perspective on economic catch-up by latecomers, Industrial and Corporate Change (Forthcoming), 50 p.
https://www.researchgate.net/publication/344130038_An_evolutionary_perspective_on_economic_catch-up_by_latecomers
MANTAS, J. (2020), The Importance of Health Informatics in Public Health during the Covid-19, in Mantas, J., Hasman, A., Househ, M.S., Gallos, P., Zoulias, E. (eds), *The importance of health informatics in Public health during a pandemic*, IOS press, Amsterdam, 520 p.
MAUSS, M. (1924), Essai sur le don. Forme et raison de l'échange dans les sociétés archaïques, *L'Année sociologique, nouvelle série I*, vol. (1923-1924), 30-186.
NELSON, R.R., WINTER, S. (1982), *An Evolutionary Theory of Economic Change*, Harvard University Press, Cambridge, MA.
NONAKA, I., TAKEUCHI, I. (1997), *La connaissance créatrice : la dynamique de l'entreprise apprenante, De Boeck University.*
PAGANO, U., ROSSI, M.A. (2009), The crash of the knowledge economy, *Cambridge Journal of Economics*, 33, 665-683, doi:10.1093/cje/bep033
PILLOT, J., BONCORI, A.L., NACCACHE, P. (2020), Covid-19 : La science, grande oubliée dans la prise de décision politique, *The Conversation*, 29 Avril.
POLANYI, M. (1966), *The tacit dimension*, MA, Gloucester.
TODD, H. (2013), *Die Empty : Unleash Your Best Work Every Day*, Gildan Media.
UNGER, R., STANLEY, I., GABRIEL, M., MULGAN, G. (2020), *Imagination Unleashed : Democratising the knowledge economy,* Nesta Report, March, 60 p.

LA COVID-19 : UNE OPPORTUNITÉ POUR ACCÉLÉRER LE CHANGEMENT EN AFRIQUE[1]

DÉSIRÉ AVOM
Université de Yaoundé II, Cameroun
davom99@gmail.com

RÉSUMÉ

Contre toute attente, la pandémie à coronavirus a sérieusement ébranlé les activités économiques au niveau mondial. L'Afrique, qui n'avait plus connu de récession économique depuis plus de deux décennies, a enregistré une sévère baisse du taux de croissance. Cet article donne quelques pistes de réflexion sur l'après Covid-19 en analysant la spécificité de la pandémie, les préalables aux actions de changement à mener à court terme, avant d'insister à moyen et long termes, sur la primauté des investissements tant dans le capital humain pour réduire les inégalités, que dans les infrastructures physiques et numériques afin d'accélérer les échanges commerciaux et contribuer à un développement plus inclusif.

Mots-clés : Afrique, Covid-19, Crise, Gouvernance, Infrastructures, Investissements, Pandémie.

ABSTRACT
Covid-19 : an opportunity to accelerate change in Africa.

Against all waiting, the coronavirus pandemic has seriously shaken global economic activities. Africa, which had not experienced an economic recession for more than two decades, experienced a severe decline in growth rate. This

[1] Pour finaliser cet article, j'ai bénéficié de multiples apports. Les suggestions des trois référés de la Revue m'ont permis d'affiner sa construction. A divers stades de sa rédaction, j'ai pu apprécier l'aide précieuse de : Ongo Nkoa Emmanuel, Song Jacques Simon, Melingui Bate Adalbert, Djoumessi Yannick, Tadadjeu Sosson, Malah Kuete Yselle.

article provides some insight into the post-Covid-19 period by analyzing the specificity of the pandemic, the actions to be taken in the short term, before emphasizing medium and long term, on the primacy of investments in both human capital to reduce inequalities as well as in physical and digital infrastructures in order to accelerate trade and contribute to inclusive development.

Keywords : Africa, Covid-19, Crisis, Governance, Infrastructures, Investment, Pandemic.
JEL Codes: I10, I18, J48, J68

INTRODUCTION

« Dans d'autres pays, nous avons vu comment le virus s'est accéléré après un certain seuil. Donc le meilleur conseil à donner à l'Afrique est de se préparer au pire et dès aujourd'hui »[2]. Cette déclaration du directeur général de l'Organisation mondiale de la santé (OMS) au plus fort moment de la pandémie de la Covid-19 en mars-avril 2020, semble avoir créée un électrochoc salutaire chez les dirigeants africains. En effet, bien que la crise sanitaire continue de sévir, en l'absence d'un vaccin consensuel[3] ou d'un traitement curatif, une question émerge de manière récurrente. À quoi ressemblera le monde d'après Covid-19 ? Les réponses divergent et peuvent se décliner en deux groupes. Pour le premier, il sera inéluctablement différent sur tous les plans. Dans cette perspective, ils interprètent cette crise comme une preuve supplémentaire de l'essoufflement définitif du système capitaliste, la mondialisation qui en a résulté ne serait qu'une source de malheurs.

Pour le second, en revanche, au-delà des désaccords, la crise apparaît comme un surprenant révélateur des problèmes plus profonds qui affectent le capitalisme tel qu'il a été pratiqué dans différents pays : la faiblesse du modèle social des USA avec une accentuation des inégalités, malgré un système d'innovations performant, la faiblesse de l'appareil de production dans certains pays occidentaux, l'opacité de l'information et la forte restriction des libertés en Chine, etc. Dans cette perspective, la crise peut être considérée comme un mal pour un bien. En effet, en aggravant les inégalités, elle offre surtout aux pays africains l'opportunité d'accélérer

---

[2] https://www.lequotidiendumedecin.fr/specialites/infectiologie/lafrique-mal-preparee-larrivee-du-coronavirus Publié le 20/03/2020 par Damien Coulomb

[3] Nous notons tout de même que le Royaume Uni a autorisé mercredi 2 décembre 2020 la vaccination de sa population contre le coronavirus. Mais dans tous les pays du monde, il existe encore une résistance a l'admettre au regard d'un manque d'informations sur sa composition et des effets pervers ou complications.

le changement de modèle économique[4], pour mieux valoriser son fort potentiel et surtout, optimiser ses formidables richesses notamment celles du sol, du sous-sol, et d'une population majoritairement jeune estimée à 1,2 milliard d'habitants.

Alors qu'au début de la pandémie, les prévisions étaient plutôt alarmistes pour le continent africain sur le plan sanitaire, ce sont désormais essentiellement celles relatives aux conséquences économiques qui sont les plus redoutées et constituent une source de réelles inquiétudes. Les prévisions initiales reposeraient principalement sur la mauvaise qualité des systèmes et des infrastructures de santé. À juste titre, certains analystes prédisaient un effondrement général des régimes africains fragiles, au Sahel et/ou en Afrique centrale sous « l'effet pangolin[5]». De manière inattendue, les gouvernements africains, s'appuyant sur l'expérience difficile vécue par les pays européens, premiers à être durement touchés, surtout instruits par les combats menés au cours des dernières années contre les pandémies du VIH et d'Ebola, ont réagi avec énergie et rapidité. Cette réactivité a permis au prix des ajustements budgétaires drastiques et du soutien des partenaires bilatéraux et multilatéraux au développement, de contenir la pandémie en limitant le nombre de décès. La jeunesse de sa population, sa faible densité et mobilité, la chaleur du continent sont quelques atouts cités comme ayant atténué sa propagation (Nguimkeu et Tadadjeu, 2020).

Bien qu'à ce jour, le nombre de décès enregistré sur le continent soit, de loin, bien inférieur à celui d'autres continents avec 48 029 cas de décès contre 687 678 aux Etats-Unis, 336 422 en Europe, 266 201 en Asie (Ecdc.Europa.eu au 18 novembre 2020). Il convient de rappeler qu'en plus du choc sanitaire et du ralentissement de l'économie mondiale, le continent était déjà soumis, selon les pays, à une forte baisse des cours des matières premières, notamment celui du pétrole, et à une insécurité (menace de la secte Boko Haram dans plusieurs pays, crise anglophone au Cameroun).

L'objectif de cet article est de suggérer des actions de changement en vue d'optimiser les opportunités latentes dont certaines se sont fort heureusement révélées avec la crise de la Covid-19. À court terme, une meilleure gouvernance du cadre macroéconomique est souhaitée et très fortement recommandée pour atténuer les effets négatifs de l'impact de la crise, puis préparer la relance économique. À long terme, il s'agit d'accélérer le changement du modèle économique des pays africains en promouvant une transformation productive. Toutefois, préalablement à la

[4] Un modèle orienté vers l'exploitation des matières premières, fortement dépendant des importations en produits alimentaires et pharmaceutiques, « l'héritage colonial »

[5] Lire une note interne du Centre d'analyse, de prévision et de stratégie (CAPS) du Ministère de l'Europe et des Affaires étrangères produite par Frédéric Bodin et Joan Tilouine, et intitulée « L'effet pangolin », fuitée dans la presse début avril 2020.

présentation succincte de ces actions, sera fait un rapide exposé à partir des données actuellement disponibles sur les conséquences économiques.

1. LES EFFETS SUR L'ÉCONOMIE MONDIALE DE LA PANDÉMIE DE LA COVID-19

« Nous n'avons jamais vu l'économie mondiale s'arrêter net. C'est bien pire que la crise de 2008 ». Cette déclaration du FMI (2020) est une illustration de la gravité et, surtout de la vitesse avec laquelle un choc peut anéantir brutalement nos économies. La crise actuelle à des caractéristiques différentes des précédentes, dont il faut être conscient pour bien analyser les réponses de politique économique à apporter. Plus spécifiquement, elle va provoquer une déformation sectorielle de l'économie. Alors que les précédentes crises ont été provoquées soit par la chute de l'offre, soit par celle de la demande, la crise en cours a la particularité d'affecter simultanément les deux principales composantes de la demande globale à savoir la consommation et l'investissement. Elle remet ainsi en cause le modèle économique dominant et conforte les thèses soutenues depuis de nombreuses années par plusieurs auteurs dont Joseph Stiglitz, Prix Nobel d'économie 2001. Dans la plupart de ses ouvrages et articles, il stigmatise les dysfonctionnements du système économique de marché[6], tout en appelant à un nouvel ordre économique mondial, plus juste et par conséquent moins inégalitaire. Selon l'auteur, le programme à la base du nouvel ordre doit reconnaître que le monde de l'équilibre concurrentiel, qui domine la pensée des économistes depuis plus d'un siècle, ne rend plus rigoureusement bien compte de l'économie d'aujourd'hui, surtout lorsqu'il s'agit de comprendre la source de la croissance des inégalités ou même celle mue par l'innovation.

La spécificité de l'infection pulmonaire due à la Covid-19 réside dans la rapidité de sa propagation. En effet, dès la confirmation du premier cas, de nombreux autres patients souffrant d'une pneumonie similaire ont été signalés. Selon Li *et al.* (2020), la propagation du virus s'est généralisée dans divers pays, précipitant le monde dans un désarroi inattendu avec plus de 1,5 million de personnes infectées au début avril. Selon l'OMS (2020), l'épidémie de la Covid-19, qui a commencé dans le district de Wuhan en Chine fin décembre 2019, s'est rapidement étendue à 216 pays, régions ou territoires. Par exemple, fin avril 2020, le nombre de cas de décès signalés était de plus de 3 millions dans le monde (Worldometer, 2020). Avec un taux de mortalité de 7 %, cette maladie a été annoncée comme une pandémie par le directeur général de l'OMS le 11 mars 2020. Elle a également entraîné plus de 8,3 millions de cas confirmés, près de

[6] « Le triomphe de la cupidité », Les Liens qui libèrent, Paris, 2010.

450 000 décès à travers le monde au 19 juin 2020. En novembre 2020, le virus a fait 54 576 428 cas déclarés et 1 339 436 décès[7].

Même s'il est prématuré d'envisager une évaluation des conséquences de la pandémie, les chiffres disponibles montrent pertinemment qu'elle sera pour les historiens des crises économiques, l'une des plus graves de l'histoire économique mondiale.

Le tableau 1 montre qu'au niveau mondial, et d'après les données produites par le FMI, confirmées par celles fournies par la Banque Mondiale de juin 2020[8], l'économie mondiale connaîtra une forte contraction de son PIB à - 3,03 % initialement projetée à 5,2 %. Plus significatif, pour la première fois depuis 1870, un nombre sans précédent de pays particulièrement européens vont enregistrer une baisse brutale de leur production par habitant à - 7,11 %, et une aggravation de la pauvreté.

Tableau 1. Taux de croissance (en %) dans le monde (2020 et moyenne 2015-2021)

Pays	2020	Moyenne 2015-2021
Monde	-3,03	2,82
Economies développées	-6,11	1,27
Pays du G7	-6,25	1,12
Union Européenne	-7,11	1,32
Pays en développement	-0,42	3,94
Amérique Latine et Caraïbes	-5,21	0,06
Moyen Orient et Asie Centrale	-2,82	2,02
Afrique Subsaharienne	-1,1	2,35

Source : Auteur, à partir du FMI (World Economic Outlook Database, April 2020).

D'après les perspectives régionales de la Banque Mondiale, il apparaît qu'en moyenne, la croissance économique en Amérique Latine et Caraïbes devrait se contracter fortement de - 5,21 % en 2020. Elle est plus forte que celle enregistrée lors des crises de la dette dans les années 1980 et financière mondiale de 2008-2009[9]. En Afrique subsaharienne, l'activité

[7] https://sante.journaldesfemmes.fr/fiches-maladies/2657799-coronavirus-monde-vaccin-test-nombre-cas-mort-carte-deces-courbe-chiffre-bilan-usa-vaccin-espagne-classement/

[8] https://www.banquemondiale.org/fr/news/press-release/2020/06/08/covid-19-to-plunge-global-economy-into-worst-recession-since-world-war-ii

[9] http://pubdocs.worldbank.org/en/389601588787976753/Global-Economic-Prospects-June-2020-Regional-Overview-SAR.pdf

économique de la région devrait également connaître en 2020 son repli le plus fort jamais enregistré depuis au moins deux décennies, estimé à près de - 2 %. Rapportée par tête d'habitant, cette baisse serait encore plus importante et menacerait d'accentuer l'extrême pauvreté déjà importante dans la sous-région[10].

Si les prévisions pour 2021 paraissent encourageantes avec un rebond projeté de l'économie mondiale à 4,2 %, pour un taux de croissance de 3,9 % dans les économies avancées et plus important à 4,6 % dans celles des marchés émergents et en développement, elles demeurent dominées par des incertitudes principalement fondées sur les conséquences d'une deuxième vague de contamination dans le monde[11].

Les tableaux 2 et 3 ci-dessous renseignent sur le nombre de cas pour 100 000 habitants qui est plus significatif que le nombre absolu de ceux enregistrés dans la Zone UE + Royaume Uni et quelques pays d'Afrique. L'on peut prendre pour indicateur du phénomène de deuxième vague, le critère d'incidence de 250 cas pour 100 000 habitants. C'est l'un des critères retenus par le Gouvernement français pour décréter le confinement dans certaines villes. Par exemple, 13 pays européens affichent un nombre supérieur. En revanche, en Afrique, aucun pays ne semble avoir un nombre proche de ce critère d'incidence. L'Afrique du Sud présente un nombre de cas de 116 pour 100 000 le plus élevé, suivi du Cameroun avec 48 cas. En effet, ce critère d'incidence est très dépendant du nombre de cas testés. A la date du 15 juin 2020, le Cameroun avait effectué 51 996 tests pour un total de cas positifs de 10 129, soit 485 cas testés par millions d'habitants, devant l'Egypte et le Ghana avec respectivement 250 et 117 cas testés pour un million d'habitants.

[10] http://pubdocs.worldbank.org/en/537551588788269285/Global-Economic-Prospects-June-2020-Regional-Overview-SSA-FR.pdf

[11] Données du Centre européen de prévention et de contrôle des maladies pour la période du 15 septembre au 13 octobre 2020 https://infogram.com/levolution-du-coronavirus-en-europe-1hnq417lzn1p43z.

Tableau 2. Nombre de cas pour 100.000 habitants dans l'Union européenne + Royaume Uni

Pays	Nombre de cas	Pays	Nombre de cas
République tchèque	800	Danemark	234
Espagne	629	Portugal	232
Belgique	616	Croatie	173
France	540	Pologne	147
Luxembourg	413	Italie	118
Royaume-Uni	373	Suède	110
Pays-Bas	342	Lituanie	104
Malte	302	Bulgarie	101
Hongrie	281	Estonie	91
Roumanie	277	Grèce	87
Slovaquie	271	Allemagne	83
Autriche	262	Lettonie	67
Irlande	252	Finlande	65
Slovénie	246	Chypre	59

Source : Centre européen de prévention et de contrôle des maladies.

Tableau 3. Nombre de cas pour 100 000 habitants en Afrique

Pays	Taux de test par million	Nombre de cas pour 100 000
Afrique du Sud	1 161	116
Egypte	250	24
Ethiopie	28	3
Nigeria	24	3
Ghana	117	12
Cameroun	485	48

Source : Auteur, à partir des données de Africa CDC et Worldwide Covid-19 Ratio per country, April 2020.
Note : le nombre de cas pour 100 000 habitants qui peut être assimilé au taux de test pour 100 000 habitants, est calculé suivant la formule : 100 000 (nombre de cas confirmés)/ nombre de cas testés.

L'OMC prévoit que le commerce mondial devrait enregistrer une baisse brutale comprise entre 13 % et 32 % en 2020[12], mais les secteurs ayant des chaînes de valeur complexes, notamment l'électronique et les produits automobiles, seront moins affectés. Le commerce des services pourrait être le plus directement touché en raison des mesures restrictives dans les transports et les voyages. Avec le déclenchement de la deuxième vague de la pandémie, il faut s'attendre à une baisse de - 7,6 % de la production économique mondiale selon l'Organisation de coopération et de développement économiques (OCDE)[13].

En Afrique, la baisse continue de la production observée dans plusieurs pays devrait s'accélérer si des réformes structurelles et multisectorielles profondes ne sont pas engagées. A titre d'illustration, au Cameroun, selon le Groupement inter patronal du Cameroun (GICAM), près de 45 % des emplois seraient menacés dans les secteurs des services et de la distribution. Une étude récente (Djoumessi, 2020) utilise les données collectées à partir d'une enquête rapide auprès de 1 310 ménages par l'Institut national des statistiques (INS) pour caractériser comment les marchés du travail sont affectés par la pandémie de la Covid-19 au Cameroun. Elle indique que plus de 60 % des travailleurs ont subi des réductions de salaire, et cela est particulièrement grave dans le secteur privé. Les pertes d'emploi ont été nettement moins importantes, avec près de 7,47 % de l'échantillon ayant perdu leur emploi en avril 2020. Cela pourrait être dû à la taille abyssale du secteur informel où les individus ne respectent presque jamais les mesures barrière initiées par le Gouvernement et continuent à exercer leurs activités de survie. Il est possible que l'accroissement du nombre d'infectés à la pandémie ait un impact faible dans les pays ayant renforcé le système de santé comme l'Égypte, l'Afrique du Sud et le Bénin.

Pour mieux limiter ces effets négatifs, une gouvernance macroéconomique efficace reste problématique dans la plupart des États africains.

2. AMÉLIORER LA GOUVERNANCE MACROÉCONOMIQUE

Parmi les mesures macroéconomiques prises par les pays africains pour faire face à la Covid-19, il apparaît que les ajustements budgétaires (47)[14] sont les plus utilisés, suivis des mesures monétaires (40) et de celles du taux de change (05), (PNUD, 2020). En effet, la détérioration brutale des finances publiques a rendu inévitable les mesures budgétaires correctives à travers une meilleure réallocation des dépenses vers les secteurs sociaux,

---

[12] https://www.wto.org/french/news_f/pres20_f/pr855_f.htm

[13] http://www.oecd.org/perspectives-economiques/

[14] Ces chiffres correspondent au nombre de pays africains ayant opté pour une des trois mesures de politique économique évoquée.

notamment celui de la santé. Ces réajustements ont permis, lorsque cela était possible, de dégager le cas échéant des marges de manœuvre budgétaires pour continuer le financement du secteur productif. Dans ce contexte, le cadre macroéconomique a évolué selon que les pays soient membres ou non d'une union monétaire, producteur ou non de matières premières, faisant face ou non à une instabilité interne. Pour l'illustrer, nous nous limiterons à deux indicateurs. L'inflation qui permet d'apprécier l'évolution du pouvoir d'achat des populations notamment les plus pauvres, plus exposées aux variations des prix. Bien plus, elle affecte à travers l'incertitude l'investissement et alimente l'illusion monétaire. L'endettement, lorsqu'il n'est pas maîtrisé est susceptible de compromettre le renouvellement du capital productif.

S'agissant de l'inflation, le tableau 4 retrace son évolution récente dans le monde en 2020, puis en moyenne sur la période 2015-2021. Il montre que, si dans les pays industrialisés, la crise sanitaire ne semble pas fondamentalement causer de rupture brutale quant à la tendance passée de l'inflation, elle est en revanche plus élevée dans les pays en développement, notamment ceux d'Afrique. Cette envolée des prix s'explique par la forte dépendance de ces économies au reste du monde, à travers l'importation des intrants et des denrées alimentaires. Le ralentissement des approvisionnements est, en outre, un facteur explicatif pertinent de cette résurgence de l'inflation.

Tableau 4. Taux d'inflation (en %) dans le monde (2020 et moyenne 2015-2021)

Pays	2020	Moyenne 2015-2021
Monde	2,99	3,17
Economies développées	0,51	1,16
Pays du G7	0,53	1,22
Union Européenne	0,62	1
Pays en développement	4,62	4,59
Amériques Latine et Caraïbes	6,23	6,08
Moyen Orient et Asie Centrale	8,42	7,6
Afrique Subsaharienne	9,32	8,85

Source : Auteur, à partir du FMI (World Economic Outlook Database, April 2020).

S'agissant de l'endettement, nous considérons pour l'illustrer, les deux plus importantes économies du continent à savoir le Nigéria et l'Afrique du Sud. Nous observons effectivement une accélération attendue de la dette en 2020, avec une projection plutôt faible en 2021. Cette dynamique pourrait s'interpréter comme une conséquence de la crise sanitaire, qui aurait réduit les capacités de mobilisation des ressources internes et justifié les reports de paiements octroyés. On pourrait aussi relever le rétrécissement de certains débouchés à l'exportation, faisant suite à l'augmentation du coût du transport. À ce rythme, les pays pourraient très rapidement atteindre des seuils critiques d'endettement pour certains et même dépasser la barre des 100 % pour d'autres.

Tableau 5. Évolution récente du ratio de la dette (en %) et projection (2018-2021).

Pays	2018	2019	2020	2021
Afrique du Sud	56,7	62,2	79,9	84,6
Nigéria	27,7	29,1	36,5	36,8

Source : Auteur, à partir du FMI (World Economic Outlook Database, April 2020).

L'amélioration du cadre macro-économique demeure un préalable et une préoccupation permanente pour préparer l'économie à une relance réussie après la Covid-19. Mais, elle doit s'accompagner parallèlement d'un changement progressif de modèle économique, pour accélérer la transformation structurelle portée par le dynamisme du secteur manufacturier.

3. INVESTIR DANS LA TRANSFORMATION STRUCTURELLE DES ÉCONOMIES

Depuis l'accession à la souveraineté internationale, les économies africaines ne se sont que très peu structurellement transformées. Le secteur primaire est resté dominant, tournant principalement autour d'une agriculture de subsistance avec une faible productivité. Le secteur tertiaire bien qu'important, donne l'illusion d'une économie qui se transforme, mais demeure essentiellement alimenté par les produits importés (tertiaire du pauvre). Le secteur secondaire a plutôt stagné lorsqu'il n'a pas régressé. Ce modèle qui constitue pour de nombreux économistes un drame, n'a pas permis d'opérer un saut qualitatif. Pour y remédier, il faut véritablement optimiser les avantages de la nouvelle Zone de libre échange continentale (ZLECAf) (3.1), accélérer les investissements dans le capital physique et le numérique (3.2) ainsi que dans l'accumulation qualitative et quantitative du capital humain (3.3).

3.1. La ZLECAf, un facteur d'accroissement du volume des échanges commerciaux

La mise en place de la ZLECAf se présente comme une formidable opportunité pour les pays africains. Entrée en vigueur en 2017, cette initiative est un cadre légal pour accélérer le processus d'intégration en Afrique, développant les complémentarités, en lien avec les objectifs de l'Agenda 2063 qui prévoit une transformation socio-économique du continent. Son développement pose toutefois de nombreux défis notamment celui de l'identification et de la promotion des chaînes de valeurs majeures au niveau continental et mondial. La résilience observée dans certains pays africains tels le Cameroun, la Cote d'Ivoire, l'Ethiopie, la Tanzanie, le Rwanda et le Sénégal (BAD, 2020), a révélé la capacité extraordinaire d'adaptation des populations à trouver les réponses aux besoins suscités par la pandémie de la Covid-19 dans un contexte de ralentissement du commerce mondial. La production des masques à partir des tissus locaux en est une parfaite illustration, alors que certains pays européens dépendaient des approvisionnements de la Chine.

Plus généralement, une stratégie adéquate d'intégration dans les chaînes de valeurs inspirée de la crise sanitaire, pourrait aider les économies africaines à mieux capitaliser les gains potentiels de la ZLECAf. En effet, à la suite de Humphrey et Schmitz (2002), quatre principales stratégies de montée en gamme dans les chaînes de valeur se présentent aux économies africaines. Un secteur est particulièrement illustratif, celui de l'industrie du médicament. Il connaît encore un faible développement en Afrique, mais il peut rapidement bénéficier d'une montée en gamme, si des politiques appropriées sont engagées.

Ainsi, pour que les pays africains tirent parti de la diversification des chaînes d'approvisionnement mondiales, il faudra définir une politique industrielle pour stimuler la compétitivité, afin que l'Afrique puisse proposer une production à faible coût comparable à celle de la Chine et des pays d'Asie du Sud-Est, comme le Viet Nam et le Cambodge. Les analyses existantes portant sur les déterminants de la diversification et de la sophistication des exportations (Jarreau *et ali.*, 2012) en liant avec la croissance économique, permettent de mettre en évidence certaines variables et les conditions liées à l'optimisation de chacune, notamment l'ouverture commerciale, la réduction des coûts d'échanges, l'aide financière, le capital humain (Agosin *et al.*, 2012).

Favoriser la participation, la consolidation de la position des pays africains dans les CVM dépendent également du niveau de diversification (Imbs *et al.*, 2003), qui repose sur plusieurs secteurs : biens manufacturés à faible technologie ; biens manufacturés à moyenne et haute technologie ; services exportés à faible technologie ; services exportés à moyenne et haute technologie, etc. Pour y parvenir, une approche globale et concertée au niveau continental devrait être envisagée pour les économies africaines visant à identifier pour chaque pays l'espace produit et à promouvoir la sophistication.

3.2. Investir massivement dans les infrastructures numériques

Le déficit des infrastructures physiques est récurrent et bien réel en Afrique. La faible mobilité des populations, due en partie, du moins à l'absence ou la mauvaise qualité des infrastructures routières, a été avancée comme un facteur limitant la propagation de la Covid-19. Mais, depuis le mois de mars 2020, l'économie numérique a connu une accélération remarquable sous plusieurs formes : le télétravail, le téléenseignement, le paiement en ligne, le commerce en ligne entre autres. Toutes ces mesures ont contribué à atténuer dans certains secteurs les effets négatifs de la Covid-19. Cette situation inattendue a également permis de se rendre compte du retard en infrastructures numériques de l'Afrique. Si au niveau mondial, la digitalisation a progressé, il n'en est pas de même pour le continent africain. Selon les données de la Banque Mondiale (2016), entre 1999 et 2014, le nombre de personnes dans le monde ayant accès à la téléphonie mobile est passé de 10 % à 90 %. Le taux de souscription au téléphone mobile pour 100 habitants est passé de 0,006 en 1991 à 83,16 % en 2017 (Banque Mondiale, 2019). Le taux de pénétration d'internet est passé de 0,004 en 1991 à 26,43 % en 2017. Sa contribution à l'économie africaine devrait atteindre 6 % d'ici 2025 (Banque africaine de développement, 2019). Elle présente de nombreuses opportunités, mais également des risques (cybercriminalité, fraude interne, vol de données, usurpation d'identité, rupture de service, etc). La digitalisation contribuerait à la résilience économique des pays (Cordella, 2001 ; Clarke, 2008 ; Cariolle *et al.,* 2019).

Le nombre d'initiatives numériques visant à faciliter la fourniture de services publics en Afrique a considérablement augmenté au cours de l'année 2020. Les effets positifs visibles dans les domaines de l'éducation, de la santé et des transferts de fonds, ont permis aux utilisateurs de densifier le niveau de connexion. Toutefois, ces initiatives sont concentrées dans les pays ciblés, et leurs impacts ne se traduisent pas nécessairement par des effets « en avant » sur le bien-être. Les analyses de la relation entre les différents usages du numérique (en l'occurrence, le courrier électronique, les sites web, le mobile money et des indicateurs de performance des firmes), montrent que celles qui utilisent des technologies numériques ont plus d'employés, des chiffres d'affaires et des exportations plus élevées et productives. En revanche, lorsque l'adoption de ces technologies reste limitée, elles ne bénéficient souvent qu'aux entreprises les plus performantes ou innovantes notamment les filiales des multinationales, et peuvent même générer des effets de contagion néfastes au reste de l'écosystème entrepreneurial.

Avec la pandémie à Coronavirus, le numérique a connu une forte ascension créant ainsi des opportunités inégalables. Tous les services, les gouvernements et les entreprises ont, lorsque cela était possible, adopté le télétravail. Un meilleur accès aux infrastructures numériques permettrait non seulement de réduire la fracture numérique, mais surtout de profiter des opportunités nombreuses qu'elle offre.

3.3. Améliorer qualitativement et quantitativement le capital humain

Trois actions complémentaires peuvent ici être envisagées. Premièrement, réduire l'attractivité de la formation dans les sciences sociales. L'Afrique doit davantage miser sur les formations technologiques utiles à sa transformation structurelle pour accroître la valeur ajoutée des secteurs productifs et innovants. Ceci participe à réduire la mauvaise allocation des talents qui demeurent une spécificité des économies de rentes (Ebeke *et al.*, 2015). En 2016, l'Union Africaine a évalué le déficit en Compétences Techniques Essentielles (CTE). Cette étude montre que d'ici 2023, les besoins de l'Afrique seront de 9 503 000 médecins, 1 405 300 chercheurs en robotique mécanique, physique et chimique, 4 865 270 d'ingénieurs et 193 583 de géologues (ACBF, 2016).

Deuxièmement, accélérer la formation des ingénieurs et la créativité dans les startups. Bien avant la survenue de la pandémie de la Covid-19, plusieurs initiatives ont été entreprises par les jeunes et soutenues par les gouvernements pour la création de petites entreprises dans le secteur du numérique. Dans ce cadre, on peut citer la *start-up* camerounaise *House Innovation* qui a créé l'application mobile « SOS-Covid ». Au Nigeria, la *start-up Wellvis* contribue à faire circuler les informations sur la Covid-19 pour un objectif de protection des personnes. Il s'agit alors d'accélérer cette politique donc le succès repose sur le nombre et la qualité des ingénieurs formés. Plus de 65 % de jeunes diplômés qui sortent des facultés et grandes écoles d'ingénieurs trouvent leur premier emploi dans les startups lorsqu'ils ne s'installent pas à leur propre compte.

Troisièmement, renforcer les capacités des systèmes de santé afin de les rendre plus résilients. Bien que les facteurs géographiques et démographiques aient contribué à expliquer la faible progression de la pandémie en Afrique subsaharienne (Nguimkeu, Tadadjeu, 2020), il n'en demeure pas moins que les systèmes de santé de cette région restent relativement plus fragiles face aux crises sanitaires. Les systèmes de santé des pays africains se caractérisent par une faible capacité d'adaptation aux épidémies, la plupart d'entre eux étant sous-financés. La crise de la Covid-19 remet à l'ordre du jour la nécessité pour les pouvoirs publics de renforcer les capacités des systèmes de santé pour une meilleure résilience. En effet, certains pays du continent ont fait face il y a quelques années à des épidémies telles que l'Ebola. Par la suite, des stratégies à dimension régionale et sous-régionale ont été élaborées pour rendre les systèmes de santé plus résilients face aux menaces sanitaires (Hien, 2020). Comprendre l'évolution de la crise de la Covid-19 peut aider les décideurs africains à se préparer à une éventuelle résurgence des cas, comme observée dans certains pays développés, et à mieux gérer leurs retombées. Le renforcement des capacités sanitaires en termes de ressources humaines, matérielles et financières aidera grandement les pays à se préparer et à résister aux chocs. De même, la mise au point de nombreux processus thérapeutiques traditionnels pendant la pandémie de Covid-19 représente une opportunité pour l'Afrique de valoriser et développer davantage sa pharmacopée. Cela permettra à long terme de trouver des traitements à la fois préventifs et/ou curatifs contre de nombreuses maladies qui sévissent dans le continent africain particulièrement et dans le reste du monde en général.

CONCLUSION

Contrairement aux prévisions pessimistes projetées au début du déclenchement de la Covid-19, l'Afrique résiste étonnamment devant l'indifférence du Monde sur le plan de la santé avec un nombre de décès très en deçà de celui enregistré dans les autres continents. Mais, son économie durablement affectée par la récession mondiale, résultant de cette pandémie, montre toutefois les signes de résilience. Le défi est alors de mieux appréhender les ressorts de celle-ci pour inspirer des politiques publiques efficaces dans un contexte plein d'incertitudes. L'une des incertitudes est la conséquence de la forte déformation de la structure sectorielle de la demande et de la production, en raison des modifications importantes intervenues dans les comportements des ménages et des entreprises. Cette déformation ouvre toutefois, sous la pression populaire, une opportunité de restructuration des chaînes de valeur mondiale et de relocalisation de la production. Elle conduit également à une évolution vers une économie plus immatérielle vers ce que certains ont appelé le « capitalisme numérique ». Prenant appui sur ses bouleversements géoéconomiques, l'Afrique doit investir massivement pour réduire la fracture numérique et former un capital humain de qualité.

BIBLIOGRAPHIE

ACBF (2016), Compétences techniques essentielles pour l'Afrique : Dimensions des capacités clés nécessaires pour les 10 premières années de l'Agenda 2063, https://elibrary.acbfpact.org/acbf/collect/acbf/index/assoc/HASH01ec/30885ad1/c45a886b/3df7.dir/Competences%20techniques%20essentielles%20French.pdf.

AGOSIN, M., ALVAREZ R., BRAVO-ORTEGA, C. (2012), Determinants of Export Diversification around the world : 1962-2000, *The World Economy*, 35(3), 295-315.
BAD (2020), P*erspectives économiques en Afrique en 2020 : Former la main d'œuvre africaine de demain*, Banque africaine de développement, Côte d'Ivoire, 222 p.
BANQUE MONDIALE (2020), Evaluation de l'impact du Covid-19 et les réponses politiques en Afrique subsaharienne, Groupe Banque Mondiale, 21.
CARIOLLE, J., Le GOFF, M., SANTONI, O. (2019), Telecommunications submarine cable vulnerabiliy and local performance of firms in developing and transition countries, *FERDI Working Papers*, 195.
CLARKE, G. R. G. (2008), Has the internet increased exports for firm's low and middle-income countries, *Information Economics and Policy*, 20(1), 16-37.
CORDELLA, A. (2001), Does information technology always lead to lower transaction costs? *Published in ECIS, Economics, Computer Science.*
DJOUMESSI, Y. F. (2020), The Adverse Impact of the Covid-19 Pandemic on the Labor Market in Cameroon, *African Development Review*, In press.
EBEKE, C., OMGBA, L. D., LAAJAJ, R. (2015), Oil, governance and the (mis)allocation of talent in developing countries, *Journal of Development Economics,* 114, 126-141.
HIEN, H. (2020), La résilience des systèmes de santé : enjeux de la Covid- 19 en Afrique subsaharienne, *Santé Publique*, 32(2), 145-147.
HUMPHREY, J., SCHMITZ, H. (2002), How does insertion in global value chains affect upgrading in industrial clusters? *Regional studies*, 36(9), 1017-1027.
IMBS, J., WACZIARG R., (2003), Stages of diversification, *American Economic Review*, 1993(2003), 63-86.
JARREAU, J., PONCET, S. (2012), Export sophistication and economic growth: evidence fron China, *Journal of Development Economic*s, 97, 281-292.
LI, Q., GUAN, X., WU, P., WANG, X., ZHOU, L., TONG, Y., XING, X. (2020), Early transmission dynamics in Wuhan, China, of novel coronavirus–infected pneumonia, *New England Journal of Medicine.*
PNUD (2020), Notes de synthèse : les incidences de la Covid-19 en Afrique, 20 mai.
NGUIMKEU, P., TADADJEU, S. (2020), Why are the number of Covid- 19 cases lower than expected in Sub-Saharan Africa? A Cross-Sectional Analysis of the role of demographic, and environmental factors, *World Development,* 138, https://doi.org/10.1016/j.worlddev.2020.105251
WORLDOMETER CORONAVIRUS (2020), COVID-19 Coronavirus Pandemic, https://www.worldometers.info/coronavirus/

DU SARS-COV-2 À UN VIRUS SOCIAL EN AMÉRIQUE LATINE

Pierre SALAMA
Université Sorbonne Paris Nord
pierre.salama@univ-paris13.fr

RÉSUMÉ

La pandémie de la Covid-19 s'est fortement propagée dans les pays d'Amérique latine. Le virus agit sur des pays « malades » de leurs inégalités de revenus, de l'insuffisance de leurs dépenses de santé et de leur accès inégal aux soins selon le niveau de revenus, enfin de l'incohérence parfois, voire de la confusion des politiques décidées par les autorités pour lutter contre la pandémie. L'ampleur de la crise économique est propice au développement des inégalités, de la pauvreté et de formes nouvelles de domination étatique. Cependant, si la crise dure et se développe avec son cortège de nouveaux pauvres s'ajoutant à ceux qui le sont déjà, avec l'appauvrissement des classes moyennes, comme c'est probable en Amérique latine, alors l'État apparaîtra de plus en plus comme incapable de trouver des solutions allégeant son coût social.

Mots-clés : stagnation, pandémie, santé, politiques contra-cycliques, inégalités, pauvreté.

ABSTRACT
From SARS-CoV-2 to a social virus in Latin America

The Covid 19 pandemic has spread strongly in Latin American countries. The virus acts on countries "sick" of their income inequalities, the insufficiency of their health spending and their unequal access to care according to the level of income, finally of the inconsistency sometimes, even of the confusion of policies decided by the authorities to fight against the pandemic. The extent of the economic crisis is conducive to the development of inequalities, poverty and new forms of state domination. However, if the crisis lasts and develops with its procession of new poor adding to those who already are, with the impoverishment of the middle classes, as is likely in Latin America, then the state will appear more and more as unable to find solutions reducing its social cost.

Keywords: stagnation, pandemic, health, counter-cyclical policies, inequalities, poverty.
JEL Codes: 011, 054, H75, I14, I15

INTRODUCTION

L'arrêt des entreprises – sauf celles nécessaires au maintien du système de santé et à l'alimentation – et les mesures de confinement décidées par les gouvernements afin de diminuer l'intensité de la contagion du SARS- CoV-2, provoquent une crise d'une ampleur inégalée dans le monde : partout la production chute, le chômage enfle, les revenus baissent, inégalement selon les pays, selon la sévérité de leur confinement et l'intensité passée de leurs échanges internationaux. Après avoir atteint les pays d'Extrême-Orient, puis l'Europe et plus tardivement les États-Unis, elle arrive dès à présent en Amérique latine et peut-être demain en Afrique.

Bien que plus fermées que les économies asiatiques et européennes, les économies latino-américaines sont plus profondément affectées par la crise. La production chute, le commerce international sombre, le chômage augmente et l'informalité des emplois avec. Les revenus baissent et les inégalités de revenus, déjà situées à un niveau très élevé, croissent. Mais la crise vient de loin. La pandémie la précipite (Salama, Gaulard, 2020 ; Salama, 2020a).

Dans quelques pays, une crise plus ou moins ouverte existait déjà : le Venezuela, l'Argentine et dans une moindre mesure le Mexique. Dans d'autres pays, on assistait à un ralentissement de l'activité économique, et au Brésil à une difficulté majeure de retrouver une croissance autre que modeste après la grave crise de 2015-2016. Par ailleurs, tous ces pays se caractérisent par une tendance à une stagnation économique de longue durée. A la différence des économies asiatiques, le SARS-CoV-2 déploie donc ses effets sur des pays affaiblis par des décennies de croissance lente. Le facteur exogène qu'est cette pandémie, agit sur un tissu économique et social affaibli en Amérique latine.

Tableau 1. Quelques données macroéconomiques

Pays	Taux de croissance du PIB en volume		Déficit de la balance des comptes courants en % du PIB	
	2019	2020*	2019	2020*
Mexique	-0.3	-9	-0.3	1.2
Brésil	1.1	**-4.1	-2.8	0.3
Argentine	-2.1	-11.8	-0.9	0.7
Colombie	3.3	-8.2	-4.2	-4
Pérou	2.2	-13.9	-1.4	-1.1
Chili	1.1	-6	-3.8	-1.6

Source : IMF, (oct 2020) : Regional Economic Outlook: Western Hemisphere.
** prévision*
*** données finales*

Selon Alicia Bárcena (2020), « la région avait déjà connu ces sept dernières années de mauvaises performances économiques avant même l'apparition du virus. La combinaison de la faiblesse des prix des matières premières, de l'effondrement du marché pétrolier, d'une forte baisse des transferts de fonds et de l'effondrement du tourisme a fait naître des prévisions selon lesquelles la pandémie endommagerait les économies d'Amérique latine plus que celles de toute autre région en développement. Le FMI a prédit que le PIB du continent chuterait de 5,2 % cette année, une chute bien plus forte qu'en Afrique subsaharienne, au Moyen-Orient ou en Asie du Sud. Les projections de la CEPALC (Commission économique pour l'Amérique latine et les Caraïbes) montrent que le taux de pauvreté en Amérique latine et dans les Caraïbes atteindra 34,7 % d'ici la fin de l'année, son plus haut niveau depuis 2007. Le nombre de personnes vivant dans l'extrême pauvreté devrait augmenter de 16 millions pour atteindre 83 millions. L'Amérique latine est déjà la région la plus inégale du monde en termes de revenus, et la forte augmentation prévue de la pauvreté survient quelques mois seulement après qu'une vague de manifestations de rue pour protester contre les inégalités et les systèmes de santé, de protection sociale et d'éducation inadéquats a secoué des pays de la Colombie au Chili », traduit de l'anglais par PS.[1]

Alicia Bárcena a déclaré également, dans le *bulletin de la Cepal :* « La pandémie provoquée par le Covid-19 a révélé les problèmes structurels du modèle économique et les carences des systèmes de protection sociale et

[1] Alicia Bárcena, secrétaire général de la Cepal (Commission économique pour l'Amérique latine et les Caraïbes de l'ONU in *Financial Times*, 27 avril 2020 .

de l'État-providence. A cause de cela, le retour à la normal n'est pas le chemin, nous devons repenser le modèle de développement et consolider ses dimensions économiques, sociales et environnementales du développement durable, sans oublier personne »[2].

L'objet de l'article est de présenter les politiques adoptées face à la pandémie, d'examiner ses premières conséquences et de mesurer l'ampleur de ses effets en termes de mortalité.

1. LES POLITIQUES DECIDÉES POUR FAIRE FACE AUX CONSÉQUENCES SOCIALES ET ÉCONOMIQUES DE LA PANDÉMIE EN AMERIQUE LATINE

Les nouvelles politiques décidées face à la pandémie s'ouvrent à un retour à l'État-nation. Elles restent néanmoins insuffisantes dans la lutte contre la contagion.

1.1. Un certain retour de l'État-nation ?

Les déficits publics s'accroissent considérablement en raison de la chute – parfois drastique – des recettes publiques, liée à l'ampleur de la crise et surtout de l'accroissement parfois considérable des dépenses publiques, ainsi qu'on peut le voir dans le tableau ci-dessous

Tableau 2. Dépenses publiques, déficit et dette publique

Pays	Dépenses publiques primaires[3] en % du PIB		Déficit primaire du gouvernement en % du PIB		Dette publique brute en % du PIB	
	2019	2020*	2019	2020*	2019	2020*
Mexique	22.4	25.9	1.9	-2	57.3	65.5
Brésil	30.5	38.9	-1	-12	89.5	101.4
Argentine	34.3	41.6	-0.4	-8.5	90.4	96.7
Colombie	33.9	35.9	-0.5	-5.8	51.8	68.9
Pérou	20	26.1	-0.2	-7.9	27.1	39.5
Chili	24.9	28.3	-2.3	-8.3	27.9	32.5

Source : IMF, (oct 2020) : Regional Economic Outlook: Western Hemisphere.
** prévision.*

[2] traduction par l'auteur Voir Salama P, 2020b

[3] Rappelons que les dépenses publiques primaires ne comprennent pas le paiement des intérêts de la dette publique, ainsi que le déficit primaire

Dans ce tableau, pour l'Argentine, les dépenses des provinces sont comptabilisées, ce qui n'est pas le cas du Brésil. Si on tient compte des dépenses publiques des États et des municipalités, et du paiement des intérêts de la dette publique, l'ensemble des dépenses publiques s'élève à 48,9 % du PIB, soit assez proches de celles de l'Italie (48,6) en 2018. Pour l'Argentine, le déficit total en 2019 était de 4,6 % du PIB.

D'une manière générale, on assiste à un retour de l'État-nation pour trois raisons.

La première est sociale. La crise a un coût humain considérable qui conduit certains États latino-américains à intervenir massivement pour en alléger le coût, à l'exception notable du Mexique. C'est le cas du Pérou, de l'Argentine, un peu moins du Brésil. D'une manière générale, et plus particulièrement dans les pays avancés européens, la pandémie pousse les gouvernements à intervenir massivement dans le secteur de la santé, à prendre en charge une partie parfois très importante des salaires des entreprises du secteur privé contraintes de cesser provisoirement leurs activités, de fournir une aide directe aux personnes les plus démunies. Seul l'État paraît être en mesure d'y répondre[4]. La charité étant loin de pouvoir le faire, l'accès aux hôpitaux privés, coûteux, n'étant pas ou peu possible pour une grande partie de la population latino-américaine.

La *deuxième* raison est que cette pandémie est révélatrice de l'échec de la globalisation telle qu'elle s'est étendue et imposée ses règles du jeu depuis une vingtaine d'années. Il a suffi d'une pandémie pour que *d'un coup d'épaule* le système économique actuel s'effondre par des effets en chaîne se nourrissant les uns des autres.

La *troisième* raison est le pendant de l'échec de la globalisation. Les effets délétères de la globalisation appellent un retour du protectionnisme, sans qu'on sache exactement si ce sera l'abandon total ou partiel de l'éclatement international de la chaîne de valeur, au nom de la souveraineté nationale. La question, à partir de ce moment, est de définir le curseur en tenant compte des secteurs à protéger, les productions à relocaliser. On voit que derrière cette question c'est à la fois celle des limites du marchand et de sa logique de profit et celle d'une nouvelle définition de la frontière entre le marchand et le non marchand. Connaître les coûts du non marchand sans en faire une contrainte absolue, tel est l'enjeu et derrière celui-ci, ce ne sont pas seulement les relations entre marché et État, mais aussi les capacités de l'État d'imposer des règles plus coercitives, dont le marché s'était exempté en s'internationalisant. C'est aussi celle d'un contrôle de l'État par la participation populaire, accompagnant celui du parlement, l'État n'étant ni un *deux ex machina*, ni neutre, et trop souvent capable de définir ses interventions en fonction d'une logique de préservation et de renforcement de sa propre bureaucratie.

---

[4] Voir : *Financial Times*, 24 mars 2020, "Coronavirus Nationalism is a side effect of coronavirus".

1.2. La faiblesse des politiques de lutte contre la contagion

Les politiques de lutte contre la contagion sont en général très en-deçà de ce qui serait nécessaire, surtout au Mexique, au Nicaragua et au Venezuela. Elles sont parfois hésitantes, contradictoires, reflets d'oppositions entre les gouverneurs des États et la présidence de l'État central, les uns cherchant à protéger leur population en la confinant, en fermant les usines non essentielles à la vie quotidienne ; d'autres, au niveau central, en minimisant les conséquences sanitaires de la pandémie, mobilisent leurs troupes pour s'opposer au confinement et à la fermeture des entreprises, militent pour le retour au travail tout en acceptant parfois d'accorder des aides aux informels pauvres pendant une durée de temps limitée, de repousser le paiement de charges, de faciliter les crédits aux entreprises, *etc.* C'est le cas du Brésil mais aussi, dans une bien moindre mesure, du Mexique qui tout en acceptant le confinement décidé par les autorités locales, les mesures barrières, le Président Lopez Obrador décide d'étendre les entreprises essentielles aux *maquilas*[5] produisant pour les États-Unis et sous la pression de ce pays, refuse d'accorder des aides aux entreprises au nom du sacro-saint principe de l'équilibre budgétaire.

Ces politiques sont parfois volontaristes. C'est le cas au Pérou qui s'engage à aider les entreprises essentiellement mais qui, pour avoir trop tardé à prendre des mesures de confinement strictes, connaît une explosion de contaminations et de décès. Avec près de 30 000 décès[6], selon les données disponibles au 6 septembre 2020, le Pérou est le pays le plus endeuillé de la planète, par rapport au nombre d'habitants. Au 4 novembre 2020, le nombre de cas cumulés est de 911 787 et le nombre de décès est de 34 671[7]. C'est le cas surtout de l'Argentine qui combine une aide aux travailleurs ayant des emplois formels (environ la moitié des emplois totaux, privés et publics), affectés par la fermeture ou la paralysie des entreprises, « interdit » les licenciements (ceux de l'industrie devraient recevoir 75 % de leur salaire net), augmente les aides vis-à-vis des plus pauvres (7,8 millions de personnes sont concernées), aides qui s'ajoutent aux pensions et retraites et aux AUH (assignation universelle par enfant), « subventionne » presque 60 % des entreprises – certaines, évaluées à 20 %, ne remplissant pas les pré-requis et 17 % étant très petites – reporte le paiement de charges et d'impôts, gèle les loyers ce qui en période d'inflation élevée est important. Malgré ce large spectre, ces aides sont

[5] Entreprises qui exportent vers les États-Unis des produits assemblés de l'industrie automobile, de produits électroniques principalement.

[6] https://www.la-croix.com/Sciences-et-ethique/Le-Perou-pays-meurtri-pandemie-Covid-19-2020-09-07-1201112712

[7] https://www.coronavirus-statistiques.com/stats-pays/coronavirus-nombre-de-cas-au-perou/

cependant insuffisantes compte tenu de l'importance de la crise et de la montée du chômage, de la pauvreté et de la baisse des revenus du travail.

D'une manière générale, les politiques de lutte contre les effets sociaux et économiques de la contagion de la Covid-19 sont de deux ordres : d'une part, les mesures « barrières », le lavage systématique des mains et le confinement partiel[8] (hors personnes travaillant dans des secteurs liés à la santé, à l'alimentation et au transport) et, d'autre part, des politiques économiques contracycliques.

Les mesures de confinement partiel rencontrent des difficultés de mises en application dans les quartiers regroupant les habitants les plus défavorisés. Dans les cas extrêmes, les maisons n'ont pas d'eau potable, voire courante et il est donc difficile de se laver les mains régulièrement, la densité de population y est très importante et donc les mesures « barrières » ne sont pas faciles à appliquer et enfin, comme la plupart des personnes y demeurant ont le plus souvent des emplois informels et ne sont pas ou mal protégées par le système sanitaire, le confinement se réduit à choisir entre Charybde et Scylla, soit mourir de faim en respectant le confinement, soit augmenter considérablement la possibilité d'être contaminé et de contaminer son voisinage en allant travailler. De plus, les gouvernements n'ont pas, ou avec retard, mesuré l'ampleur du danger et ont minorisé les dangers (une amulette pourrait faire office de remède à la pandémie, *dixit* le président du Mexique, une « grippette » pour le prédisent du Brésil, ce dernier s'opposant aux mesures de confinement prises par les gouverneurs des états de la fédération).

Les politiques économiques contracycliques ont pour but de freiner la montée de la crise et demain, relancer l'économie. Elles consistent en mesures à la fois classiques (aides aux entreprises, report de certaines charges, prêts garantis par l'État, et moins classiques ; aides directes aux familles les plus modestes affectées par l'ampleur de la crise, aides pouvant être relativement conséquentes comme cela été pendant quelques mois au Brésil (un peu plus de 110 dollars en monnaie locale, voir Saboia, Roubaud et Razafindrakoto, 2020), mais aussi en Argentine et dans une moindre mesure dans d'autres pays comme le Pérou, à l'inverse, au nom de l'orthoxie budgétaire, le Mexique n'a pas décidé de financer des mesures exceptionnelles pour faire face aux conséquences sociales provoquées par la pandémie .

2. LES PREMIÈRES CONSÉQUENCES DE LA PANDÉMIE : UN TSUNAMI

Dès fin octobre 2020, presque 1,3 million de personnes sont décédées dans le monde à cause du virus SARS-CoV-2. Par 100 000 habitants, les pays d'Amérique latine sont en général dans le « peloton de tête » avec la

---

[8] source :https://coronavirus.politologue.com/

Belgique, les États-Unis et le Royaume-Uni : le Pérou 107, le Brésil 76, le Chili 75, le Mexique 72, l'Argentine 67 et la Colombie 63 (données au 31/10/2020[9]). Cela résulte de l'insuffisance des infrastructures sanitaires dans ces pays et de la présence de maladies chroniques importantes.

2.1. Une infrastructure sanitaire insuffisante

Presque tous les pays latino-américains paient au prix fort le fait que les dépenses de santé y soient très insuffisantes. Amérique latine, selon les données de l'OMC, reprises et commentées par Cetrangolo et Goldschmit (2019), l'Uruguay, l'Argentine, le Brésil[10], l'Équateur, le Costa Rica, le Chili, le Paraguay, le Nicaragua et le Honduras dépassent, dans l'ordre, la moyenne latino-américaine de 7 % de leur PIB. Tous les autres pays sont en dessous de cette moyenne, le Mexique étant parmi les tous derniers (5,5 % de son PIB), devant le Guatemala, le Pérou, le Venezuela, bon dernier avec seulement 3,2 % du PIB.

Les systèmes publics de santé sont très souvent fragmentés selon les corporations (employés du pétrole, travailleurs de l'État, etc.) mais aussi selon l'État central, les États fédérés, les grandes agglomérations. Cette fragmentation –décentralisation peut accroître l'efficacité du système de santé comme en Allemagne, mais aussi produire l'inverse en accentuant son inefficacité et faciliter l'essor de la corruption.

Les dépenses publiques de santé sont composées par des contributions de l'État et celles, obligatoires, des salariés. Les premières sont surtout importantes en Uruguay (28 % des dépenses totales publiques et privées), un peu plus de 30 % en Argentine, 42 % au Brésil, très peu au Chili (autour de 2 %), un peu moins de 25 % au Mexique. La part des cotisations obligatoires est surtout importante en Uruguay (40 %) et en Argentine (45 %), particulièrement importante au Costa Rica (67 %), un peu moins au Chili et en Colombie (59 %), ce dernier pays ayant des dépenses de santé totales (publiques et privées) inférieures à la moyenne latino-américaine. L'Uruguay, l'Argentine, le Costa Rica ont des systèmes de santé qui privilégient largement les dépenses publiques, 70 % pour le premier, 80 % pour le deuxième, 75 % pour le troisième. Ces dépenses publiques s'élèvent à 60 % des dépenses totales au Chili, 70 % en Bolivie et en Colombie, 50 % au Mexique

Lorsqu'on analyse le partage entre dépenses publiques et dépenses privées en santé, on observe de fortes disparités entre les pays. En

[9] source : https://coronavirus.politologue.com/

[10] Les données comparatives dont nous disposons datent de 2014. Depuis la situation a changé, notamment au Brésil. Depuis 2014, le financement de la santé de la part de l'État central s'est fortement détérioré, les charges sociales payées par les entreprises sur la feuille de salaire ainsi que les contributions obligatoires pour financer la santé, la retraite etc. ont baissé.

moyenne, la part des dépenses privées est importante, elle a cru ces dernières années au détriment des dépenses publiques, c'est-à-dire de la solidarité. Ce sont des dépenses correspondant à des cotisations volontaires à des systèmes de santé privés, donnant accès aux hôpitaux, aux cliniques privées et complétant, ou bien permettant de compléter, l'insuffisance des prestations publiques. Mais ce sont aussi des dépenses privées consécutives au paiement à l'acte de personnes n'ayant pas contribué et pouvant payer (« *gasto de bolsillo* », c'est-à-dire : payer de sa poche). Cette dernière est particulièrement importante au Guatemala (58 % de l'ensemble des dépenses publiques et privées), 48 % en Honduras, 45 % en Équateur, 48 % au Venezuela et 40 % au Mexique.

L'importance des dépenses privées, leur augmentation relative est un indicateur du déficit de solidarité du système de santé. Plus cette part est importante, moins le système est solidaire. Lorsque les dépenses totales publiques et privées, en pourcentage du PIB, sont faibles et que la part des dépenses privées est grande, la solidarité est très faible.

Lorsqu'on compare le nombre de lits (soins intensifs) par 100 000 habitants et le nombre de ventilateurs, en 2020, on observe que le Brésil – avec de très fortes disparités régionales – met à la disposition de ses malades un tiers de lits en moins et 3/5 de ventilateurs en moins que les États-Unis. L'Argentine est un peu mieux dotée en lits de soins intensifs, le Mexique est très loin derrière et le Pérou est encore plus loin (*The Economist,* 8 avril 2020 et Voir Cetrangolo et Goldschmit, Avril 2020[11]). Les pays qui ont plus de 10 lits hospitaliers – publics et privés – par mille habitants (il ne s'agit pas ici de lits à soins intensifs dits de réanimation), ont eu le plus faible taux de mortalité provoqué par la pandémie. Selon l'OCDE, en 2017, la Corée du sud possédait 12,7 lits par mille habitants, l'Allemagne 8, la France 5,97, les États-Unis 2,76, le Chili 2, le Brésil 1,95, le Mexique 1,39. La répartition publique-privée est intéressante, le pourcentage de lits dans les hôpitaux publics sur le total des lits publics et privés est de 10,2 % en Corée du sud, 40,8 % en Allemagne – avec cependant la remarque que les hôpitaux privés sont astreints à un service public universel –, 61,6 % en France, 22,1 % aux États-Unis, 73,9 % au Chili ainsi qu'au Mexique.

Si on ajoute que les 25 % les plus riches de la population – les riches et les classes moyennes hautes et moyennes – ont le plus accès au système privé de santé et que ce dernier possède environ la moitié des lits en soins intensifs et des ventilateurs, on comprend que la situation sanitaire de la majeure partie de la population soit particulièrement vulnérable.

---

[11] Dans les dix dernières années le Brésil a supprimé 40 000 à 50 000 lits, faute de ressources suffisantes pour les maintenir (O Globo, 23 mars, voir aussi Financial Times du 13 avril 2020). Voir également Barceno A., 2020, 3 avril, pour des données plus complètes par pays, p.21.

2.2. Des maladies chroniques importantes

L'obésité est une maladie des temps modernes, elle affecte surtout les plus pauvres alors qu'au début du XXème siècle elle symbolisait la richesse comme on pouvait le voir dans les films d'Eisenstein, notamment dans *la Grève*, un film sorti en 1925. Elle est provoquée la plupart du temps par la « mal bouffe ». Les pauvres sont de plus en plus obèses au Mexique, un peu moins au Brésil, relativement moins en Argentine. Ils le sont également aux États-Unis et en Grande-Bretagne. À l'obésité sont souvent associés le diabète, l'hypertension artérielle, les problèmes cardio-vasculaires. L'ensemble de ces comorbidités fragilise les patients atteints par le virus de la Covid-19, leur taux de létalité devenant élevé. Dans les pays avancés, ce sont surtout les populations âgées qui ont le plus de risque de succomber à la pandémie car elles souffrent plus que les jeunes du diabète, de l'hypertension, etc. En Amérique latine ce sont davantage de jeunes qui sont atteints. Fin mars, le quart des patients hospitalisés à Rio de Janeiro souffrant de cette pandémie avait moins de 40 ans. C'est ce qui explique que les pauvres soient plus vulnérables à la pandémie que les autres catégories de la population. Ce n'est certes pas le seul facteur. Les conditions de vie – accès à l'eau – , de promiscuité – densité de population dans les bidonvilles – expliquent également leur plus grande vulnérabilité. Le fait qu'ils soient contraints de travailler et de prendre des transports en commun accentuent également les risques de contagion.

Les catégories modestes, les classes moyennes sont également exposées à la pandémie mais dans une moindre mesure parce qu'elles mangent mieux en général, ont accès à l'eau et peuvent se laver les mains, vivent dans des espaces plus grands, peuvent pour certains travailler en télétravail, ou bien rester chez elles.

Comme le disait fort bien Jean de la Fontaine en son temps dans *Les animaux malades de la peste* : « *Un mal qui répand la terreur, Mal que le Ciel en sa fureur Inventa pour punir les crimes de la terre… Ils ne mouraient pas tous, mais tous étaient frappés* », (…) *« Selon que vous serez puissant ou misérable, Les jugements de cour vous rendront blanc ou noir ».*

3. UNE CRISE D'UNE AMPLEUR INEGALÉE QUI NE PEUT QU'AGGRAVER LA MORTALITÉ DIRECTE ET INDIRECTE

Nous centrerons notre analyse sur les trois plus importants pays d'Amérique latine : l'Argentine, le Brésil, le Mexique avec parfois des références à d'autres pays comme la Colombie, le Chili ou le Pérou. Ces trois pays sont différents, tous ont cependant plusieurs points communs : ils sont profondément inégaux tant au niveau de la distribution des patrimoines que des revenus, un niveau de pauvreté important, un non-respect de l'environnement, etc., qui constituent ce que nous avons appelé les huit plaies de l'Amérique latine (cf. *infra*).

Les données dont nous disposons sont provisoires. Elles sont le plus souvent optimistes et démenties le mois suivant. La crise est en cours. Il est difficile de savoir quand elle s'arrêtera et si la reprise de la croissance sera en V, c'est-à-dire élevée une fois le creux atteint, la croissance retrouvant son trend antérieur, ou bien en L, avec un rattrapage quasi impossible. Mais nul ne sait encore si la chute et le creux se poursuivront longtemps ou non pour plusieurs raisons : le tissu économique des pays latino-américains est fragilisé par la tendance à la stagnation et la conjonction des crises, la durée de la pandémie et sa sévérité, la reprise des pays industrialisés et la récupération puis le maintien des exportations de matières premières vers les pays asiatiques.

L'Argentine hérite d'une situation de crise ouverte, interne (chute du PIB, montée de la pauvreté et diminution des revenus du travail) et externe (impossibilité de payer la dette laissée par la présidence de Macri, 2015-2019). En 2019, le taux de croissance du PIB argentin est de - 2,2 % selon les données de l'INDEC. Le FMI prévoit dans son rapport *World Economic Outlook* d'avril 2020 une croissance négative évaluée à - 5,7 %, plus pessimiste le Ministère de l'économie considère que la croissance devrait être de - 6,5 %, cette donnée pouvant encore empirer et s'approcher du score cauchemardesque de la fin du plan de convertibilité en 2001. Le PIB par tête en 2020, en pesos constants de 2004, sera proche de celui de 1974, soit 46 années de perdues.

Cette crise s'accompagne d'un déficit budgétaire de plus en plus important : les recettes baissent entre 2019 et 2020 (prévision) en termes réels de 18 %pour deux raisons : la crise, et les mesures de report voire d'annulation des impôts et de certaines cotisations sociales d'un côté, et l'accroissement des dépenses de soutien aux familles et aux entreprises consécutives aux mesures prises pour limiter les effets d'appauvrissement et de faillites d'entreprises possibles dues aux confinements et à l'arrêt de nombre d'entreprises d'un autre côté. Au total les dépenses primaires (hors service de la dette) augmentent de 18,2 % selon les données officielles (GERES, Août 2020).

Avant même l'apparition de la pandémie, la crise dans l'industrie (- 8.6 % entre avril 2018 et avril 2019, selon le rapport du Centre d'études de l'Union des industries argentines, n°5) et dans les services est responsable de la chute de la croissance du PIB. La baisse prononcée des salaires, des emplois formels et informels, l'augmentation du chômage sont non seulement les premiers effets de la crise mais également de la politique d'austérité décidée pour retrouver la confiance des marchés internationaux ; celle-ci déprime encore plus fortement la demande intérieure, accentuant la crise ouverte en Avril 2018, et ce d'autant plus que l'Argentine est globalement une des économies les plus fermées d'Amérique latine.

La baisse des revenus et des emplois, la hausse de l'informalité s'accélèrent avec la crise précipitée par la contagion du virus malgré les mesures de soutien prises. Ainsi, l'indicateur mensuel d'activité économique (EMAE) baisse de - 11,5 % (en données désaisonnalisées de - 9,8 %) entre mars 2020 et mars 2019.

Le taux d'inflation est très élevé : 56 % de juin 2018 à juin 2019 et même si le taux mensuel fléchit légèrement en juin 2019, il demeure autour de 40 % annuel. L'incapacité du gouvernement à réduire significativement l'inflation entretient la défiance. Celle-ci se traduit par un différentiel entre le taux de change officiel et celui du marché noir (nommé « *blue* ») extrêmement important, laissant présager une dévaluation.

L'informalité des emplois croît avec la recherche d'emplois informels de stricte survie pour ceux qui, hier, avaient un emploi formel, l'ont perdu et ne peuvent survivre avec les allocations chômage et les diverses aides de l'État, et d'emplois de stricte misère pour ceux dont l'emploi informel n'est pas suffisant pour survivre. En 2019, les emplois salariés informels représentaient 25,8 % de la population active, les emplois – le plus souvent informels – des travailleurs à leur propre compte s'élevaient à 26,6 %, et les emplois formels à 47,7 %, soit moins que la moitié selon le Ministère du Travail. A la fin de 2019 la pauvreté atteignait 38,3 % de la population, les indigents (pauvreté extrême), 8,7 % et la pauvreté infantile – enfants de moins de 14 ans - 55,8 %. Plus de la moitié des enfants – acteurs du futur de l'Argentine – sont pauvres. Avec les premiers effets de la pandémie, les estimations de la pauvreté pour avril 2020 sont de 45 %, soit assez proches des données lors de la grande crise de 2001-2002. On comprend dès lors que ce soit dans des bidonvilles qu'ont pu apparaître des effets de *cluster* de la pandémie : concentration de la misère, concentration de la pandémie, malgré l'ensemble des mesures préventives prises et très difficiles à faire respecter dans ces quartiers où l'eau manque, la densité populationnelle est élevée, la recherche d'un emploi à tout prix est ressentie comme une nécessité vitale.

Contrairement à ce qui a été souvent affirmé, le Brésil n'est pas une économie émergente. Le PIB par tête du Brésil rapporté à celui des États-Unis est en effet approximativement le même en 2016 qu'en 1960, alors que celui de la Corée du Sud, parti de plus bas, croise celui du Brésil en1990 et atteint en 2016, 50 % de celui des États-Unis, selon la Banque mondiale. Le Brésil a connu une profonde crise économique en 2015 et 2016 – la plus importante depuis celle des années 1930 –, sociale – le chômage a très fortement augmenté passant de 6 % en 2014 à 11,9 % en 2019, la pauvreté extrême est passée de 9 % de la population en 2014 à 13.88 % en 2019, les emplois informels également ainsi que les inégalités de revenu, le Gini passant de 0.526 en 2014 à 0.543 en 2019 selon les données de l'IBGE – et politique – Dilma Rousseff, présidente réélue a été destituée au terme d'un coup d'État légal (fin août 2016) –. Depuis, que ce soit avec le vice-président, devenu président ou bien avec l'accession de Bolsanoro à la présidence, la croissance reste très modeste. C'est parce que le tissu économique est fragile et fragilisé par les politiques économiques menées que les conséquences économiques de la contagion de la Covid-19 seront particulièrement importantes. Déjà les premières données laissent présager l'ampleur de la crise économique et sociale en cours. Les emplois formels sont en chute libre depuis le mois d'avril 2020 dans l'industrie, le commerce et les services.

La croissance en 2020 sera fortement négative, selon le FMI elle devrait se situer autour de - 6 %, selon l'Université fédérale de Rio, elle devrait être de - 11 %. Selon Ibre/FGV le Brésil devrait être l'un des pays les plus affectés par la crise après le Venezuela, le Pérou et le Mexique. (*O Valor*, 2 juin 2020). La production industrielle baisse fortement : entre mars et février 2020 de - 9,1 % (celle des biens d'équipement chute de - 15,2 %, celle des biens durables de - 23,5 %). Seules la production et les exportations agricoles et d'élevage augmentent fortement. Le Brésil bénéficie des limitations imposées par la Chine aux importations de ces produits provenant des États-Unis dans le cadre de la guerre commerciale entre ces deux pays. Dans l'ensemble les exportations destinées à la Chine croissent de 35,2 % en mai par rapport au mois précédent (15 % depuis janvier 2020) et représentent 40 % des exportations totales, contre 28,6 % en 2019. Les exportations vers l'ensemble des pays de produits agricoles et de viande augmentent en mai par rapport à avril de 51,1 %, essentiellement destinées à la Chine, alors que celles de l'industrie extractive reculent de - 26,5 % et celles de l'industrie de transformation de - 15,9 %. (O Valor, 2 juin 2020).

Les capacités de production oisives augmentent. Le chômage croissant et la baisse des revenus pèsent lourdement sur la demande effective. Ces données dans une économie relativement peu ouverte, assombrissent encore plus les perspectives de croissance.

Une perte de confiance[12] se manifeste par les entrées nettes négatives des investissements en portefeuille et les IDE entrants ont chuté de 41 % pour les huit premiers mois de 2020[13]. Les entrées de devises inférieures aux sorties, le déclin des IDE, la croissance de l'endettement extérieur se traduisent par une dépréciation relativement prononcée de la monnaie nationale – le real – face au dollar depuis un an. Cette dépréciation serait la plus forte enregistrée par une monnaie nationale face au dollar américain (cf. Thierry Ogier, 2020).

Déjà situé à un niveau élevé, le chômage augmente en 2020 : 12,6 % en avril, 13,8 % en juillet et 14,3 % en août. L'informalité des emplois continue à augmenter. Les revenus du travail salariés baissent au total de - 11,8 % au second trimestre 2020 par rapport au premier trimestre 2020 (- 12,6 % pour les salariés « *registrados* » (emplois formels), - 13,8 % pour les emplois informels et à compte propre, - 34 % pour les entrepreneurs

---

[12] Cf. https://portalibre.fgv.br/sondagens-e-indices-de-confianca.

[13] https://www.lesechos.fr/monde/ameriques/forte-chute-des-investissements-directs-etrangers-au-bresil-1248951

salariés formels et 0 % pour les employés du secteur public, (source Bradesco à partir d'enquêtes faites par la FGV et FIPE)), ce qui entraînera une augmentation des inégalités de revenus déjà considérables. L'appauvrissement, et plus particulièrement celui des plus pauvres et des plus vulnérables, peut paradoxalement renforcer le noyau dur de ceux qui appuient le président pour deux raisons : les plus pauvres, ceux qui ont des emplois informels et ne sont pas ou peu protégés, ont besoin de travailler coûte que coûte, y compris en risquant leur vie, et sont donc sensibles aux discours contre le confinement du Président. La distribution de revenus (une centaine d'euros) dans les conditions de dénuement, même s'il est modeste, a eu pour effet d'augmenter la popularité du Président. La réduction de moitié de cette aide (« *auxilio* ») peut avoir demain l'effet inverse. L'inefficacité relative de la politique gouvernementale, les errements du président face à la politique plus libérale préconisée par son ministre des finances, peuvent aussi développer des frustrations génératrices de pertes d'appuis. Comme le souligne le *Financial Times* du 25 mai 2020 : « Le populisme de Jair Bolsonaro conduit le Brésil au désastre... Mr Bolsonaro est responsable des réponses chaotiques qui ont conduit à une perte de contrôle. En conséquence, tant la santé que l'économie souffriront au Brésil d'une manière plus dure et plus profonde que ce que le pays a connu… Les décès et le chômage provoqués par la Covid-19 sont exacerbés par la politique de J. Bolsonaro. La santé et le désastre économique pourraient créer en effet un contexte pour des politiques faites de peur et d'irrationalités[14] »

Le Mexique enfin devrait être profondément affecté par la crise de la Covid-19. Il est plus ouvert que les autres pays latino-américains. Ses exportations sont très concentrées sur les États-Unis et le Canada, ses importations un peu moins, mais une partie croissante de celles-ci provenant de Chine sont destinées, une fois transformées, à être vendues aux États-Unis. Début avril, l'OMC prévoyait que les exportations mexicaines devraient chuter de 4,8 % en 2020 et son PIB de 6,6 %. Cette prévision, optimiste, est depuis revue à la baisse. La Banque du Mexique prévoit ainsi une baisse de 14 % de l'activité au second trimestre 2020 et une poursuite de la crise en 2021, la BBVA prévoit une chute du PIB de 12,8 % au second trimestre 2020. Sur l'ensemble de l'année 2020, la Banque du Mexique prévoit une baisse de la croissance du PIB conséquente, entre - 4,6 % et - 8.8 % selon la durée et l'importance de la pandémie. Le PIB devrait baisser de 5,8 %. Fin avril, la réduction du PIB est révisée à la baisse et devrait atteindre 9 % selon le groupe financier Citibanamex (*El Economista*, 27 avril 2020).

Jusqu'en février 2020, les exportations mexicaines vers les États Unis croissent. Avec les mesures de confinement prises et la fermeture de nombreuses entreprises, elles régressent depuis. On observe en effet un

[14] Traduction par l'auteur.

effondrement des exportations mexicaines en avril par rapport à mars 2020 : - 40,9 %. Limitées aux seules exportations hors pétrole, cette chute est de - 39,4 % et en données ajustées (stationnarité), la chute est un peu moins forte : - 37,6 % et - 37,54 % respectivement selon l'INEGI.

Devant cette chute des exportations, et plus particulièrement celles des *maquiladoras*, l'administration américaine fait pression sur le gouvernement mexicain pour que les entreprises exportant vers les États-Unis reprennent le travail – alors que le pays est au *pic* de la contagion – et fournissent en produits semi-ouvrés aux entreprises de ce pays. Celles-ci sont en effet devenues très vulnérables aux décisions de protection prises au Mexique, devenu le premier partenaire des États-Unis au premier trimestre 2020, devançant de peu le Canada et de beaucoup la Chine. Aussi, dans la seconde quinzaine du mois de mai, le gouvernement déclare que l'industrie automobile, ainsi que nombre de *maquiladoras,* sont des industries « essentielles » et permet le retour au travail, cédant ainsi aux pressions de son voisin du Nord, les autres entreprises devant ensuite reprendre progressivement leurs activités à partir du 1er juin alors même que la pandémie, loin d'être « domptée » selon les parole de Lopez Obrador (président des États-Unis mexicains), provoque un nombre impressionnant de décès chaque jour (*Financial Times,* 28 Mai 2020) et que 52 % des mexicains considèrent que la situation est encore hors de contrôle au 28 mai.

Avant même l'effondrement des échanges et de la production du à la pandémie, Le Mexique venait d'entrer en récession. Son tissu industriel – hors sa production destinée aux exportations – est affaibli par une longue phase de léthargie économique. Ces trois facteurs combinés laissent ainsi présager une crise profonde, ainsi d'ailleurs que le diagnostic de l'OCDE. Cette crise sera d'autant plus importante que les mesures contracycliques prises par le gouvernement (sous-estimation de la pandémie, faible augmentation des dépenses publiques et report d'impôts et charges modestes, refus d'augmenter le déficit public de manière conséquente au prétexte que la crise économique provoquerait davantage de dégâts en termes humains que la pandémie) sont considérées comme largement insuffisantes pour freiner la chute de la production, l'augmentation du chômage, la baisse des revenus du travail. Comme l'écrit Moreno-Brid (2020)[15]: « Je dirais qu'insister sur l'équilibre budgétaire, aujourd'hui, dans les conditions que nous connaissons d'un choc exogène, le plus extraordinaire qu'ait connu le monde, la globalisation, et le Mexique depuis des décennies, est irresponsable. C'est pousser le pays à l'abime et approfondir la récession, c'est la rendre la plus prolongée possible, ce qui

---

15 Moreno-Brid J.C., 2020, dans la revue *Proceso,* 23 mai, n°2273, https://www.proceso.com.mx/reportajes/2020/5/23/la-estrategia-de-amlo-empuja-al-pais-al-abismo-243386.html

va agir brutalement contre les pauvres. C'est le remède le plus incorrecte possible[16] ».

CONCLUSION

L'Amérique latine souffre. L'hécatombe ne cesse d'enfler. Le virus agit sur des pays « malades » de leurs inégalités de revenus, de l'insuffisance de leurs dépenses de santé et de leur accès inégal aux soins selon le niveau de revenus, de l'incohérence parfois, voire de la confusion des politiques décidées par les autorités pour lutter contre la pandémie. Le futur n'est ni connu, ni inéluctable. Des tendances sont prévisibles et dépendent à la fois de facteurs non contrôlables, exogènes, et de l'évolution de rapports de force générés par la crise. L'ampleur de la crise économique est propice au développement de formes nouvelles de domination étatique. Cependant, si la crise dure et se développe avec son cortège de nouveaux pauvres s'ajoutant à ceux qui le sont déjà, avec l'appauvrissement des classes moyennes, comme c'est probable en Amérique latine, alors l'État apparaîtra de plus en plus comme incapable de trouver des solutions allégeant son coût social. La perte de crédibilité ressentie des gouvernements peut donner naissance à des formes nouvelles « illibérales » de démocratie (Salama, 2020a).

La crise est structurelle en Amérique latine qui souffre de huit plaies. Avec la pandémie, celles-ci se sont révélées être de plus en plus des obstacles dirimants à un développement durable des pays latino-américains :

- des inégalités de revenus et de patrimoines parmi les plus importantes du monde,
- une informalité du travail absolument considérable et un niveau de pauvreté conséquent,
- une contrainte externe particulièrement élevée dans quelques pays qui provoque des irrégularités de croissance de type *stop and go,*
- une ouverture aux mouvements de capitaux bien plus importante que celle des échanges de marchandises,
- une désindustrialisation dite précoce couplée,
- une re-primarisation des exportations,
- un niveau de violence considérable,
- une détérioration rapide de l'environnement.

Le résultat est que le virus agit sur un corps malade, peu apte à réagir avec force et produisant un cortège de morts impressionnant. Seules des réponses structurelles peuvent permettre de surmonter les obstacles à un développement durable, à favoriser une inclusion de ceux, la majorité qui sont rejetés, et à respecter davantage l'environnement tant au niveau de la nature que des effets de celle-ci outragée sur l'Homme. Ne pas les décider

---

[16] traduite de l'espagnol par l'auteur.

et proposer des réformettes, c'est un peu comme mettre un pansement sur une jambe de bois, ce qui est le cas le plus souvent, à l'exception d'intermèdes où des gouvernements populistes progressistes ont pu améliorer le sort des plus pauvres, sans toutefois entreprendre des réformes radicales comme celle du système fiscal. Elles sont au nombre de sept :

1/ L'essor de l'agriculture d'exportation s'est fait au détriment des paysans. L'exploitation des mines s'est réalisée le plus souvent au détriment des populations indiennes. La reprimarisation s'est réalisée au mépris de l'environnement et de la santé des paysans, des mineurs et des populations alentour. Elle s'est traduite par une détérioration de leur santé, par des migrations économiques forcées vers les villes. Imposer des normes environnementales et leur respect, est de plus en plus une nécessité de survie ;

2/ Dans le contexte latino-américain où le marché intérieur joue un rôle important, il est nécessaire d'augmenter le pouvoir d'achat provenant du travail. Cette amélioration du pouvoir d'achat peut dynamiser le marché intérieur. Justice sociale rejoint paradoxalement efficacité économique : davantage d'emplois, moins d'informalité ;

3/ Cette amélioration passe surtout par une diminution des inégalités sociales grâce à une réforme fiscale qui ne soit plus régressive et puisse favoriser la solidarité. C'est une nécessité non seulement éthique mais aussi économique ;

4/ Il est nécessaire d'améliorer les capacités du tissu industriel à répondre à la demande accrue, en augmentant les dépenses en recherche-développement, en améliorant substantiellement la productivité du travail et le taux d'investissement dans le secteur industriel, les services de haute technologie qui lui sont liés, et permettre ainsi que les entreprises puissent produire des biens complexes à haute technologie, à l'égal de ce que fit et fait la Corée du sud ;

5/ une politique industrielle agressive qui fasse des paris sur les industries du futur, qui permette une augmentation de la productivité du travail et une hausse des investissements, conditions nécessaires pour rendre compatibles hausse des revenus du travail et amélioration de la compétitivité ;

6/ développer une politique de redistribution en faveur des catégories les plus vulnérables ;

7/ enfin, le choix d'un taux de change sous-évalué est une condition *sine qua non* pour éviter les effets pervers auxquels conduit une monnaie appréciée sur le tissu industriel. Ce n'est pour autant pas une mesure miraculeuse en elle-même. Pour être efficace et permettre la réindustrialisation, cette politique de change doit s'accompagner d'un ensemble d'autres mesures, celles que nous venons de citer.

Des mesures prises isolément les unes des autres ne sont pas efficaces. Le Brésil en est la preuve : la baisse drastique des taux d'intérêt, la dépréciation de sa monnaie ne suffisent pas à relancer l'économie depuis deux ans. C'est l'ensemble de ces mesures qui constitue une rupture. La crise provoquée par la pandémie peut aider à favoriser cette rupture, mais celle-ci impose que des projets alternatifs aient l'appui de mobilisations massives.

Nous entrons probablement dans une nouvelle ère du capitalisme. Ce dernier aura probablement beaucoup de difficultés à fonctionner de la même manière qu'auparavant, tout au moins économiquement. Après le néocapitalisme marqué par une intervention de l'État accru après la seconde guerre mondiale et dans quelques pays d'Amérique latine, après le retrait de l'État du productif dans les années 1990 et la phase néolibérale qui lui correspond, nous entrons probablement dans une nouvelle phase, celle d'un retour du néocapitalisme « sans les soviets, mais avec la révolution numérique » ou bien peut être, en étant bien optimiste, celle de la construction d'un socialisme, alliant les soviets, le numérique et la fin programmée de l'État tout court plutôt que sa consolidation via une bureaucratie prédatrice…

« Soyons réalistes, demandons l'impossible », c'est la seule manière de sortir du puits dans lequel les pays latino-américains s'enfoncent depuis tant et tant d'années.

BIBLIOGRAPHIE

CEPAL-*OPS, bulletin* : *InformeCovid 19,* plusieurs numéros.

CEPAL (2020), *Perspectivas economicas de la America Latina.*

CETRANGOLO,O., GOLDSCHMIT, A. (2020),blog *alquimiaseconomicas*, avril.

CETRANGOLO, O., GOLDSCHMIT, A. (2019), Nessidades de regulacion del sector privado en salud en America Latina, *Documentos de trabajo del IIEP –UBA,* 40, 1-26.

GERES (2020), Informe de coyuntura economica, 28 p.p, http://www.economia-geres.com/img/showcase/ago2020.pdf.

IMF (2020), *Regional Economic Outlook: Western Hemisphere.,* https://www.imf.org/en/Publications/REO/WH/Issues/2020/10/13/regional-economic-outlook-western-hemisphere, octobre.

Journaux, hebdomadaires, *Financial Times* (GB), *O Valor* (Brésil), *O Globo* (Brésil), *La Croix* (France), *The Economist* (GB), *Proceso* (Mexique), *El economista* (Mexique), plusieurs numéros.

OCDE (2020), *Dépenses de santé et financement* https://stats.oecd.org/Index.aspx?DataSetCode=SHA&lang=fr

SABOIA, J., ROUBAUD, F., RAZAFINDRAKOTO, M. (2020), O papel do Bolsa Família e do Auxílio Emergencial, *O Valor 6 nov.*

SALAMA, P., GAULARD (2020), *Economie de l'Amérique latine,* édition Bréal, 105 p.

SALAMA, P. (2020a), *Contagion virale, contagion économique, risques politiques en Amérique latine*, edition Du Croquant, 168 p.
SALAMA, P. (2020b), ¿Por qué los países latinoamericanos sufren un estancamiento económico de largo plazo? Un estudio a partir de los casos de Argentina, Brasil y México, *El Trimestre economico,* LXXXVII (4), 348, 1083-1132

CHINE : VERS QUEL MODÈLE DE CROISSANCE POST-COVID-19 ?

Xavier RICHET
Université Sorbonne Nouvelle, Chaire Jean Monnet
xrichet@gmail.com

RÉSUMÉ

Dans cet essai, on s'interroge sur l'impact de la pandémie de la Covid-19 sur l'économie mondiale, sur les politiques de relances adoptées et sur les effets de la guerre commerciale et de la stratégie de découplage sur l'économie chinoise.
Les autorités chinoises, dans le nouveau contexte, envisagent la mise en œuvre de politiques économiques de relance dans le cadre d'un nouveau modèle de croissance reposant sur la demande intérieure et sur la capacité à produire, via des politiques industrielles, les connaissances nécessaires pour développer les technologies auxquelles elles n'ont plus accès.

Mots-clés : Chine, croissance tirée par la demande, découplage, relations économiques internationales, guerre commerciale, politique industrielle, Covid-19, démondialisation.

ABSTRACT
Which post-Covid-19 growth model for China?

This essay examines the impact of the covid-19 pandemic on the global economy, the stimulus policies adopted, and the effects of the trade war and decoupling strategy on the Chinese economy.
In the new context, the Chinese authorities are considering the implementation of economic stimulus policies in the framework of a new growth model based on domestic demand and the capacity to produce, through industrial policies, the knowledge needed to develop technologies to which they no longer have access.

Keywords:. China, demand-led growth, decoupling, international economic relations, trade war, industrial policy, Covid-19, deglobalization.
JEL Codes: L50, F62

INTRODUCTION

La crise sanitaire de la Covid-19 a été à la fois un choc, un révélateur, un accélérateur, elle annonce aussi un point d'inflexion ou de non-retour dans le domaine des relations économiques (et politiques) internationales, notamment entre la Chine, les États-Unis et l'Europe (UE) avec le découplage, le contrôle des investissements et du transfert de technologies, le lancement de politiques de relocalisation vers les économies de marché avancées.

Elle conduit à s'interroger sur les stratégies de relance de l'économie mondiale, de ses différentes composantes et notamment sur le futur du modèle de croissance de l'économie chinoise, aujourd'hui prise dans l'étau du *découplage* recherché par les États-Unis et le *double circuit* proposé par le président chinois Xi Jinping.

La Chine cherche à conserver et consolider les avantages que son économie chinoise a tirés de la mondialisation en s'appuyant sur les acquis de sa spécialisation accumulée ces quatre dernières décennies, tout en conservant les caractéristiques de son modèle de « socialisme aux caractéristiques chinoises »[1] qui a récemment profondément modifié sa gouvernance.

La Chine peut-elle maintenir le modèle de croissance qui a fait son succès jusqu'à ce jour (Richet, 2018), un modèle reposant sur les exportations (avec une forte montée en gamme). Elle aura plus difficilement, voire plus du tout, accès aux intrants nécessaires dans de nombreux secteurs notamment à hautes technologies. Beaucoup de marchés, notamment ceux des économies avancées sur lesquels elle vend ses produits et propose ses services (télécom, systèmes de paiement en ligne) vont devenir plus difficiles. Les politiques de relances auxquelles la Chine est habituée (investissement public massif en infrastructures) montrent leurs limites. De profondes réformes du modèle de croissance et de sa gouvernance seront nécessaires pour accompagner les politiques économiques que le gouvernement chinois a commencé à engager.

Parallèlement au lancement de politiques laxistes (*helicopter money*, faible taux d'intérêt), les gouvernements, les institutions supranationales (UE) et les institutions internationales (FMI, BCE) poussent à l'adoption de politiques économiques volontaristes (politiques industrielles) dans

[1] En fait, plutôt une variété de capitalisme, le capitalisme politique. Cf. Branko Milanovic (2020) : *Le capitalisme sans rival. L'avenir du système qui domine le monde*, Paris, La Découverte.

l'espoir de réduire les dépendances, en continuant à promouvoir et soutenir les champions nationaux[2] (Chine), régionaux (UE), en facilitant le retour des firmes délocalisées grâce à des aides financières et fiscales ciblées (EU). Mais les chaînes de valeur fonctionnent dans les deux sens. De nombreuses firmes occidentales, asiatiques (Japon, Corée) vont continuer à opérer en Chine pour servir le vaste marché domestique chinois de nombreux secteurs : constructeurs automobiles, télécommunication, fournisseurs de composants d'Europe, des États-Unis, du Japon et de Corée.

Par ailleurs, la reprise rapide de la croissance en Chine (quand même encore éloignée des taux pré-Covid-19), l'activation du marché obligataire par les autorités monétaires pour financer la dette, le recours à l'utilisation internationale de la monnaie chinoise, le renminbi, pour les règlements et les investissements, ont vu l'entrée importante de capitaux en Chine en provenance notamment des États-Unis. Le rendement des obligations sur 10 ans émises par le gouvernement chinois est aujourd'hui de 2,7 % contre 0,8 % sur les placements équivalents aux États-Unis (cf. *Financial Times*, 2020).

Les fractures de la mondialisation ont précédé l'apparition de la pandémie (Richet, Vercueil, 2019) au cours de la dernière décennie notamment face à la montée en puissance de l'économie chinoise. De nombreuses critiques (Brunet, Guichard, 2011) se sont faites à l'encontre de la Chine, aux États-Unis, en Europe, autour de sa conception du multilatéralisme, des pratiques allant à l'encontre d'une juste concurrence telles les subventions aux firmes d'État, le transfert forcé de technologies, l'appropriation de la propriété intellectuelle. L'Europe, jusqu'ici bienveillante à l'encontre de la Chine malgré les fortes asymétries des échanges, de l'accès aux marchés, donne aujourd'hui de la voix (Borell, 2020).

1. RELANCER L'ÉCONOMIE MONDIALE EN ORDRE DISPERSÉ

L'épidémie de la Covid-19, qui est apparue en Chine à Wuhan, au début de l'hiver 2019, a été à la fois :

- Un *choc* tout d'abord en paralysant durant plusieurs semaines l'activité économique au niveau mondial. On se souviendra longtemps des places et avenues des grandes métropoles mondiales totalement vides, mises à l'arrêt par des régimes tant autoritaires que démocratiques.
- Un *révélateur* de l'importance des dépendances entre pays via les chaînes internationales de valeur pour des produits à la fois courants et à plus forte valeur ajoutée, voir stratégiques (médicaments)

[2] La plupart des firmes d'État bénéficiant de soutiens financiers divers (subventions, faible taux d'intérêt, endettement).

- Un *accélérateur* de tendances déjà perceptibles avant l'épidémie apparue, avec la montée en gamme des exportations en provenance des pays asiatiques, en premier lieu de Chine. Elle a induit, de la part des États-Unis, (la guerre commerciale) une forte réaction visant à rééquilibrer les échanges commerciaux entre les deux pays et freiner (voire bloquer) l'avancée de firmes chinoises avec un niveau de développement technologique avancé (Huawei), au prétexte du risque de contrôle des sociétés démocratiques par la Chine.

- Un *point d'inflexion ou de non-retour* dans le domaine des relations économiques internationales. La politique de *découplage* lancée et mise en œuvre par les États-Unis, d'un côté et la stratégie de *circuit dual* proposée par la Président Xi de l'autre, ouvrent la voie au fractionnement de la mondialisation, à la relocalisation de firmes occidentales vers leur pays d'origine ou des marchés plus proches, à l'adoption de nouveaux modèles de croissance plus endogènes, notamment en Chine.

On attendait une catastrophe écologique, climatique, c'est une catastrophe sanitaire qui paralyse aujourd'hui le monde, avec l'arrêt de la quasi-totalité de la production limitée à la production de biens et de services essentiels pendant plusieurs mois. L'industrie automobile, aérienne, les services, le tourisme, la liste est longue des secteurs touchés et qui risquent de le rester durablement. Les cours du pétrole s'effondrent. Seul aspect positif, le recul momentanément de la pollution, notamment en Chine mais qui risque de revenir rapidement avec le redémarrage de l'activité dans ce pays et ailleurs.

La crise de 2008, la Grande dépression des années 1920 sont convoquées pour apprécier l'ampleur de la récession, pour envisager les types de mesures à appliquer pour relancer[3] l'économie mondiale. Les expériences passées alimentent l'offre de solutions. Les économistes des différentes spécialités et courants (macro-économistes, conjoncturistes, comparatistes, historiens) avancent leurs analyses, proposent des solutions, revendiquent l'urgence d'appliquer des politiques d'inspiration keynésienne, d'accélérer la transition verte ; on se réfère aussi à l'âge d'or de la planification indicative, appelle au renforcement du rôle de l'État, à la fermeture des frontières. La fin de l'Europe, à la recherche d'un consensus sur les politiques à suivre et les instruments à mettre en place, est une nouvelle fois annoncée. C'est aux forceps qu'un projet, encore modeste, – envisage de lancer des financements adéquats et d'assurer – c'est une première – une mutualisation de la dette pour venir au secours des secteurs et des pays les plus touchés.

Sans tarder, des mesures économiques défensives et pro-actives ont été introduites suite au confinement et à la quasi-paralysie de l'économie, concernant la protection des entreprises, de l'emploi (8 millions de

[3] Relance n'est peut-être pas le terme le plus approprié si l'on songe à l'impact durable qu'aura la crise sanitaire sur la croissance mondiale comme le souligne R. Boyer (2020).

personnes en chômage partiel en France, 20 millions de personnes au chômage aux États-Unis). On y trouve un mélange de mesures monétaires, fiscales, budgétaires dépassant les normes jusqu'ici respectées et compatibles avec les objectifs de croissance : 2 000 milliards de dollars aux États-Unis, plusieurs centaines de milliards d'Euros en Europe.

En Europe, les gouvernements articulent des plans de relance nationaux et un plan ambitieux pour l'ensemble des 27 qui innove puisque, pour la première fois, il envisage un mode de financement et d'affectation qui rompt avec les contraintes budgétaires habituelles et les logiques d'endettement des pays membres. Au niveau de chaque pays, des plans d'aide associant dépenses publiques et garanties d'aide ont été adoptés : allant de 1,4 % en Espagne à 3,6 % du PIB en Allemagne pour les dépenses publiques, de 14,2 % en Italie à 23,9 % du PIB en Allemagne de garanties (Éric Maurice *et alii*, 2020 ; Charles Wyplosz, 2020). Aux États-Unis les ressources mobilisées représentent déjà 10 % du PIB. L'offre de crédit (la « monnaie hélicoptère »), les bas taux d'intérêt, la caution des États, sont les moteurs des politiques de relance, même si ce concept, à propos de cette crise, est discutable (Boyer, 2020).

Les économies du G20 ont donc rapidement adopté un ensemble de mesures dans plusieurs domaines, mesures qui pourraient être revues à la hausse dans les mois qui viennent si leurs effets ne contribuent pas à relancer les économies nationales et régionales (UE) :

- Crédit/finance : il s'agit, d'une part, de garanties de l'État des prêts aux entreprises et aux ménages par des entités gouvernementales, d'autre part, de l'abandon (y compris report de paiements et reprofilage de prêts) et enfin, de l'assouplissement de la réglementation du crédit.

- Politiques fiscales : celles-ci comprennent des réductions, des exonérations, des déductions fiscales ainsi que la prolongation des délais de paiement.

-Politiques sociales : elles incluent le chômage, les avantages sociaux, assistance pour congés de maladie, transferts en espèces et bons et soutien en nature.

- Politiques réglementaires : elles portent sur le contrôle des prix, l'emploi et les restrictions commerciales.

2. UNE NOUVELLE DONNE INTERNATIONALE POST-COVID-19

A la suite de la mondialisation contrariée (Richet, Vercueil, 2019) déjà perceptible avant la pandémie, marquée par la stagnation relative des échanges, des investissements directs étrangers (IDE), par le début de la « guerre commerciale » et le découplage annoncé entre la Chine et les États-Unis, on annonce la prochaine démondialisation avec notamment la protection des industries stratégiques et leur relocalisation dans des pays proches, voire d'origine.

La relocalisation est une vieille antienne qui se révèle souvent difficile à réaliser en raison de la spécialisation acquise par les pays hôtes des investissements directs étrangers occidentaux. Les firmes intensives en main d'œuvre arbitrent souvent en faveur de pays où les coûts sont similaires (investissements japonais de Chine vers le Vietnam, américains de Chine vers l'Inde, le Mexique). Le facteur qui compte est le coût de fabrication : il peut décliner fortement si on robotise le travail comme le montre le rapatriement d'activités de pays à main-d'œuvre, vers les États-Unis. A ce jour, l'impact des mesures de relocalisation aux États-Unis sont faibles en termes de volume de production, de création d'emplois. Les firmes qui ne pourront pas être robotisées, devront supporter des coûts salariaux plus élevés qui pèseront sur le niveau de vie de la population[4]. L'alternative sera de s'implanter dans des économies proches avec des coûts moins élevés. Une récente étude réalisée par la firme PwC montre que la relocalisation vers d'autres n'est pas si facile même si elle est déjà engagée par plusieurs pays, notamment asiatiques (Corée du Sud, Japon) vers d'autres contrées, notamment face à la hausse récente du coût du travail en Chine. Pour un coût hypothétique de production d'un bien industriel en Chine, de 1 000 $, l'échelle des coûts, en cas de relocalisation, serait de 1 376 $ aux États-Unis, de 771$ au Mexique, de 761 $ dans d'autres pays asiatiques moins développés.

Au cours des 20 dernières décennies, la Chine a profondément modifié la structure de ses exportations par niveau de technologie en % de ses exportations manufacturières : les biens de moyenne technologie sont passés de 40 à 60 %. La part des biens à faible technologie ne représente plus que 10 %, celle des biens à hautes technologies se monte à 30 % des exportations manufacturières. Parallèlement, la part des entrants à contenu technologique, à l'exception de composants sensibles (semi-conducteurs), est issue des firmes chinoises. Sur la même période, les importations des pays de l'OCDE en provenance des émergents (hors Russie + OPEP) sont passées de 3 à près de 7 % de leur PIB en valeur.

La délocalisation des activités en provenance des économies de marché avancées vers les économies du sud, a été un puissant instrument de développement pour les pays récepteurs avec la création de nombreuses chaînes de valeur dans toute une série de domaines (transports, services). Elle a créé des interdépendances et aussi, paradoxalement de nouvelles relations de dépendance comme on le voit avec la localisation de production de produits pharmaceutiques, de molécules. La chasse aux coûts, le juste à temps et les stratégies de stocks zéro révèlent, comme on le voit en période de crise, la fragilité des chaînes internationales de valeur.

---

[4] Depuis longtemps, dans la distribution, les grandes surfaces sont des composantes (indirectes) des politiques économiques conduites dans les économies de marché avancées en agissant sur les politiques salariales.

A court terme, les chaînes de valeur qui se sont construites durant ces dernières années vont faire preuve de résilience à la fois en raison de leur avantage concurrentiel (volume, coût de production, transport, économie d'échelle). Au cours de ces dernières années, en dépit de la hausse des coûts salariaux, la Chine a atteint un savoir-faire logistique de premier ordre qui se déploie à l'extérieur[5]. Le lancement du grand projet autour des routes de la soie, avec les financements appropriés, contribue à nourrir cet avantage et cherche à développer les flux d'échange entre la Chine et le reste du monde.

Pour les firmes étrangères, notamment américaines et européennes, l'attrait du marché chinois (et donc leur présence) demeure et les grandes firmes, comme Volkswagen (VW), Telsa, n'envisagent pas de quitter ce marché sur lequel Apple réalise 17 % de ses ventes, VW vend plus de voitures qu'en Europe. C'est plutôt dans l'autre sens que le découplage risque de se faire sentir plus durement pour la Chine à la fois en limitant, voire en bloquant l'accès aux composants sophistiqués qui entrent dans la production finale des produits à hautes et moyennes technologies. La décision du président Trump de bloquer la vente de semi-conducteurs à la firme chinoise Huawei ainsi qu'à d'autres producteurs va affecter directement et peut-être durablement leur compétitivité jusqu'à ce que les firmes chinoises soient en capacité de produire les intrants dont elle a besoin.

Les compétences domestiques en termes d'innovation, à ce jour, ne permettent pas de combler rapidement l'écart technologique tout du moins dans un certain nombre de secteurs (Heurtebize, 2020). Le front anti 5G mené par les États-Unis (*5G Clean Network Club*) milite contre l'adoption de matériel chinois au prétexte que les firmes de ce pays auraient accès à des informations sensibles pouvant être exploitées par les autorités chinoises[6].

Du côté de l'offre, et pour se mettre au niveau, le gouvernement chinois a prévu de dépenser, au cours des 6 prochaines années, 1,4 milliard de US$ dans les secteurs des hautes technologies en associant les géants chinois du secteur.

Il reste qu'en cas d'entrée dans une nouvelle « guerre froide »[7], aujourd'hui redoutée par la Chine aussi bien que par les pays de l'OCDE,

---

[5] voir la politique de contrôle et de modernisation des ports par des firmes.

[6] Réponse du berger à la bergère. Pour d'autres motifs – « pollution intellectuelle » occidentale – la Chine a bloqué, depuis longtemps, l'entrée des produits des GAFA sur son territoire.

[7] La parallèle historique est discutable. Lors de la « vraie » guerre froide, on était en présence de deux systèmes économiques différents, capitaliste (et ses variétés) et socialiste. Aujourd'hui, on est en présence de deux ensembles capitalistes (Milanovic, 2020). Pour les historiens, le parallèle qui pourrait être fait est celui de la Grande Bretagne, puissance impériale dominante et de l'Allemagne, puissance en devenir, au début du

la Chine aurait durablement à perdre du découplage EU-Chine provoquée par l'administration Trump, et en partie de la régionalisation de la mondialisation, notamment en ayant plus difficilement accès aux économies de marché développées, comme le suggère une note récente de Natixis (2020). La Chine risquerait de voir le volume des IDE qu'elle reçoit, décliner en provenance de la zone OCDE ainsi que ses exportations en direction de cette zone. Les pays membres de l'OCDE perdraient une partie de leurs exportations vers la Chine, les ventes de leurs succursales en Chine et la possibilité d'importer des produits bon marché de Chine. La Chine perdrait dès lors 8 % de son PIB contre 2,7 % pour les pays membres de l'OCDE, auxquels il faut rajouter les pertes encourues par l'arrêt de la production des succursales de ces pays en Chine (6 %).

On n'en est pas là, bien sûr, mais les risques du découplage sont bien réels. En outre, il a déjà un impact sur le fonctionnement des institutions internationales telles que l'OMC. La question qui est posée, et discutée par certains économistes, est celle de savoir quel multilatéralisme mettre en place permettant de faciliter les échanges en prenant en compte ces divergences systémiques qui pourraient durer entre les grandes économies de marché développées et la Chine.

L'économiste Dani Rodrik dresse le constat suivant :

- L'intégration profonde entre la Chine et les grandes économies de marché développées n'est pas possible, notamment le respect et le renforcement des normes de l'OMC (dans la lettre et dans l'esprit), le maintien du statu quo. Par ailleurs, le découplage n'est pas souhaitable, car il induit la réduction significative des échanges économiques et des investissements.
- L'alternative est le développement d'une coexistence économique pacifique où l'on passe d'une intégration profonde à une intégration superficielle (retour de l'OMC au GATT).

Dans ce cadre, la Chine pourrait maintenir ses politiques industrielles et de droits de propriété intellectuelle, tandis que l'Europe et les États-Unis sont libres de maintenir leurs normes sociales et leurs systèmes d'innovation.

Cette alternative permettrait de retirer l'essentiel des bénéfices du commerce tout en garantissant que les deux entités aient la possibilité de maintenir et de développer des systèmes économiques distincts (Rodrik, 2020).

20ème siècle. Cf. Gideon Rachman (2020): "A new cold war: Trump, Xi and the escalating US-China confrontation", *Financial Times*, 5 octobre.

Tableau 1. Les perspective de croissance du FMI, octobre 2020

PIB réel, variation annuelle en pourcentage	2019	2020	2021
Production mondiale	2,8	-4,4	5,2
Pays avancés	1,7	-5,8	3,1
États-Unis	2,2	-4,3	3,1
Zone euro	1,3	-8,3	5,2
- Allemagne	0,6	-0,6	4,2
- France	1,5	-9,8	6,0
- Italie	0,3	-10,6	5,2
- Espagne	2,0	-12,8	7,2
Japon	0,7	-5,3	2,3
Royaume Uni	1,5	-9,8	5,9
Canada	1,7	-7,1	5,2
Autres pays avancés	1,7	-3,8	3,6
Pays émergents et pays en développement	3,7	-3,3	6,0
Pays émergents et pays en développement d'Asie	5,5	-3,3	6,0
- Chine	6,1	1,9	8,2
- Inde	4,2	-10,3	8,8
ASEAN-5	4,9	-3,4	6,2
Pays émergents et pays en développement d'Europe	2,1	-4,6	3,9
- Russie	1,3	-4,1	2,8
Amérique latine et Caraïbes	0,0	-8,1	3,6
- Brésil	1,1	-5,8	2,8
- Mexique	-0,3	-9,0	3,5
Moyen-Orient et Asie centrale	1,4	-4,1	3,0
- Arabie saoudite	1,4	-4,1	3,0
Afrique subsaharienne	0,3	-5,4	3,1
- Nigeria	2,2	-4,3	1,7
- Afrique du Sud	0,2	-8,0	3,0
Pays en développement à faibles revenus	5,3	-1,2	4,9

Source : FMI

Toutefois, il reste de nombreuses inconnues : quelle sera la durée de la récession ? A quel rythme se produira la reprise dans les économies de marché avancées, en développement, entre économies occidentales et asiatiques ? Les récentes *Perspectives économiques* du FMI donnent quelques réponses à ces questions (Tableau 1).

3. LA RELANCE CHINOISE : VERS UN CHANGEMENT DE MODELE ?

Pour la Chine, les politiques économiques post-Covid-19, par comparaison avec celles mises en œuvre en 2008-2009 reposant sur une politique de l'offre, avec une abondance de crédits affectés à la construction d'infrastructures et aux investissements des entreprises d'État, doivent tenir compte de plusieurs facteurs. Au sortir de la crise sanitaire, le gouvernement chinois a adopté des mesures de politiques économiques dans un environnement bousculé et incertain comparé à la fin de la première décennie de ce millénaire. A cette époque, la relance s'est opérée de manière plus ou moins synchronisée (Cabestan, Di Meglio, Richet, 2012), la mondialisation était à son faîte et c'est l'intervention massive, simultanée des pays du G20 qui a permis de réduire le choc et de relancer l'économie mondiale.

Par rapport au reste du monde la Chine connaît un rebond significatif de sa croissance qui n'atteindra peut-être pas les sommets enregistrés précédemment (en grande partie avec des taux de croissance présentant une forte dimension politique). Ses exportations, y compris vers les États-Unis, en dépit de la « guerre commerciale » s'accroissent. L'économie chinoise continue à attirer les IDE notamment en provenance d'Europe et des États-Unis.

Les capitaux en provenance de ces pays et d'autres parties du monde se portent vers l'achat d'actions et d'obligations émis par les autorités monétaires chinoises y compris en provenance des institutions financières américaines (fonds de pension), pourtant encouragées par le gouvernement Trump à cesser ces types de placements.

Toutefois, l'embellie présente ne saurait masquer les nombreux problèmes structurels auxquels fait face l'économie chinoise et qui appellent l'introduction de profondes réformes dont les dirigeants chinois soulignent régulièrement l'urgence de mettre en œuvre.

Aujourd'hui l'économie chinoise fait face à de nouvelles contraintes imputables à la crise sanitaire, à l'épuisement du modèle de croissance basé sur les exportations et au risque de la trappe à revenus intermédiaires, à la hausse des coûts domestiques, à la baisse de la balance courante et à la hausse de l'endettement (plus de 250 % du PIB). Enfin, la faiblesse de la part des revenus des ménages (inférieurs à 40 %) traduit un déséquilibre en défaveur de la population dont les dépôts subissent une forte répression financière qui permet au système bancaire chinois de pratiquer des taux d'intérêt relativement bas à ses firmes d'État en sous rémunérant les dépôts de la population.

La stratégie de croissance endogène consiste à asseoir la croissance sur la demande intérieure en stimulant le vaste marché d'1,4 milliard de consommateurs, d'un côté et, du côté de l'offre, de poursuivre des politiques industrielles volontaristes dans les secteurs-clés, notamment technologiques, qui devraient lui permettre de réduire son écart avec les firmes des économies de marché avancées. La réalisation de cette stratégie prendra du temps même si les capacités d'innovation chinoises sont réelles comme on peut le constater dans de nombreux secteurs[8].

L'application de cette stratégie, notamment domestique, n'est pas sans soulever plusieurs problèmes. D'abord, le gouvernement chinois devrait procéder à des mesures de soutien à la consommation et aux revenus de la population chinoise. Cette idée de rééquilibrer la croissance en privilégiant la demande domestique n'est pas nouvelle. Dès 2006, cet objectif avait été avancé par le gouvernement chinois. En 2019, la part de la consommation des ménages est seulement de 2 % plus élevé qu'en 2007, alors que le ratio de la dette a doublé.

Les succès de l'économie chinoise, comme le soulignent Klein et Pettis (2020), deux économistes américains, sont le résultat d'une version extrême du modèle de développement basé sur un niveau d'épargne élevé. Les ménages chinois ne consommaient, en 2018 seulement 40 % de la production, un niveau très peu élevé par rapport aux autres grandes économies. Cela est dû à une série de mécanismes – épargne élevée des ménages, faibles taux d'intérêt, absence de droits des migrants ruraux dans les villes, fiscalité régressive, faiblesse des filets de sécurité sociale et incapacité des entreprises publiques à verser des dividendes – tous conçus pour transférer les revenus des travailleurs et des retraités vers les entreprises et l'État (Klein, Pettis, 2020).

Le rééquilibrage en direction de la demande interne a donc plusieurs conséquences. Mettre fin aux distorsions dans la distribution du revenu. Ceci impliquerait, pour être en phase avec ce qui existe dans les autres économies en développement, une hausse significative des revenus des salariés (entre 10 et 15 % du PIB) au détriment des catégories qui aujourd'hui ont profité de la forte croissance basée sur l'exploitation des travailleurs chinois : la bureaucratie centrale et provinciale, les couches aisées de la population, les grandes firmes d'État endettées, le système financier. Mais la hausse des revenus des salariés, la fin de la répression financière sur les dépôts des ménages, devraient avoir un impact négatif sur la partie internationale de la stratégie en menaçant la compétitivité des exportations chinoises (Pettis, 2020).

Le second volet structurel de la politique économique chinoise concerne l'indépendance technologique dans des secteurs stratégiques, gage de sa croissance future et de sa capacité à maîtriser durablement les

---

[8] Sur ce point, cf. le n° spécial de la Revue *Monde Chinois* n° 61, Innover Sans changer. Succès et dilemmes de l'innovation en Chine, septembre 2020.

secteurs dans lesquels elle a atteint un avantage concurrentiel au niveau international.

La stratégie de découplage initiée par les États-Unis vise à réduire durablement la dépendance de la Chine en empêchant les firmes de ce pays d'acquérir les technologies de pointe qu'elle n'est pas (encore) en mesure de produire. Le plan *Made in China 2025*, lors de sa publication, a soulevé l'ire des dirigeants américains qui y voyaient ouvertement affichés les objectifs que le gouvernement et les firmes (d'État) chinoises devaient atteindre comme autant de menaces à l'encontre de leur avancée technologique dans de nombreux secteurs sensibles. Il est à l'origine des mesures de rétorsions : interdiction d'exportation, demande de licences spéciales, elle s'accompagne d'une vaste campagne internationale pour freiner, voire empêcher le déploiement de technologies où la Chine possède une avance certaine (5G) à la fois en termes de coûts et d'avancée technique.

En réponse à ce défi, les autorités chinoises ont lancé l'idée de « circuit dual » qui sous-tend une double stratégie : maintenir et renforcer les liens économiques avec l'extérieur, autour des besoins de la Chine (matières premières, produits intermédiaires, continuer à répondre à la demande externe) à travers les canaux qu'elle a su développer au cours des deux dernières décennies (chaînes de valeur, nouvelles routes de la soie, institutions financières internationales (La Nouvelle Banque de Développement au sein de l'association des BRICs, la Banque asiatique d'investissement pour les infrastructures).

La mise en place de cette stratégie se heurte aux anciennes politiques mises en œuvre par le gouvernement chinois (dont la plus récente à la suite de la crise financière de 2008) qui reposait sur l'adoption de politique de l'offre en distribuant du crédit aux entreprises d'état, en poursuivant des investissements en infrastructures qui avaient pour résultat d'augmenter le taux de croissance du PIB, d'endetter le pays.

Il est certain que la réalisation de ce programme sera difficile à mettre en œuvre à la fois en raison de sa dimension politique (redistribution), de la gouvernance actuelle qui accentue la centralisation, la domination du secteur privé qui contribue pourtant à la plus grande partie de l'emploi, de la création de richesse dans le pays.

CONCLUSION

A ce stade, on est encore dans l'incertain en ce qui concerne l'impact durable de la pandémie sur la croissance de l'économie mondiale, le rythme de la reprise, son coût économique et social. Les toutes dernières prévisions de l'OMC sont aujourd'hui plus pessimistes et laissent présager une récession moins longue mais différenciées selon les régions.

On ignore encore si le découplage initié par les dirigeants US affectera durablement et comment les échanges entre la Chine et les économies de marché développées vont évoluer, comment les barrières aux technologies chinoises, à l'expansion de ses firmes sur les marchés occidentaux, vont être affectées. Il paraît toutefois difficile d'envisager un découplage total, les dépendances sont fortes, notamment celle de l'économie américaine aux importations chinoises dans toute une série de domaines tant est grand l'écart, dans ce pays, entre le niveau de la production et celui de la consommation toujours comblée par les importations, notamment en provenance de Chine.

Toutefois, en Chine, le découplage, s'il est véritablement mis en œuvre, se fera sentir plus durement. Il va enrayer la montée en puissance de nombreuses firmes qui ont su monter en gamme, échapper à la trappe du revenu intermédiaire en produisant des produits et composant intégrant plus de valeur ajoutée. Certaines entreprises de pointe risquent d'être frappées durement (Huawei) dans les métiers où elles avaient un avantage concurrentiel. Le maintien de chaînes de valeur internationales va devenir plus compliqué, plus cher, plus risqué (endettement de pays asiatiques africains, latino-américains récepteurs de prêts chinois). Enfin, le rééquilibrage interne en promouvant la demande interne va se confronter à des enjeux politiques et sociaux importants.

BIBLIOGRAPHIE

BORRELL , J. (2020), L'Europe, le monde et la crise du Covid-19, *Terra Nova,* pdf 8 p., https://tnova.fr/notes/l-europe-le-monde-et-la-crise-du-covid-19

BOYER, R. (2020), *Les capitalismes à l'épreuve de la pandémie*, Paris, La Découverte, 200 p.

BRUNET, A., GUICHARD, J.P. (2011), *La visée hégémonique de la Chine. L'impérialisme économique,* Paris, L'Harmattan, 210 p.

CABESTAN, J.P., DI MEGLIO, J.F., RICHET, X. (eds.)(2012), *China and the Global Financial Crisis*, London, Routledge, 176 p.

FINANCIAL TIMES (2020), Booming demand for Chinese assets boosts renminbi's global role, 10 octobre.

HEURTEBIZE, J.Y. (2020), Innovation, histoire et géopolitique en « Chine » : Revanche technologique, mimétisme impérialiste et techno-autoritarisme, *Monde Chinois*, 61.

KLEIN, M., PETTIS, M. (2020), *Trade Wars Are Class Wars: How Rising Inequality Distorts the Global Economy and Threatens International Peace,* New Haven, Yale University Press, 288 p.

MAURICE, É., BLOJ, R., BUZMANIUK S., ANTONINI, C., d'ANGELO, C. (2020), Covid-19 : « Les réponses européennes », *Policy Paper*, Fondation Robert Schuman, 30 mars.

MILANOVIC, B. (2020), *Le capitalisme sans rival. L'avenir du système qui domine le monde*, Paris, La Découverte.

NATIXIS (2020), Who would lose most in the event of a serious crisis between China and the OECD, *Flash Economics,* 1036, 16 septembre.
PETTIS, M. (2020), The problems with China's Dual circulation economic model, *Financial Times*, 25 August.
RACHMAN, G. (2020), A new cold war: Trump, Xi and the escalating US-China confrontation, *Financial Times*, 5 octobre.
RICHET, X. (2018), Chine : « Vers la fin du modèle de croissance tiré par les exportations », *Revue internationale des économistes de langue française (RIELF)*, 3, 2.
RICHET, X., VERCUEIL, J. (eds) (2019), *Une mondialisation contrariée. L'Europe et la Chine face à de nouveaux enjeux*, Paris, L'Harmattan, 238 p.
SUPPLY CHAIN DIGEST (2020), Supply Chain News: Leaving China Sourcing is Hard, but for Some Companies the Savings could be Significant, http://www.scdigest.com/ontarget/20-07
WYPLOSZ, C. (2020), Où en sont la zone euro et la BCE, *Telos*, 28 mars.

PROXIMITÉS ET COVID-19 : UN RÔLE RENFORCÉ

André TORRE
Université Paris-Saclay, INRAE, Agroparistech
torre@agroparistech.fr

RÉSUMÉ

Les proximités jouent un rôle tout à fait central dans la crise du Covid-19, qu'elles favorisent la propagation de la pandémie, réduisent les interactions humaines et sociales ou permettent d'échanger et de garder le contact à distance. Dans cet article, l'analyse porte sur la manière dont la pandémie révèle et modifie à la fois leur fonctionnement et leurs impacts sur notre existence.

Mots-clés : Covid-19, Proximités, pandémie, TIC.

ABSTRACT
Proximity and Covid-19: A Strengthened Role

Proximities play a very central role in the Covid-19 crisis, whether they promote the spread of the pandemic, reduce human and social interactions, or allow for exchange and contact at a distance. In this article, we analyze how the pandemic reveals and modify both their functioning and their impact on our lives.

Keywords:. Covid-19, Proximities, pandemic, TIC.
JEL Codes: R11, R58

INTRODUCTION

La pandémie du Covid-19 a saisi par surprise nos sociétés. Généralement peu préparées d'un point de vue sanitaire et psychologique, elles ont fait le choix de confiner largement les populations pour éviter le risque d'une diffusion encore plus forte du virus. Il y aurait beaucoup à dire sur l'aversion au risque et sur le choix de société qui a ainsi été fait face à des conséquences économiques désastreuses, mais cet enfermement a eu une autre conséquence : réduire de manière drastique une grande part des échanges de face à face entre personnes, qu'il s'agisse de deux individus ou de groupes, et impacter de manière considérable les interactions sociales.

Pour ceux qui s'y sont soumis, la fin du confinement, long et contraignant, n'a pas signifié la sortie de crise mais une nouvelle phase de modification des relations, avec la généralisation des gestes barrière (le terme est significatif), les contingentements ou le port du masque. Alors que l'inquiétude pour le futur s'amplifie, devant la prise de conscience que nous devons pourtant reprendre une partie de notre activité et qu'il nous faut maintenant nous interroger sur notre souveraineté, en particulier alimentaire et sanitaire, le fait de vivre masqué, d'éviter les rassemblements, et de conserver des distances en intérieur, interroge sur notre modèle de vie en société.

L'instauration de ces règles est en effet loin de relever du seul domaine technique ou physique et porte un contenu social et institutionnel très fort. En attestent, par exemple, les disparités en la matière entre des pays comme la Suède, qui n'a décidé aucun confinement, et l'Italie ou la Chine, où les interdits se sont avérés très stricts. Ou, dans différents lieux mais tout particulièrement aux USA, les manifestations des opposants au confinement ou au port du masque, qui demandent un retour à une situation de liberté de circulation des personnes en arguant d'entraves à leurs droits fondamentaux. Évidemment, les considérations économiques ne sont pas étrangères à ces différences, l'instauration de l'isolement ou des gestes barrières constituant clairement un frein puissant à l'activité productive et commerciale. Mais elle vient également impacter fortement nos modes de vie, remet en cause beaucoup d'habitudes et de pratiques personnelles ou professionnelles, et pose de nombreuses questions sur la vie en société et les relations entre personnes.

Dans cette situation très inédite, la question de la proximité s'impose brutalement, partout, et prend une ampleur renouvelée avec la crise économique majeure qui se développe. Nous n'en avons pas fini avec les proximités, qu'elles se présentent comme un droit, un besoin à satisfaire ou un danger et un risque à éviter. Dans cet article, je reviens sur le rôle tout à fait central que les proximités jouent dans cette crise, qu'elles favorisent la propagation de la pandémie, réduisent les interactions humaines et sociales ou permettent d'échanger et de garder le contact à distance.

1. LES NOUVEAUX DANGERS DE LA PROXIMITÉ GÉOGRAPHIQUE

Le premier constat est que notre perception de la proximité géographique se trouve bouleversée par le fameux virus et par les précautions qui l'entourent. Face au confinement, beaucoup se sont plaints du manque de contact social, de ne plus pouvoir parler avec les autres, de ne plus échanger, ou de le faire uniquement à distance, et donc de voir la proximité se restreindre. Pourtant la peur envahit de nombreuses personnes quand elles se voient contraintes à des contacts, même rapides, avec d'autres êtres humains, surtout si elles ont le sentiment qu'ils ne prennent pas suffisamment soin de maintenir les distances et les exposent aux dangers de la proximité géographique. Au contraire, une large frange de la population se révolte contre l'enfermement, voire contre le port du masque, y voit une privation de liberté, essaie de contourner les règles ainsi imposées ou même, comme on le constate par exemple aux Etats-Unis, les considère comme une privation de droits fondamentaux de la personne. Et nous sommes tous impactés par la vie masquée, qui entrave nos mouvements, et nous empêche de bien évaluer les attitudes de nos interlocuteurs.

Les inconvénients de la proximité géographique sont bien connus, en particulier la promiscuité ou le voisinage non désirés, qui donnent naissance à des oppositions et parfois des conflits plus ou moins longs et violents entre voisins (Magsi, Torre, 2014), en particulier en présence de grandes infrastructures ou d'aménagements porteurs de nuisances. Mais en période de pandémie, cette dernière est partout devenue risquée, voire dangereuse. Une forte proximité géographique favorise visiblement la diffusion du Coronavirus et l'infestation des personnes, par contact physique direct (toux, éternuements, postillons...) et indirect (toucher une surface contaminée), ou par transmission aérienne. C'est la raison pour laquelle est prônée, suite aux grandes épidémies du XXème siècle, l'instauration d'une distanciation sociale, qui prend des formes diverses et repose sur des techniques plus ou moins radicales, dont certaines nous sont familières depuis le Moyen Âge : port de masques, isolement des malades identifiés, mise en quarantaine, fermeture des écoles, interdiction des rassemblement culturels, sportifs ou religieux, confinement total de la population, interdiction absolue de sortir de son lieu de vie... Autant de gestes ou de mesures qui peuvent se combiner, et dont l'objectif est de nous éviter de subir cette proximité géographique mortifère.

La crise conduit à une inversion des perceptions de la proximité. C'est la recherche de proximité géographique qui explique la constitution des villes et des agglomérations urbaines, associée à la recherche du contact et des interactions de la vie en société, qui relèvent d'un autre type de proximité, organisée celle-là (Bourdeau-Lepage, Torre, 2020). Mais en temps de pandémie la causalité habituelle se trouve renversée, car le risque de diffusion se révèle bien plus important au cœur des villes ou des cités. La proximité géographique, jusqu'alors recherchée pour ses bénéfices, devient une source d'inconvénient majeur, au risque de la maladie et de la mort. On préfère, dans la mesure du possible, se déplacer dans des espaces ruraux ou périphériques, moins densément peuplés, qui subissent de manière plus légère les inconvénients des proximités géographiques en raison de leur concentration plus faible.

Du coup, apparaît un intérêt renouvelé pour les territoires ruraux, et l'on évoque un possible « exode urbain », motivé par la volonté de se retrouver dans un espace plus « sain » que la ville, et qui verrait les citadins se diriger vers les campagnes, ou du moins vers les petites villes pas trop éloignées des grandes agglomérations si possible. C'est aussi le grand retour de l'agriculture. Au-delà du succès des circuits courts ou de l'alimentation de proximité, qui ont connu un essor majeur au cours des dernières années, il s'agit de nourrir la population française et d'éviter les famines et restrictions alimentaires, afin de reconquérir ainsi notre souveraineté alimentaire. Une grande partie des produits consommés par les ménages français ont suivi des chaînes de valeurs internationales qui sillonnent de nombreux pays. Il est essentiel, au vu des risques de coupure des transports, de préserver la souveraineté alimentaire de la nation, en re-territorialisant une partie des productions agricoles (Rastoin, Meynard, 2020). Sans exclure un commerce avec les autres pays, en particulier européens, il devient important de construire et de favoriser les systèmes agricoles, circuits courts, usines de transformation et de conditionnement ou les chaines logistiques pour nourrir la population.

2. PROXIMITÉ ET DISTANCIATION SOCIALE

On a beaucoup entendu parler de « distanciation sociale », que l'on a parfois opposée à la distance physique, qui refléterait davantage la dangerosité des relations et des échanges en temps de pandémie. Privilégier le terme de distance physique est une simplification qui fait oublier que derrière les interactions physiques ou les échanges techniques se cachent les relations humaines. Il est vrai que distance ou distanciation sociale, le terme est ambigu et pourrait passer pour un oxymore (Mielczareck, 2020). Pourtant, cette ambivalence est fondamentale. Elle a le mérite d'illustrer les relations entre les animaux sociaux que sont les êtres humains et s'avère à la réflexion bien plus riche que la bête distance physique ou géographique (Torre, 2020).

C'est en 1918, lors de la pandémie de grippe espagnole, que le médecin Max Starkloff a défini puis mis en œuvre le principe de «social distancing», que nous traduisons maintenant par distance ou distanciation sociale. Cette méthode, qui ne fait que reprendre et systématiser des pratiques beaucoup plus anciennes, interdisant notamment les rassemblements de plus de vingt personnes, a été appliquée à diverses reprises dans des cas d'épidémies. Des études menées dans la ville de Sydney estiment qu'elles ont permis de sauver entre 100 000 et 260 000 vies à cette occasion, si bien que l'on en déduit qu'elles jouent un rôle majeur dans la réduction de l'impact de l'épidémie en termes de santé publique (Caley *et al.*, 2007). D'autres travaux suggèrent qu'une distanciation sociale, aussi sévère qu'elle soit, n'est efficace que face à des épidémies pas trop virulentes (Reluga, 2010), et que rien ne remplace l'efficacité de la vaccination dès que le facteur de propagation devient trop important.

Distance ou distanciation sociale, l'expression jette le trouble, au point que le Premier Ministre français Édouard Philippe avait parlé de distanciation spatiale dans sa première allocution le 14 mars 2020 à ce sujet et que le Ministère de la santé évoque parfois la distanciation physique, une confusion qui a le mérite de mettre en évidence toute l'ambivalence des termes. En effet, l'éloignement des êtres humains ainsi prescrit prend à la fois une forme spatiale avec la séparation et la distance préconisée par rapport aux autres, mais aussi une forme sociale puisqu'il empêche les interactions et nous isole de nos proches. La notion de distanciation sociale s'avère ainsi judicieuse, puis qu'elle reflète à la fois la nécessité d'éloignement physique (la distance), et le besoin de contact humain entravé par les différents types de mesures barrières (Torre, 2020).

Maintenant que l'on sait que l'épidémie sera longue, il est nécessaire de prendre ses précautions et de garder les distances quand c'est possible. Nul ne peut dire exactement à quel point l'éloignement physique dans les lieux publics sera un succès, si le port du masque obligatoire en intérieur ou en extérieur se révèlera efficace, ou combien de reconfinements partiels ou complets seront mis en œuvre. Mais l'impact de la pandémie se manifeste jusque dans les aménagements publics permettant de favoriser la distanciation sociale, comme le montre l'essor de l'urbanisme stratégique ou tactique, qui impacte déjà de nombreuses agglomérations urbaines. Le Cerema (Centre d'études et d'expertise sur les risques, l'environnement, la mobilité et l'aménagement) a ainsi élaboré un document qui répertorie différentes manières de réaménager l'espace public (Cerema, 2020). On peut, pour restreindre les contacts, réduire l'étendue des voies automobiles ou les réaffecter partiellement à des pistes cyclables, changer les sens de circulation, mais également installer des plots ou des balises permettant d'isoler et de séparer des files de piétons, en utilisant du matériel de chantier par exemple. Un nouvel aménagement de l'espace se dessine, dans un monde post Covid dont certaines caractéristiques pourraient devenir pérennes.

3. DES PROXIMITÉS QUI INQUIÈTENT ET FRACTURENT

Les proximités inquiètent et s'immiscent dans notre quotidien bouleversé, en particulier par leur relation renouvelée aux échanges numériques et leur tendance à amplifier les inégalités. On évoque ainsi souvent les applications de type «*proximity tracing*» ou « *contact tracing* », qui doivent permettre de repérer les sujets dépistés positifs et les signaler aux personnes se trouvant dans leur proximité géographique immédiate, grâce aux vertus du Bluetooth par exemple. Le développement de ces techniques, fondées ou non sur le volontariat des personnes infectées, pose évidemment des questions juridiques et de libertés individuelles massives (Casilli *et al.*, 2020), ainsi que des problématiques d'intelligence artificielle, de big data ou *de machine learning* (Sportisse, 2020).

Un auteur comme Fraser et son équipe ont ainsi simulé l'utilisation de « *proximity tracing* » dans le cadre d'une ville fictive d'un million d'habitants (Feretti *et al.*, 2020) et estimé que l'utilisation de cette application, fondée sur la proximité géographique, pourrait entraîner une réduction massive de la propagation du coronavirus. Les applications récentes à Singapour montrent toutefois que la composante sociale joue un rôle essentiel non anticipé par ces derniers, avec le refus de très nombreuses personnes de télécharger l'application, qui ne devient efficace que si plus de 60 % de la population en fait usage (Devillard, 2020) et l'obligation qui en a ensuite été faite à la population, largement contre sa volonté.

La proximité devient également un impitoyable révélateur des inégalités et fractures sociales et spatiales. La taille de l'habitation, le nombre de pièces et le nombre de personnes qui les occupent, la disposition d'un jardin ou d'une terrasse, renvoient à une possibilité de distanciation sociale et de vie en commun plus ou moins importantes en fonction des revenus. Il s'avère bien plus dangereux d'imposer le confinement à l'intérieur d'habitations de petite taille pour des familles très nombreuses, qui seront sans doute plus en sécurité et plus en possibilité de s'écarter si elles se trouvent dehors, en particulier en cas de port de masques. Au-delà du risque épidémiologique encouru, l'exiguïté du logement pour une grande famille ou un foyer collectif rend le confinement difficile et les relations sociales complexes, voire heurtées (Bourdeau-Lepage, 2020).

Les proximités sont alors exacerbées et l'espace dont chaque personne dispose se réduit de manière drastique. L'accroissement des violences domestiques et conjugales devient le prix à payer en cas d'interdiction de sortie, et touche de manière logique les quartiers plus défavorisés, dans lesquels le nombre de personnes est bien plus élevé au mètre carré. La peine est ainsi double, à l'image du caractère contrasté de la distanciation sociale : à l'infection physique vient s'ajouter la misère sociale. Le message du confinement a alors du mal à passer, en particulier quand il s'agit d'économies émergentes, dans lesquelles une bonne partie de la population vit d'activités informelles, qui nécessitent des contacts quotidiens, et ne dispose pas d'une épargne ou de revenus suffisants pour pouvoir cesser toute activité pendant une période même assez courte (Birane-Faye, 2020). Sans oublier les habitants des bidonvilles ou des favelas, où le confinement forcé devient celui de tous les dangers, sociaux et économiques.

De la même manière la proximité géographique mortifère s'est imposée aux employés et aux ouvriers des grandes villes, dans les pays développés. Continuant à exercer en première ligne leur activité de soignants, de caissiers, d'éboueurs… contraints à la promiscuité dans les transports en communs raréfiés, les « premiers de corvée » sont exposés au risque de la maladie, alors même qu'en de nombreux endroits ils ne disposent souvent pas des outils les plus simples de la distanciation sociale. On le constate avec les chiffres des décès et des personnes atteintes en Région parisienne, qui s'avèrent bien plus importants dans les territoires de l'Est – populaires, avec une forte concentration de population – , que dans ceux de l'Ouest – ou les activités peuvent se perpétuer ou s'arrêter à l'intérieur des habitations, quand les habitants ne sont pas partis dans des lieux de villégiature plus accueillants.

Dans le même temps, la grande masse des autres, les classes moyennes, expérimente maintenant un changement des conditions de travail qui a renversé l'ordre des proximités, et donne un rôle bien plus important aux proximités organisées vécues à distance. Le télétravail se développe fortement, sur la base de l'utilisation des technologies de l'information et de la communication (TIC), en parallèle avec d'autres modes d'interaction à distance comme la télémédecine ou même une bonne part de l'enseignement. Les modes de fonctionnement antérieurs ne seront pas réactivés, et vont provoquer le plus souvent une hybridation des échanges à distance et de nouvelles formes de co-présence plus rares et choisies.

4. PROXIMITÉS ET PROXÉMIQUE

La proxémique, développée par l'anthropologue culturel Edward Hall (1966) et par Moles et Rohmer (1978), nous permet de comprendre les souffrances provoquées par l'absence de contact physique et social qui en découle et d'appréhender la notion de distanciation sociale et de zone de confort autour de l'individu. Chaque personne possède autour d'elle une surface, sorte de bulle qui constitue une zone émotionnellement forte ou encore un périmètre de sécurité individuel. Sa dimension varie selon les cultures, mais recoupe quatre zones d'ampleur croissante. La distance intime, qui s'accompagne d'une grande implication physique et d'un échange sensoriel élevé, est utilisée pour embrasser, toucher, c'est celle de l'amour. La distance personnelle correspond aux conversations particulières et aux interactions entre amis ou membres d'une même famille. La distance sociale, qui concerne les interactions avec amis et collègues, s'applique particulièrement bien dans le cadre du travail. Enfin, la distance publique s'impose quand on parle à des groupes. Il résulte, de ces différentes distances, l'existence de territoires de l'individu, qui se définissent en fonction du type d'interactions et des relations qu'il pratique et correspondent au territoire de l'animal social qu'est l'être humain. On la constate également dans les sociétés animales, et certaines espèces vont jusqu'à pratiquer la « timidité » des arbres, qui implique un écart entre leurs cimes (Fish *et al.* 2006).

Cette zone de contact se voit évidemment très fortement influencée à la fois par les gestes techniques et la peur du contact provoqués par l'incontestable dimension spatiale de la diffusion de la pandémie. Ainsi, le travail en co-présence, le *coworking*, tel qu'on aime le pratiquer dans les *open spaces*, devient dangereux et inquiétant, alors même que les interactions de face à face, recommandées pour la co-création des connaissances, des idées ou la diffusion des innovations (Feldman, 1994), sont coupées ou rendues impossibles. Une grande partie des avantages de la co-localisation des innovateurs ou des ingénieurs se voit ainsi réduite à néant et l'on doit repenser les aménagements intérieurs des lieux de travail (Zhang *et al.*, 2020). Il en va de même évidemment de tous les laboratoires d'invention comme les *living labs* ou les *fab labs*, qui reposent sur le regroupement de personnes en un même lieu, l'échange de face à face, la manipulation commune d'objets techniques et les interventions conjointes sur un même processus… Ou encore des tiers lieux (Oldenburg, 1991), qui mélangent techniciens et utilisateurs profanes dans l'élaboration de projets partagés. Toutes les vertus bien connues et souvent célébrées du face à face sont jetées à bas en raison de la nécessité de maintenir une distanciation sociale, qui interdit justement les pratiques sociales et leurs effets positifs.

Les approches de la proximité nous ont appris depuis longtemps que la mise à distance des personnes n'a pas uniquement des effets géographiques ou spatiaux, mais qu'elle conduit à une perte des échanges et des repères. Une partie importante des interactions entre êtres humains passe en effet par les attitudes, les expressions faciales, les phéromones, le contact humain, les embrassades, le serrement des mains, la convivialité autour d'un verre ou d'un repas, et ne peut se reproduire qu'imparfaitement à distance. Cet échange à distance et ses limites sont bien connus des sociologues (Urry, 2002). C'est sur cette constatation que repose l'existence des systèmes localisés de production, et les politiques de création de *clusters* ou de technopoles, qui cherchent à favoriser l'échange entre les scientifiques ou les techniciens sur la base de rencontres régulières et répétées. Toutes les politiques locales d'agglomération des activités industrielles ou des innovations sont fondées sur cette hypothèse, de l'approche des districts industriels à la vogue contemporaine des *clusters* à la Porter (1998).

Mais dans ce type de situations, la proximité géographique n'est pas la seule variable importante ; la proximité organisée est également essentielle. Je peux être localisé dans la plus belle technopole du monde, si je ne partage pas de ressources cognitives, affectives, culturelles et organisationnelles avec mes voisins, il ne me servira à rien d'être à une faible distance physique d'eux (Grossetti, Bes, 2001). C'est de la combinaison de ces deux variables – proximité géographique et proximité organisée – que naissent les interactions positives, qu'elles soient économiques ou sociales (Torre, 2009). Leur secret, pour reprendre la célèbre boutade d'Alfred Marshall, n'est pas dans l'air mais bien dans le lien social. Et c'est de là que provient également l'existence des agglomérations urbaines et en particulier des cités. C'est la recherche de proximité géographique qui explique la constitution des villes et des métropoles, associée à la recherche du contact, des interactions de la vie en société, qui relèvent de la proximité organisée (Bourdeau-Lepage, Torre, 2020). De leur combinaison naissent les économies d'agglomération, qui sont des externalités positives dont bénéficie tout habitant et auxquelles il aspire en se localisant dans des zones densément peuplées, même en courant le risque de certaines proximités géographiques non désirées.

5. COMMENT S'ORGANISER : DÉVELOPPER LES PROXIMITÉS ORGANISÉES A DISTANCE

En réponse à la crise, les relations à distance se substituent aux interactions de face à face (Torre, Talbot, 2018). Tout aussi imprégnées de dimensions sociales que ces dernières, elles actent en revanche la séparation des corps et des personnes par le développement d'Internet et des réseaux sociaux et marquent sans doute un tournant important dans la manière de travailler d'une bonne part de la population mondiale, dans les classes moyennes et supérieures en particulier. Grâce au développement des échanges sur Internet, de Zoom ou des réseaux sociaux, ces interactions permettent d'échanger des connaissances et de travailler à distance, en s'abolissant largement des contraintes de proximité géographique, et donc de distance, et de développer des relations virtuelles sans cesse plus intenses et soutenues.

Cette séparation ne se limite pas au cadre du travail. Elle affecte l'ensemble des activités sociales, s'étendant ainsi par capillarité aux différentes strates de la société, qui s'habituent à une communication plus distanciée. Aujourd'hui, elle se développe toujours davantage, modifiant notre vision de la société et notre vie au quotidien. C'est la proximité organisée, d'essence relationnelle et non géographique, qui est avant tout sollicitée. Elle a toujours existé entre les personnes, décrivant la relation avec les gens que l'on aime, les amis, la famille avec qui l'on se sent proche parce que l'on partage les mêmes origines, la même culture, les mêmes manières de voir le monde. Le retour d'une situation plus normale marquera-t-il le retour aux pratiques antérieures ? Sans doute pas. Une bonne partie de ces échanges et des relations de travail dans la sphère des services intellectuels et des prestations va maintenant continuer à se dérouler à distance, l'interaction virtuelle devenant la règle, alors que les proximités géographiques, toujours essentielles, vont devenir plus rares et temporaires, réservées à des moments d'interaction intenses et essentiels, comme l'élaboration de protocoles communs, les premières étapes de connaissance ou la résolution des conflits.

Face à la crise et aux restrictions de contacts qui s'étendent, il devient essentiel de s'organiser et de développer les proximités du même nom, même (et surtout) à distance. Un bon nombre de coopérations et de constructions en commun passeront par ce vecteur, comme c'est déjà le cas. Mais il est encore plus important d'élaborer des coalitions, de construire des oppositions ou des groupes de pression à distance afin de mettre en place les conditions de relations de coordination reposant sur des formes démocratiques de débat et de dialogue. La restriction des contacts physiques ne doit pas conduire à une extinction des oppositions et de la prise de parole. L'exemple des groupes de défenseurs à distance de paysages remarquables ou du non-usage de l'Arctique peut se révéler inspirant à cet égard, au vu de leur composition faite de membres provenant de différents milieux et de territoires parfois très éloignés du lieu concerné et totalement disjoints. La mobilisation des proximités organisées, de tous types, s'avère ainsi un contrepoids essentiel pour combattre les effets délétères des proximités géographiques.

CONCLUSION : FAIRE SOCIÉTÉ A DISTANCE ?

Quelle histoire ! Alors que la proximité géographique était censée devenir contingente, secondaire, et signer ainsi la mort de la distance (Cairncross, 1997), la voilà qui fait une réapparition remarquée, et pose de redoutables questions. Elle se révèle même tellement dangereuse qu'on doit tenter d'éviter ou de réduire au maximum les contacts humains. Mais une telle situation est-elle durable ? Pouvons-nous abdiquer notre proximité géographique et nous tenir soigneusement à distance, à l'exception des activités les plus urgentes ? Le supporterons-nous d'un point de vue psychique et physiologique ? Le développement des syndromes et des maladies psychologiques en temps de confinement ne laisse pas d'inquiéter mais est-il à relier à cette absence de lien social ?

De quoi allons-nous être privés ? Est-il possible d'échanger uniquement par l'intermédiaire des réseaux sociaux ? La société peut-elle se diviser entre ceux qui sortent travailler au péril de leur vie et ceux qui restent enfermés en télétravaillant depuis leur domicile ? Et surtout, faisons-nous encore société en étant proches à distance, au bout des réseaux sociaux, des terminaux, des masques ou des gestes barrières ?

Certainement pas : le tenter nous ferait encourir de graves risques psychologiques, et mettrait également à mal nos relations sociales. Il est tout à fait possible de s'appuyer sur les ressources de la proximité organisée pour fonctionner à distance et survivre en temps de pandémie, même pendant un temps long mais nous sommes des animaux sociaux, qui ont aussi besoin de sentir, de toucher et d'embrasser.

Par ailleurs, il est clair que le retour à l'alimentation et aux préoccupations agricoles implique un accroissement des relations de proximité géographique dans la production, au détriment des chaînes de valeur globalisées. Mais les achats en ligne ou la disposition des produits alimentaires dans des *drive* spécialisés vont maintenir et développer l'importance des relations à distance. Une fois de plus, les deux proximités s'avèrent indissociablement unies pour contribuer à la réussite de nos relations sociales, au développement de notre économie et au maintien de notre souveraineté, ainsi qu'à l'art de faire société.

Rappel : les proximités, de quoi parle-t-on ?

On distingue deux grandes catégories de proximités, géographique et organisée.

La proximité géographique traduit la distance kilométrique entre deux entités (individus, organisations, villes...), pondérée par le coût temporel et monétaire de son franchissement. Elle est de type binaire : il existe d'infinies graduations (plus ou moins loin ou plus ou moins près d'une personne, d'un lieu ou d'une institution) mais l'examen de la proximité géographique a *in fine* pour objet de savoir si on est « loin de » ou « près de ». Elle est ensuite doublement relative. Primo, la distance géographique, qui fonde le partage entre proximité et éloignement, est relative aux moyens de transport et à la topologie des lieux. On pondère la distance kilométrique par le temps et/ou le coût de transport. Secundo, la proximité n'est pas qu'une donnée objective. Elle procède en dernier ressort d'un jugement porté par les individus ou les groupes sur la nature de la distance géographique qui les sépare, pour les réduire à l'énoncé selon lequel on se trouve près ou loin de. Cette perception est variable selon l'âge, le groupe social, le sexe, la profession.

La proximité géographique peut être permanente : il s'agit de la localisation à proximité. Elle est temporaire dans le cas de rencontres ponctuelles entre acteurs, par exemple le temps d'une foire, d'un congrès, ou d'un déplacement professionnel. L'espace compte toujours, dans ce cas, mais d'une manière renouvelée, qui est celle de la rencontre. La proximité géographique temporaire correspond ainsi à la possibilité de satisfaire le besoin de contacts de face à face grâce au déplacement des acteurs entre différentes localisations. La durée de ces moments de proximité géographique peut varier mais ils sont toujours limités dans le temps.

La proximité organisée n'est pas d'essence géographique mais relationnelle, et correspond à la capacité qu'offre une organisation de faire interagir ses membres. L'organisation facilite les interactions en son sein, en tous cas les rend a priori plus faciles qu'avec des unités situées à l'extérieur de l'organisation. Ces relations permettent d'échanger des connaissances et de travailler à distance, en s'abolissant largement des contraintes de proximité géographique, et donc de distance, en particulier grâce au développement des technologies d'information et de la communication comme internet, ou les réseaux sociaux. Deux raisons majeures expliquent cette possibilité d'interaction.

D'une part, l'appartenance à une organisation se traduit par l'existence d'interactions entre ses membres, au sein du même graphe de relations, ou encore du même réseau. C'est ce que l'on nomme la logique d'appartenance : deux membres d'une organisation sont proches l'un de l'autre parce qu'ils interagissent et que leurs interactions sont facilitées par les règles ou routines de comportement (explicites ou tacites) qu'ils suivent. Il va s'agir de personnes appartenant à la même entreprise, à un réseau professionnel, ou encore au même club de tennis par exemple.

D'autre part, les membres d'une organisation peuvent partager un même système de représentations, ou ensemble de croyances, et les mêmes savoirs. C'est ce que l'on appelle la logique de similitude. Deux individus sont dits proches parce qu'ils « se ressemblent », i.e. partagent un même système de représentations, ce qui facilite leur capacité à interagir. Elle correspond à l'adhésion mentale à des catégories communes, à une faible distance cognitive ; il peut s'agir de personnes qui se reconnaissent dans des projets partagés, ou qui partagent des valeurs communes en termes de culture, de religion... qui proviennent de la même origine (diasporas) ou appartiennent au même groupe d'anciens élèves d'une grande École…

BIBLIOGRAPHIE

BIRANE FAYE, S.L. (2020), La distanciation sociale au Sénégal, un remède au Covid-19 qui a du mal à passer, *The Conversation*, 29 Mars, https://theconversation.com/la-distanciation-sociale-au-senegal-un-remede-au-covid-19-qui-a-du-mal-a-passer-134810

BOURDEAU-LEPAGE, L. (2020), *Le confinement et ses effets sur le quotidien, Premiers résultats bruts des 2e & 3e semaines de confinement en France*, EVS, Université Lyon 3.

BOURDEAU-LEPAGE, L., TORRE, A. (2020), Proximity and agglomeration, two understanding keys of city, *in* Glaeser, E., Kourtit, K., Nijkamp, P. (eds.), *Urban Empires, Cities as Global Rulers in the New Urban World*, Routledge.

CAIRNCROSS, F. (1997), *The Death of Distance: How the Communications Revolution Will Change Our Lives*, Boston (Mass.), Harvard Business School Press.

CALEY, P., PHILP, D.J., MCCRACKEN, K. (2007), Quantifying social distancing arising from pandemic influenza, *Journal of the Royal Society Interface*, October, https://doi.org/10.1098/rsif.2007.1197

CASILLI, A., DEHAYE, P.O., SOUFRON, J.B. (2020), StopCovid est un projet désastreux piloté par des apprentis sorciers, *Le Monde*, 25 Avril.

CEREMA, 2020, *Aménagements cyclables temporaires et confinement: quelles opportunités ?* Avril, https://www.cerema.fr/fr/actualites/amenagements-cyclables-temporaires-confinement-quelles

DEVILLARD, A. (2020), A Singapour, l'échec d'une application mobile de distanciation sociale, *Sciences et Avenir*, Avril,

https://www.sciencesetavenir.fr/sante/e-sante/a-singapour-l-echec-d-une-application-mobile-de-distance-sociale_143778
FELDMAN, M.P. (1994), *The Geography of Innovation*, Dordrecht, Kluwer Academic Publishers.
FERRETTI, L., WYMANT, C., KENDALL, M., ZHAO, L., NURTAY, A., ABELER-DÖRNER, L., PARKER, M., BONSALL, D., FRASER, C. (2020), Quantifying SARS-CoV-2 transmission suggests epidemic control with digital contact tracing, *Science*, DOI: 10.1126/science.abb6936
FISH, H., LIEFFERS, V.J., SILINS, U., HALL, R.J. (2006), Crown shyness in lodgepole pine stands of varying stand height, density, and site index in the upper foothills of Alberta, *Canadian Journal of Forest Research*, 36, 9, 2104-2111.
GROSSETTI, M., BES, M.P. (2001), Encastrements et découplages dans les relations science-industrie ; *Revue française de sociologie*, 327-355.
HALL, E.T. (1966), *The Hidden Dimension*, Anchor Books.
MAGSI, H., TORRE, A. (2014), Proximity analysis of inefficient practices and socio-spatial negligence: Evidence, evaluations and recommendations drawn from the construction of Chotiari reservoir in Pakistan, *Land Use Policy*, 36, 567-576.
MIELCZARECK, E. (2020), Pourquoi l'expression « distanciation sociale » vous gêne, *Revue Politique et Parlementaire*, 8 Avril (on line).
MOLES, A., ROHMER, E. (1978), *Psychologie de l'espace*, Tournai, Casterman.
OLDENBURG, R. (1991), *The Great Good Place*, New York, Marlowe & Company.
PORTER, M.E. (1998), Clusters and the new economics of competition, *Harvard Business Review*, 76, 6, 77.
RASTOIN, J.L., MEYNARD, J.M. (2020), L'urgence de systèmes alimentaires territorialisés, *The Conversation*, 21 avril. https://theconversation.com/lurgence-de-systemes-alimentaires-territorialises-136445
RELUGA, T.C. (2010), Game Theory of Social Distancing in Response to an Epidemic, *PLoS Computational Biology*, May, 6(5), http://doi.org/10.1371/journal.pcbi.1000793
SPORTISSE, B. (2020), « Contact tracing»: quelques éléments pour mieux comprendre les enjeux, https://www.inria.fr/fr/contact-tracing-bruno-sportisse-pdg-dinria-donne-quelques-elements-pour-mieux-comprendre-les-enjeux
TORRE, A. (2020), Éloge de la distanciation sociale, *Carnets de l'EHESS, Perspectives sur le Coronavirus*, Mai.
TORRE, A. (2009), Retour sur la notion de proximité géographique, *Géographie, Économie, Société*, 11, 1, 63-74.
TORRE, A., TALBOT, D. (2018), Proximités : retour sur 25 années d'analyse, *Revue d'Économie Régionale et Urbaine*, 5-6, 917-936.

URRY, J. (2002), Mobility and Proximity, *Sociology*, 36, 2, 255-274.
ZHANG, Y., SU, X., CHEN, W., FEI, C.N., GUO, L.R., WU, X.L., ZHOU, N., GUO, Y.T., DONG, X.C., ZHAO, Y., WANG, H.W., PAN, Y., ZUO, L.J. (2020), Epidemiological investigation on a cluster epidemic of COVID-19 in a collective workplace in Tianjin, *Zhonghua Liuxingbingxue Zazhi*, 41, 5, 649-653. DOI: 10.3760/cma.j.cn112338-20200219-00121.

ANNEXE

Une possible annexe pour tenir compte de la remarque de l'un des rapporteurs et qui permettrait de différencier l'article de la note de l'EHESS

Tableau 1. Classement des 25 départements français les plus touchés (nombre de morts cumulés dus au coronavirus) – 7 derniers jours

N°	Département	Décès > 11/08	Décès > 12/08	Décès > 13/08	Décès > 14/08	Décès > 15/08	Décès > 16/08	Décès > 17/08
75	Paris	1 790	1 792	1 793	1 793	1 793	1 793	**1794**
94	Val-de-Marne	1 216	1 217	1 217	1 217	1 217	1 217	**1 218**
92	Hauts-de-Seine	1 096	1 096	1 096	1 098	1 099	1 099	**1 100**
93	Seine-Saint-Denis	1 013	1 014	1 015	1 015	1 015	1 015	**1 015**
57	Moselle	847	848	851	851	851	851	**851**
68	Haut-Rhin	825	826	826	826	827	827	**827**
95	Val-d'Oise	721	722	722	723	723	723	**724**
77	Seine-et-Marne	707	708	708	708	708	708	**710**
59	Nord	670	670	671	672	672	672	**673**
67	Bas-Rhin	672	672	672	672	672	672	**672**
69	Rhône	664	665	665	665	666	666	**667**
13	Bouches-du-Rhône	570	569	569	571	570	570	**571**
91	Essonne	539	539	539	539	539	539	**539**
78	Yvelines	529	532	534	534	534	534	**536**
60	Oise	419	419	419	419	419	419	**419**
54	Meurthe-et-Moselle	362	362	362	364	364	364	**364**
62	Pas-de-Calais	322	322	322	322	322	322	**322**
02	Aisne	281	281	282	283	284	284	**284**
51	Marne	269	269	269	269	269	269	**269**
88	Vosges	266	266	266	266	266	266	**266**
21	Côte-d'Or	251	251	251	251	251	251	**251**
42	Loire	248	248	248	248	248	248	**248**
80	Somme	233	233	233	233	233	233	**233**
71	Saône-et-Loire	201	201	201	201	201	201	**201**
90	Territoire de Belfort	200	200	200	200	200	200	**200**

Source :
https://www.coronavirus-statistiques.com/stats-globale/coronavirus-nombre-de-morts-par-departement/

LE MASQUE, FIGURE POLAIRE DE LA CRISE DE LA COVID-19 : UNE EXPLORATION PAR NLP DU FLUX DES CONVERSATIONS *TWITTER* (FEVRIER - MAI 2020)

Sophie BALECH
Université Picardie Jules Verne
sophie.balech@u-picardie.fr
Michel CALCIU
Université de Lille
mihai.calciu@univ-lille.fr
Julien MONNOT
Université Paris Nanterre
jmonnot52@gmail.com
Christophe BENAVENT
Université Paris Dauphine
Christophe.benavent@dauphine.psl.eu

RÉSUMÉ

La pandémie de Covid-19 qui frappe la planète propose un cas d'étude spectaculaire de management du désastre. Dans cette littérature, le paradigme participatif est fondamental : l'atténuation de l'impact de la catastrophe, la qualité de la préparation et la résilience de la société, facilitent la reconstruction, mais dépendent de la participation des populations. Pouvoir observer et mesurer l'état de santé mentale des populations (anxiété, confiance, espoirs, ...), identifier les points de controverse et le contenu du discours, restent des nécessités pour accompagner les mesures destinées à encourager cette participation. Les médias sociaux, et en particulier *Twitter*, offrent des ressources précieuses pour explorer ce discours. Le résultat principal repose sur l'identification du caractère central de la figure du masque et vise à établir l'importance du phénomène. Nous le montrons de manière quantitative, et en explorons le concept par les méthodes de NLP. La toile de fond est un changement majeur d'appréhension de la crise. Si, en début de cycle, elle est perçue de manière exotique, elle devient ensuite endémique au corps social. Nous exploitons ici une base de 2,1 millions de *tweets* extraits d'un corpus de 110 millions, élaborés par une équipe internationale de science de l'information et portant sur les variantes des #Covid-19, #coronavirus, etc. : le *Covid-19 Twitter data set.*

Mots-clés : Covid-19, Gestion des catastrophe, TAL, STM, réseaux sémantiques, Médias sociaux, Gestion de crise, mesure de l'opinion, masque.

ABSTRACT

The mask as a polar figure of the Covid-19 crisis: an NLP exploration of the Twitter conversation stream (February - May 2020).

The Covid-19 pandemic that has hit the planet offers a spectacular case study in disaster management. In this literature, the participatory paradigm is fundamental: the mitigation of the impact of the disaster, the quality of the preparation and the resilience of the society, facilitate reconstruction, but depend on the participation of populations. Being able to observe and measure the mental health of populations (anxiety, confidence, hopes, etc.), identifying points of controversy and the content of the discourse, remain necessary to accompany measures to encourage this participation. Social media, and in particular Twitter, offer valuable resources for exploring this discourse. The main result is based on the identification of the centrality of the mask figure and aims to establish the importance of the phenomenon. We show this quantitatively, and explore the concept using NLP methods. The background is a major change in the understanding of the crisis. If, at the beginning of the cycle, it is perceived in an exotic way, it then becomes endemic to the social body. We exploit here a database of 2.1 million *tweets* extracted from a corpus of 110 million, elaborated by an international information science team and dealing with the variants of #Covid-19, #coronavirus, etc: the *Covid-19 Twitter data set.*

Keywords:. Covid-19, Disaster management, NLP, STM, semantic networks, Social media, Crisis management.
JEL Codes : I12, H12, C55

INTRODUCTION

L'apport majeur de la discipline du management du désastre (Havid□□án Rodríguez, Quarantelli, Dynes, 2007) pointe que la capacité d'y faire face dépend fortement de la participation des populations. Qu'il s'agisse d'atténuer les conséquences immédiates de la catastrophe, de préparer les populations aux répliques, de favoriser la résilience et d'accélérer la reconstruction, on peut difficilement faire sans ceux qui en sont frappés. L'épisode de pandémie de la Covid-19 en illustre l'importance. Sans l'adoption scrupuleuse de la distance sociale, il est difficile de contenir l'épidémie : les pays qui ont réussi à casser la (première) vague l'ont fait au prix d'un confinement plus ou moins strict. Dans les mois et sans doute, les quelques années qui viennent, dans l'attente d'un traitement et de la vaccination, compte tenu des risques de reconfinement, la capacité à maintenir une distance entre les sujets biologiques[1] par l'observance des gestes barrières, est un enjeu essentiel, ainsi que le traçage le plus immédiat des *clusters* pour isoler ceux qui peuvent contaminer les autres.

La participation des populations est nécessaire, et pour l'obtenir, il est sans doute utile d'écouter ce qu'elle pense, de comprendre comment le discours se construit. C'est le rôle traditionnel des enquêtes d'opinion que les méthodes modernes de "*social listening*" complètent aujourd'hui en apportant de nouveaux matériaux provenant des médias sociaux. Grâce au processus de documentation immédiate dont cette crise fait l'objet (données épidémiologiques, publications scientifiques sur le virus et les traitements, observatoires ou baromètres des instituts d'études), les données sont très largement disponibles pour tenter d'appréhender la manière dont les populations construisent leur(s) rapport(s) à l'épidémie ainsi qu'à son atténuation.

Cette étude participe à ce mouvement de « science immédiate », puisque les données exploitées couvrent la période de février à mai 2020, soit la totalité de la période du premier confinement en France. L'approche est largement descriptive et longitudinale, elle vise essentiellement à historiser une microhistoire, reconstruire le narratif par l'analyse des contenus de tweets, en traitant par des outils NLP (sentiment, annotations, POS, dépendance syntaxique) un corpus de 566 000 *posts* répartis sur une

1 Par sujets biologiques, on entend les corps. Malencontreusement le terme de distance sociale a été retenu, son alternative est celle de la distance physique. Il vaudrait mieux parler de distance biologique, celle établie entre les corps et suffisante pour éviter la contamination. Elle n'est pas forcément physique (au sens de géométrique) et peut être instaurée par des filtres. Les masques en sont un exemple. Elle n'implique pas forcément que les relations sociales soient annulées, même si elles peuvent être affectées. Naturellement, les sujets biologiques sont contrôlés par les sujets sociaux : nos intentions guident les corps, ils peuvent être aussi l'objet de discipline.

période de 22 semaines, que complète une analyse des données d'une enquête qui porte sur l'observance des gestes barrières en France.

C'est donc sur la question de l'adoption des gestes barrières (atténuation) et de la compliance aux recommandations et obligations que l'analyse va se centrer, et en particulier sur ce qui semble devenir au moins le symbole de la pandémie et de ses conséquences sociales et économiques : le masque. Quelle est la place du masque dans la stratégie d'atténuation mise en œuvre ?

Le résultat empirique montre sa position centrale dans le flux de *Twitter*, d'une part, ainsi que sa montée progressive au cours de la période étudiée, de l'autre. On en observe les variations sémantiques au cours du temps qui font d'un objet fonctionnel, la figure centrale du discours produit par les médias sociaux : une figure polaire, qui condense le matériel et le symbolique.

Pour défendre cette thèse, nous commencerons d'abord à dessiner un cadre d'analyse qui s'inscrit dans la perspective d'une discipline de la gestion née dans le drame de la guerre et dans l'expérience des catastrophes naturelles, et emprunte à l'anthropologie de la technique l'idée que, dans les conventions matérielles qui nous permettent de mettre en œuvre les moyens de nous protéger, les objets du quotidien offrent moins une capacité technique (le degré de filtrage pour un masque), qu'une activité commune qui tisse et coordonne l'effort d'atténuation de l'épidémie. Le caractère concret du masque et son ambivalence en font l'objet nécessaire pour que des mondes sociaux aussi différents que les épidémiologistes et les citoyens, puissent disposer d'un artefact qui leur permet de répondre à ce qui semble être moins une maladie biologique – en ce qu'elle menace la vie et les populations – qu'une maladie sociale qui conduit à reconsidérer toutes les modalités de la vie quotidienne. Le masque serait ainsi ce par quoi les relations sociales se redéfinissent, et qui, tout en nous isolant, nous rapproche d'une réalité partagée.

1. LE CADRE D'ANALYSE : QUELQUES ÉLÉMENTS DE « *DISASTER MANAGEMENT* »

Si la catastrophe semble être singulière pour ceux qui la vivent, elle est au cours des années et à travers la planète, un phénomène finalement ordinaire : tempêtes et ouragans, séismes, inondations, accidents industriel et, naturellement, les épidémies en sont quelques-unes des manifestations, à chaque fois unique par leur sévérité et leurs conséquences matérielles. Les catastrophes ne sont qu'une variété d'une catégorie plus générale d'événements, les crises, qui constituent un environnement particulier de décision avec les travaux pionniers de Ian Mittrof (Mitroff, 1986).

Quelle différence entre le désastre et la catastrophe ? On pourrait la caractériser par l'ampleur, mais les spécialistes de la question ont noté qu'elle était d'une certaine manière qualitative : alors que dans les deux cas, la réponse des populations ne cède jamais à la panique et tend vers les bons gestes, à des échelles d'organisation plus élevées, la réponse est différenciée. Dans les désastres, la réponse institutionnelle est rapide et ajustée, car planifiée ; dans les catastrophes, elle souffre de lenteur et de ce qu'on pourrait appeler de stupeur organisationnelle, celle qui se produit car la réaction est inhibée par la nécessité de la préservation des routines (Perry, 2007).

Une autre approche, qui a notre préférence, permet de déjouer les difficultés de la typologie en faisant de la catastrophe ce qui désigne le phénomène, du désastre, ses conséquences directes sur les personnes affectées, et de la crise comme situation de déséquilibre et d'incertitude. Cette distinction permet de rendre compte de l'épidémie du coronavirus : la catastrophe, c'est une pandémie, envisagée, mais non prévue, qui se caractérise par une grande vitesse de propagation, qui se joue de nos systèmes de transports, dont les conséquences pèsent lourdement sur les systèmes de santé même si pour le plus grand nombre elle est invisible ; le désastre, c'est le cumul de ces dégâts et de ceux engendrés par l'obligation de faire face. Les confinements, les restrictions de déplacements, la dégradation des interactions sociales ont brutalement réduit l'activité économique et l'empêchent de retrouver pleinement son rythme antérieur. Si la catastrophe est sanitaire, le désastre est largement économique, c'est certainement là, la singularité de cet épisode. Quant à la crise de la prise de décision, elle relève autant de l'incertitude relative au virus et à la maladie, qu'aux facteurs organisationnels.

C'est à la frontière de plusieurs disciplines, avec l'expérience d'instituts comme la Croix Rouge et la sécurité civile, la médecine d'urgences, la médecine de guerre, la gestion du risque, que s'est développée une discipline : le « *disaster management* » dont l'ouvrage de Havid□□án, Rodríguez, Quarantelli, Dynes (2007) est devenu un classique. En 2005, l'*Epidemiologic Reviews* publiait un numéro spécial d'état de l'art de la discipline (Noji, 2005), soulignant l'accroissement de la complexité, et rappelant que l'on ne sort jamais de la crise de manière immédiate.

1.1. Préparation, atténuation, et reconstruction

Dans cette littérature trois concepts sont clés et nécessaires à tous les stades du désastre (cf. tableau 1) : le premier est l'état de préparation aux conséquences du phénomène et à ses répliques, le second concerne celui de l'atténuation de ces conséquences qui nécessite la participation des populations, le troisième est lui relatif à la capacité qu'a chacun de rebondir et de s'engager dans la voie de la reconstruction : la résilience.

Tableau 1. Les 3 concepts clés du « disaster management »

L'état de préparation : une dynamique qui conduit à mieux faire face à la suite (Kunz, Reiner, Gold, 2014)	*Matériel :* qualité ex ante qui s'obtient par l'entraînement et la capacité à disposer des équipements nécessaires ; *Organisationnel :* existence de stratégies, de plans d'action, mais aussi les mesures prises pour assurer une meilleure réponse aux effets prolongés.
La participation à l'atténuation : multiscalaire, qui va des populations aux communautés qui les animent et qui en sont le levier principal (Horney *et al.* 2016), (Witvorapong, Muttarak, Pothisiri, 2015)	*Réduire les vulnérabilités :* pauvreté, promiscuité, déscolarisation ; *Renforcer le capital social :* l'engagement civique, la solidarité du voisinage, la confiance sociale, le bénévolat.
La capacité de rebond ou résilience : processus dynamique d'adaptation réussie, réponse à des événements stressants, sur un plan individuel (Reich, Zautra, Hall, 2010)	*Récupération de l'état initial :* rapidité des capacités d'action, repose sur les compétences et équipements matériels des individus ; *Restauration durable d'un état d'équilibre.*

La conception moderne du management du désastre, en mettant l'accent sur la participation des populations, interroge les facteurs qui l'encouragent ou la réfrènent. Les ressources matérielles, cognitives et organisationnelles sont évidentes, l'entraînement et la préparation sont déterminants, mais *in fine*, c'est sans doute la santé mentale des populations et leur niveau d'engagement et de participation qui font la différence.

1.2. Un cycle de vie du désastre

Il semble qu'un cycle de vie anime la dynamique de la santé mentale pendant les catastrophes. Le modèle de Zunin et Myers est souvent cité (cf. figure 1), il suppose une succession de plusieurs phases.

Figure 1. Le cycle de vie du désastre (Zunin & Myers, cité par Malinen *et al.*, 2019)

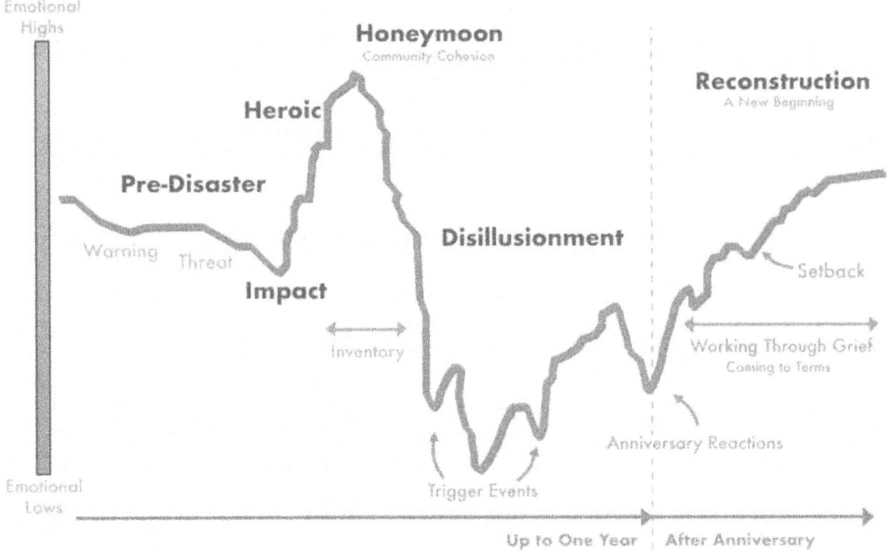

La première est la phase de **l'impact** qui s'accompagne de stupéfaction, d'autant plus que ce dernier est brutal. Cette phase dure le temps que des catégories de pensée communes surgissent pour comprendre, donner un sens à l'événement et orienter les décisions. Une deuxième phase, **« héroïque »**, dure peu de temps et se caractérise par de fortes réactions émotionnelles mais peu productives pour faire face à la catastrophe. La troisième, qualifiée de **« lune de miel »**, débute lorsque les forces de lutte sont en place, qu'une stratégie d'atténuation est engagée, et qu'apparaît une réorganisation dans laquelle chacun trouve une sorte d'apaisement. La quatrième séquence est celle des **désillusions** qui se prolonge d'autant que la phase de reconstruction n'est pas encore en vue. Elle évolue en fonction des événements, passant par la désespérance (quand la circulation du virus s'accélère) et des lueurs d'espoirs (quand des annonces de vaccin et de tests sont proclamées). La dernière et ultime phase est celle de la **reconstruction** à moins qu'une réplique vienne à nouveau enclencher le cycle, aux conditions différentes, en fonction du degré de préparation qui aura été acquis précédemment.

Même s'il ne semble pas que ce modèle ait été testé empiriquement, et que le concept de santé mentale y soit mal défini, il garde une valeur heuristique pour autant que l'on adopte une perspective de la notion de santé mentale précise. Celle de l'OMS est peut-être perfectible (Galderisi *et al.*, 2015) mais présente au moins l'avantage de ne pas se définir par l'absence de maladie : « *un état de bien-être dans lequel l'individu réalise ses propres capacités, peut faire face aux stress normaux de la vie, peut travailler de manière productive et fructueuse, et est capable d'apporter une contribution à sa communauté* ». Cette définition implique aussi qu'un stress extraordinaire affecte sérieusement la santé mentale et affaiblit la participation. C'est ce qui a été observé à large échelle lors du tremblement de terre du 11 mars 2011 au Japon (Matsuyama *et al.*, 2016).

1.3. Les stratégies d'atténuation : confiner, tester, mettre à distance

Le tableau 2 reprend l'ensemble des stratégies que les milieux médicaux et sanitaires définissent et encouragent pour lutter contre l'épidémie :

Tableau 2. Les stratégies de lutte contre la Covid-19

Pister et isoler	Faire un maximum de test, identifier et mettre en quarantaine les exposés, éradiquer les super-propagateurs.
Mettre à distance	La doctrine de la distanciation sociale, nécessite une participation très importante de la population.
Les artefacts « barrières sociales"	Les objets de protection, dont l'efficacité dépend de leur bon usage (masque, gel, gants, hygiaphone…).
Le confinement	Strict et généralisé ou plus ou moins limité (couvre-feu), a un coût économique et social important.
L'immunisation collective	Encadrer la circulation du virus pour protéger la population - Vacciner.

Ces règles ont été produites dans une interaction des ministères et du conseil scientifique, mais aussi dans le « feu de l'action », trop tardives sans doute car si les choix décisifs se sont dessinés le 11-12 mars 2020, l'Italie était déjà en crise sévère depuis une semaine. La sidération a été collective, saisissant dans la stupeur les dirigeants, les experts et les citoyens. Ainsi, la légitimité de ces règles est indiscutable mais leur autorité est limitée. Plus que jamais, l'enjeu de la puissance publique réside dans le dilemme de l'obligation et de la participation.

1.4. Un objet singulier dans les stratégies d'atténuation : le masque

Le masque est un objet qui fait partie de la panoplie des gestes barrières. Sa particularité est que s'il est une des pratiques d'atténuation les moins observées au début du confinement, c'est pourtant celle qui s'est le plus généralisée. Le masque est aussi l'objet de polémiques multiples (au sujet de son absence, de son efficacité, de son prix, de sa disponibilité ou encore de son obligation) le constituant d'emblée comme controverse. C'est également un marché qu'un rapide calcul nous amène à chiffrer autour de 250 millions d'euros par mois.

Voilà qui suffirait à justifier l'objet de notre investigation, si ne venaient s'ajouter d'autres dimensions et une complexité de l'objet, masquée par son apparente simplicité. C'est pourquoi nous lui accorderons une importance particulière dans l'étude empirique du discours produit au sein des réseaux sociaux. Il convient cependant d'en faire une analyse indépendante de ce discours.

Phénoménologiquement, le masque est un **objet matériel ambivalent** : fonctionnellement, il est, dans l'usage chirurgical, destiné à protéger les autres plutôt que soi de la morsure de l'infection ; il est aussi – et c'est le mouvement le plus naturel – le moyen pour que chacun puisse se protéger des exhalaisons des autres. Dans son évaluation, les deux conceptions pèsent des poids variables, d'autant plus que l'efficacité réelle est peu connue (au niveau de l'objet) et que son efficacité épidémiologique varie largement en fonction du caractère approprié de son usage (Stutt *et al.* 2020). À l'ambivalence de la fonction s'ajoute donc une ambiguïté de performance. Les nouvelles données scientifiques justifient le revirement de doctrine et l'on constate partout dans le monde la généralisation de son port, volontaire ou imposé, et parfois contesté.

Le masque est aussi un **objet concret**. Il peut être en papier (technologie du jetable) ou en tissu (artisanal ou industriel) et si le jetable l'a emporté dans la pratique médicale dès les années 1960, l'histoire rappelle qu'il a d'abord été en gaze (Matuschek *et al.*, 2020). La matière peut avoir une importance de confort, d'efficacité à filtrer, mais aussi se prêter à la personnalisation. Le concret se traduit aussi par les manières de le porter : bien appliqué, sous le nez, sous le menton, enfilé au poignet, on en voit peu sur le front. Il fait l'objet d'une esthétique, et se prête à l'ostentation, c'est un nouvel article de mode, qui hésite entre l'accessoire et le sous-vêtement. De ce point de vue, il est une nouvelle expérience de consommation et un budget certain pour les ménages.

L'ambivalence est aussi **symbolique**. Le masque protège, mais son port est en lui-même un signal, qui marque le degré de participation à l'effort d'atténuation. S'il cache le visage, c'est pour maintenir l'interaction sociale, c'est une nouvelle frontière dont l'ambiguïté est de séparer pour maintenir la circulation et les réunions.

C'est par-dessus tout un **objet social**, dont une réglementation négociée, depuis le début de l'épidémie, règle autant ses modes de production par des normes techniques que son usage par des mesures différenciées d'obligation, ce qui lui confère une existence au-delà de son utilité individuelle et collective. Au-delà de la norme, en son sens juridique, le masque se trouve au cœur de toutes les interactions sociales, et de la redéfinition des protocoles d'interactions interpersonnelles au travail, à l'école, dans les transports, les commerces et la sphère des relations privées.

C'est enfin un objet **historique**. Au tournant de mars 2020, quand le confinement a été imposé à pas accélérés, en dépit des élections municipales, que l'impact de l'épidémie ne s'était pas encore produit, la polémique du masque a brutalement surgi, d'autant plus que la pénurie a frappé les soignants. Il serait erroné de conclure à un état d'impréparation, l'histoire du masque et de son stock se noue dans les premières alertes épidémiques de 2005 et 2009, et se développe dans l'interaction de la production scientifique qui se penche sur son efficacité, de la doctrine des décideurs et des glissements organisationnels et administratifs de la gestion du stock stratégique (Steyer, 2020).

1.5. Le masque comme objet-frontière

La première manière d'approcher le masque est celle d'objet intermédiaire et la notion proche d'objet frontière. Le concept d'objet intermédiaire s'est développé dans un cadre de sociologie des sciences où, dans un esprit latourien, les objets matériels participent à la vie sociale, en s'appuyant sur un double processus de représentation et de traduction, dans la mesure où l'objet ne véhicule pas seulement l'intention des acteurs, mais transforme les intentions et produit autre chose que ce qui était anticipé (Vinck, 2009). Il est à la fois le médiateur et le cadre de l'action.

Le concept d'objet frontière est proposé dans un esprit très proche par Star & Griesemer (1989) qui les définissent comme les éléments qui assurent la coordination entre des mondes sociaux différents. De tels objets sont caractérisés par leur flexibilité interprétative, ils supportent des définitions, des connaissances, des conceptions multiples, sans consensus préalable, tout en les articulant. Ils se caractérisent aussi par une organisation et une certaine échelle d'action. Quand ces objets acquièrent une valeur de standard, ils se transforment en infrastructures (Leigh Star, 2010). L'objet frontière a une "*visée analytique originale à savoir le fait que certains objets, ou configurations, voire organisations, matérialisent et transportent dans l'interaction une infrastructure invisible faite de standards, de catégories, de classifications et de conventions propres à un ou plusieurs mondes sociaux.*" (Trompette,Vinck, 2009).

Faire l'hypothèse que le masque est un de ces objets, offre une grille de lecture intéressante, dans la mesure où, effectivement, il est le moyen d'associer des mondes sociaux bien différents : les scientifiques, les médecins, le monde politique (et en particulier celui des municipalités), les commerçants, les citoyens, en permettant à chacun d'eux de construire un discours pour orienter ses actions. La flexibilité interprétative est d'ailleurs maximale, chacun y apportant ses croyances, ses savoirs, ses représentations et, en dépit de l'incommensurabilité des connaissances, il permet une coordination. Le masque se retrouve aussi dans le langage que l'on emploie, dans les images produites sur les murs, les rituels de salutations, bref il devient un moyen par lequel on s'entend pour agir de concert.

1.6. Le rituel et le fétiche

Une autre manière d'appréhender le masque est sous l'idée du fétiche qui nous offre une meilleure conceptualisation d'un a) objet matériel, b) pourvu de puissance sociale, sans que sa légitimité soit rationnelle, c) transitionnel et, d) qui concrétise pour permettre l'action. Le fétiche est ce qui s'impose à tous et avec ce que chacun transige.

L'anthropologie de Lemmonier s'intéresse aux objets, tambours, barrières ou pièges à anguille et au motif périssologique, pléonastique, répétitif du rituel (Lemonnier, 2012). Elle observe que l'objet est plus grand, plus travaillé, plus ouvragé que n'en réclame sa fonction. C'est qu'il est investi des forces sociales, de ses mythes et ses catégories, d'un travail conjoint dont le produit n'est pas que l'objet mais le tissage des relations par l'activité commune et l'incorporation dans la forme de l'objet des récits communs. La frontière entre technique et rituel s'estompe. Nous retrouvons là finalement une pensée assez proche de celle de Gilbert Simondon (Simondon, Simondon, 2012).

Dans cette perspective, une anthropologie du masque viserait à rechercher les éléments de récits qui s'y attachent, les pratiques communes qui renouent les liens sociaux en dépit de la distance biologique qui rompt le lien habituel en instaurant des écrans (masque, hygiaphone, gants, gel) ou en accroissant la distance entre les corps. La périssologie est celle de se frotter les mains avec du gel avant d'entrer dans un magasin, de porter le masque dès qu'on franchit le seuil de son habitation, de se tenir à distance des autres quand on est réuni. L'espace public se retrouve balisé de fléchage, de panneaux d'instructions de sens de circulation, de distributeurs de gels. On s'accommode de l'obligation par des rituels, de nouvelles formules de politesse, mais aussi par d'autres modes de coordination. L'espace cède le pas à l'agenda. Le temps devient le principal facteur d'organisation.

Au travers de ces perspectives théoriques se dégage une grille de lecture de la question du masque comme objet au cœur de la redéfinition, de la reconstruction, de la renégociation des relations sociales. L'ambivalence de cet objet favoriserait une flexibilité interprétationnelle (le masque nous protège autant qu'il protège les autres) qui justifie de le traiter comme un objet frontière, et qui au-delà de sa capacité à articuler des mondes sociaux distincts, transforme les intentions des acteurs. L'objet-frontière contribuerait ainsi à l'émergence d'une convention (Orléan, Aglietta, 2005), il devient une chose admise par tous autant pour son intérêt que par un gain de légitimité qui lui donne une force normative, qui s'institutionnaliserait dans sa ritualisation. Quand bien même serait-il peu efficace de manière fondamentale, par son mésusage, ou ses qualités intrinsèques, il est ce par quoi l'ensemble des fractions de la société reconsidère les opérations les plus élémentaires de leurs activités : travailler avec des clients et des collègues, enseigner à des étudiants, recevoir des patients, participer à des réunions publiques, aller au spectacle, boire un verre, …

Cette proposition est naturellement hypothétique, mais donne à la question du masque, et plus généralement à celle du rôle des artefacts dans les stratégies d'atténuation, une perspective renouvelée : au-delà d'une approche psycho-sociologique qui accorde une grande importance aux croyances et aux déterminants individuels dans l'observance ou l'adoption de nouveaux comportements, il s'agit de s'interroger sur la manière dont un objet, a priori banal, peut se nicher dans l'espace social et devenir une figure essentielle dans l'atténuation.

L'objet de cette communication est d'aller chercher dans une forme de discours populaire, celle qu'on trouve dans les réseaux sociaux, des éléments qui mettent à l'épreuve cette grille d'analyse, et en premier lieu d'établir le fait de l'émergence du masque dans les stratégies d'atténuation et dans la reconfiguration de la vie sociale.

2. MÉTHODES

L'objectif du travail empirique est d'établir un fait : la place centrale et croissante de la figure du masque dans la conversation sociale telle qu'elle apparaît à l'observation. L'approche est essentiellement quantitative et descriptive, dans la mesure où l'on souhaite tester cette hypothèse factuelle. La méthode générale employée s'inscrit dans un nouveau paradigme (Cambria, White 2014) qui se construit entre des données abondantes (web, réseaux sociaux, …) et des techniques de traitement nouvelles issues du champ du traitement automatique du langage naturel (Natural Language Processing, NLP). Cela permet d'aller plus loin que l'analyse lexicale traditionnelle en incorporant des éléments syntaxiques, sémantiques, et pragmatiques.

Cette nouvelle approche méthodologique prend place entre l'analyse qualitative et les traditionnelles enquêtes par questionnaire, et se révèle capable de traiter des corpus d'une taille inédite. Dans le champ des sciences sociales, et en particulier du management, on trouvera des synthèses pour la recherche en éthique (Lock, Seele, 2015), en comportement du consommateur (Humphreys, Wang, 2018), en management public (Kozlowski, Taddy, Evans, 2019) ou en organisation (Kobayashi *et al.* 2018), sans compter en sociologie avec l'utilisation des *word vectors* pour analyser l'évolution de la définition des classes sociales (Kozlowski, Taddy, Evans, 2019).

2.1. Les données

On exploite deux grands jeux de données. Le premier jeu de données s'appuie sur les méthodes éprouvées des enquêtes d'opinion. Ipsos, dans le cadre de l'initiative Datacovid, a réalisé 8 vagues d'enquêtes hebdomadaires, entre le 7 avril et le 6 juin 2020, auprès d'un échantillon de 5 000 personnes, représentatif de la population française. Le jeu de données se présente sous la forme d'un quasi-panel, couvrant 40 000 répondants sur huit semaines. Il nous permet de donner un cadrage à l'étude du deuxième jeu de données.

Le second jeu de données est un corpus de contenu Twitter élaboré par (Banda *et al.*, 2020) sur la base d'un ensemble de mots-clé tournant autour de "covid", "corona" et autres mots associés. Ce corpus global intègre près de 200 millions de tweets produits durant l'année 2020 sur la plateforme Twitter. De nombreuses étapes ont été nécessaires pour reconstituer le corpus et le pré-traiter, avant de pouvoir l'analyser[2]. Le corpus est finalement constitué de 565 662 contenus contributifs : tweet original, réponse et citation dont la distribution de la production dans le temps est donnée dans la figure 2.

2 La méthodologie détaillée du pré-traitement et de l'analyse du corpus sont disponibles sur demande à l'auteur-correspondant.

Figure 2. Nombre de posts produits par jour et par type de post (n = 2,2 m)

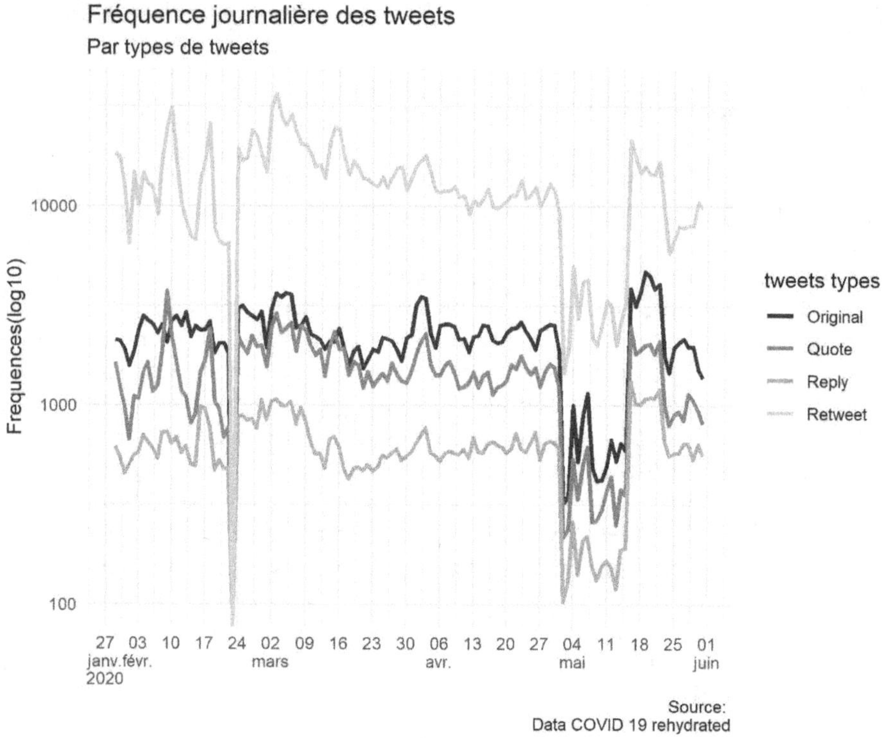

L'hétérogénéité du contenu se manifeste pleinement dans la distribution du nombre de tweets émis par compte. Sur un corpus de production primaire de 565 662 tweets, 202 000 comptes y ont contribué, mais de telle matière à ce qu'une ultra minorité (environ 1 000) produit 25% du volume total des posts. Le fait principal est une inégalité profonde de la contribution, avec une forte concentration (indice de Gini = 0,50), comme on peut le voir sur la figure 3. On y trouve les grands acteurs : médias, politiques, mais aussi militants, journalistes, chroniqueurs qui peuvent s'y affronter. Sur un jeu de données analogue focalisé sur l'expérience du confinement, des chercheurs approfondissent déjà cette question (Boulet, Lebraty, 2020). L'extrême hétérogénéité de la population et de sa production pose question, tout autant que la faiblesse de sa taille (le nombre d'utilisateurs quotidiens de Twitter est de l'ordre de 4,6 millions en France dont moins de la moitié sont actifs). La base prétendant à une certaine exhaustivité, il en ressort une certaine fragilité. À cette échelle, de petits groupes d'activistes peuvent assez facilement trouver une audience, mais c'est au moins, un bon reflet de l'arène médiatique.

Figure 3. Distribution des tweets produits (originaux, citations, réponses)

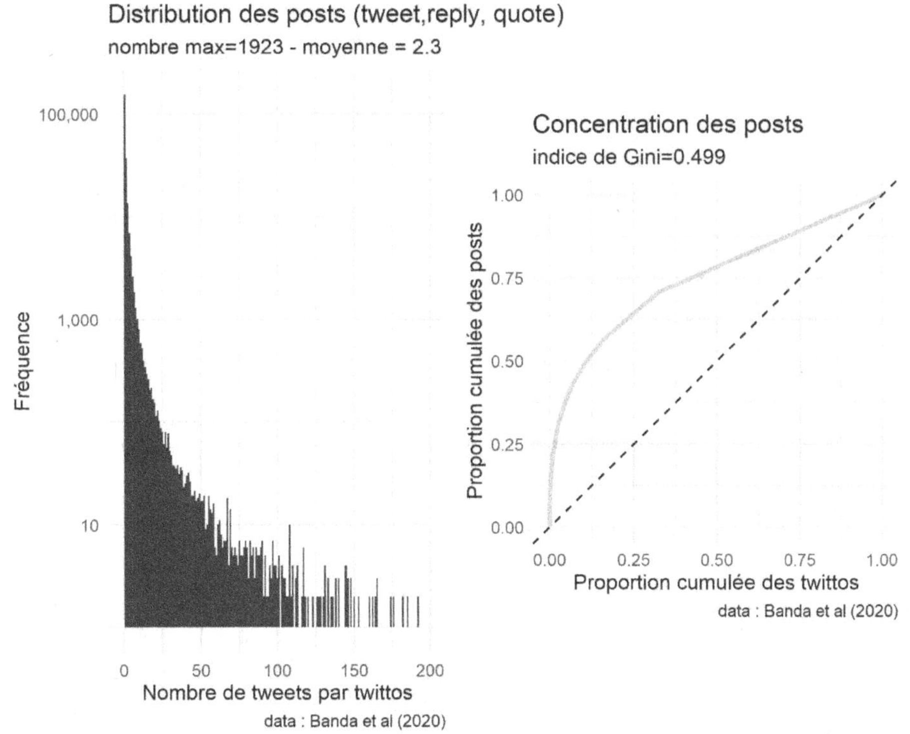

Enfin, ce corpus fait l'objet d'un prétraitement : nettoyage du corpus, lemmatisation, annotation en fonction des sentiments du lexique EmoLex du NRC (Mohammad et Turney 2013) et en fonction des catégories morpho-syntaxiques (les « *part of speech* », POS), et identification des dépendances syntaxiques, via l'annotateur Udpipe de *CleanNLP* (Arnold, 2017). L'ensemble du corpus représente 10 millions de termes dont on filtre les seuls noms communs pour analyser les sujets discutés dans le flux des messages.

2.2. Méthodes d'analyse du corpus *Twitter*

Trois types de méthodes sont employées de manière complémentaire pour mettre en évidence les différents aspects de la chronologie des variations des thématiques du discours :

- Évolution quotidienne des catégories focales de l'étude : un certain nombre de termes cible ont été identifiés, ceux relatifs à l'épidémie (corona, covid), au confinement et au déconfinement, et ceux naturellement liés aux gestes d'atténuation (masque, gel, gestes barrières, télétravail).

- Cartes sémantiques dynamiques : on utilise des cartes sémantiques simples, basées sur les co-occurrences entre les mots les plus fréquents, pour explorer l'évolution des discours à l'échelle de la semaine.
- Analyse de thématiques structurales : nous employons ici une méthode d'analyse de topics (Blei, Ng, Jordan, 2003), qui vise à identifier un nombre de k sujets dans un corpus, en prenant en compte le caractère longitudinal des données par la mesure de la prévalence dans le temps de chacun des topics et en supposant une corrélation entre les topics (modèle Structural Topic Model proposé par (Roberts *et al.*, 2014)).

3. RESULTATS

L'objectif de l'étude empirique est de reconstituer une micro histoire des réactions des utilisateurs à l'égard de l'épidémie telles qu'ils les partagent sur les réseaux sociaux. En dépit du volume de données et de la technique utilisée, l'approche méthodologique est descriptive.

Dans un premier temps, nous présentons les résultats synthétiques de l'analyse des déterminants de l'observance des gestes barrières et du port du masque. Dans un second temps, nous développons les résultats des analyses NLP de manière progressive, qui nous permettent de démontrer quantitativement la transformation du rapport au phénomène de la pandémie et la montée corrélative de l'intérêt pour le masque. En employant une technique de réseaux sémantiques, on montre l'évolution qualitative de la question du masque et on confirme la centralité croissante de ce dernier. Enfin, avec un modèle de topics structurel, on confirme de manière plus globale cette hypothèse de transformation structurelle des représentations.

3.1. Étude 1 : Une étude de l'observance du port du masque et des gestes barrières

L'enquête Datacovid permet de dresser le tableau de l'évolution de l'observance des gestes barrières sur la période passant du confinement au déconfinement, de mi-avril à début juin. L'intérêt de ce jeu de données est de permettre une estimation précise de l'observance des gestes barrières et de leur évolution, ce qui donne ainsi un contrepoint utile pour analyser les évolutions qu'on détecte dans le corpus Twitter et un cadrage représentatif des opinions. Incidemment, elle nous permet aussi d'avancer une hypothèse sous-jacente à notre thèse : le port du masque résulte moins d'une psychologie de la catastrophe que d'un processus collectif de constitution de norme.

3.1.1. Un cadrage représentatif

Le début de l'enquête coïncide avec le discours du 13 avril 2020 du président Macron annonçant le déconfinement pour le 11 mai, alors que le masque brillait par son absence, d'autant plus polémique que la pénurie a frappé aussi les soignants dès le début de l'épidémie. Le système D et l'autoproduction ont sans doute amorcé son usage dans la première partie du confinement, ainsi que les stocks retrouvés ici et là. Cependant, au sortir du confinement, qui correspond à la fin de l'enquête Datacovid, le stock a été largement reconstitué au moins pour une disponibilité immédiate.

Les résultats de l'enquête Datacovid nous montre que s'il y a affaiblissement de l'observance des gestes relatifs à la distance sociale (regroupement, moins d'un mètre et rester chez soi), les gestes barrières nécessitant des artefacts (le gel et le port du masque) sont en croissance nette. La thèse du relâchement des gestes sur cette période vaut partiellement pour la distanciation sociale, mais pas du tout pour le masque, comme on peut le voir sur la figure 4.

Figure 4. Évolution des déclarations du degré de respect des gestes barrières au cours et après le confinement.

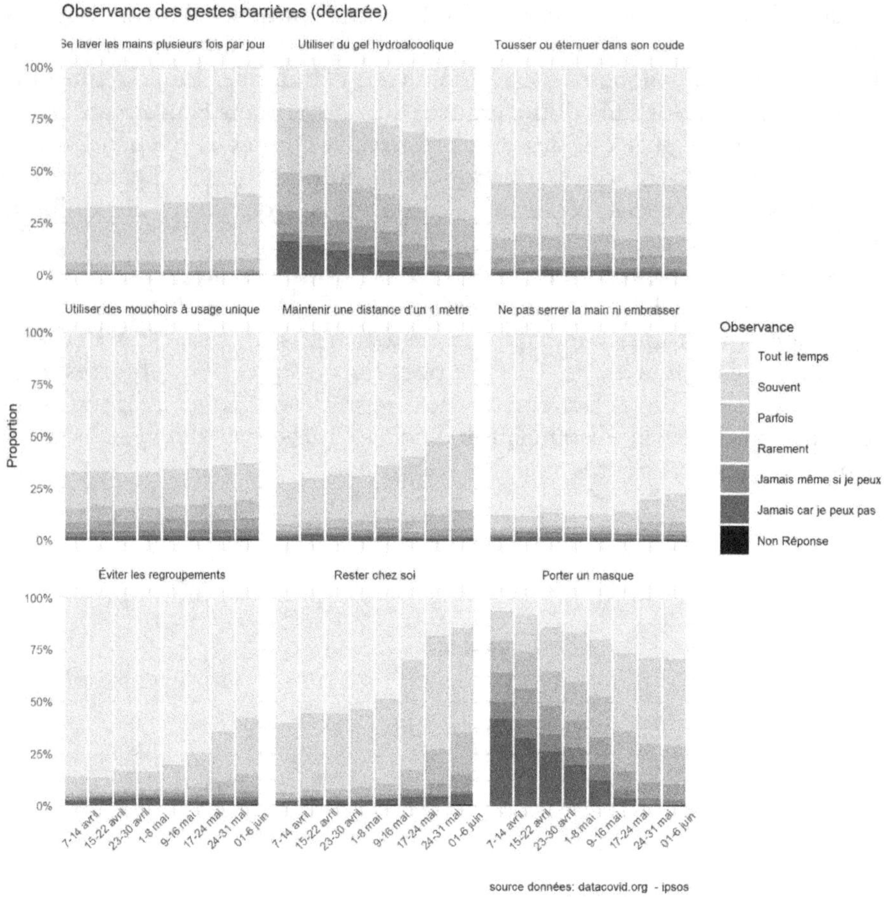

Il semble cependant audacieux d'attribuer à l'augmentation de la disponibilité des masques, l'observance croissante, d'autant plus que sur la période, la perception de gravité de l'épidémie se réduit à mesure qu'elle reflue. Nous utilisons des modèles emboîtés pour tester l'effet de différents facteurs sur l'observance du port du masque :

- le modèle 1 prend en compte l'effet des vagues d'enquête, proxy du contexte et de son évolution ;
- le modèle 2 ajoute les variables de santé mentale et de perception de la gravité de l'épidémie, ainsi que leurs interactions ;
- le modèle 3 introduit la proximité perçue à la covid ;
- le modèle 4 intègre, dans les sources de variance aléatoire, l'effet des variables socio-démographiques les plus significatives.

3.1.2. Résultat 1 : Les attitudes comptent peu

Le tableau 3 reprend les résultats des différents modèles. Les gains successifs en termes de r^2 sont faibles, même s'ils sont très significatifs et de signes attendus. Ni les traits psychologiques, ni les variables de situations sociales ne rendent compte de l'adoption des gestes barrières, même s'ils ont un effet conforme à ce qui était attendu (influence de la gravité sur l'observance, différences selon l'âge, influence négative de l'état de bonne santé mentale, etc.). Ces variables ont des effets beaucoup plus faibles que l'effet des vagues d'enquête, qui est la variable proxy de l'environnement général.

Tableau 3. Résultats des modèles linéaires emboîtés de l'observance du port du masque

	Masque		Masque		Masque		Masque	
Predictors	*Estimates*	*p*	*Estimates*	*p*	*Estimates*	*p*	*Estimates*	*p*
(Intercept)	3.88 (3.31 – 4.45)	**<0.001**	3.21 (2.54 – 3.89)	**<0.001**	3.11 (2.43 – 3.79)	**<0.001**	3.17 (2.47 – 3.86)	**<0.001**
Gravity			0.10 (0.07 – 0.13)	**<0.001**	0.10 (0.07 – 0.13)	**<0.001**	0.09 (0.06 – 0.12)	**<0.001**
SanteMentale			-0.03 (-0.05 – -0.01)	**0.007**	-0.02 (-0.04 – -0.00)	**0.032**	-0.02 (-0.04 – -0.00)	**0.019**
Gravity:SanteMentale			0.00 (0.00 – 0.00)	**0.041**	0.00 (-0.00 – 0.00)	0.056	0.00 (0.00 – 0.00)	**0.039**
A2aNSP					0.03 (-0.15 – 0.21)	0.736	0.06 (-0.12 – 0.24)	0.517
A2aContact					0.23 (0.12 – 0.33)	**<0.001**	0.27 (0.17 – 0.37)	**<0.001**
A2aSymptômes					0.16 (0.10 – 0.21)	**<0.001**	0.18 (0.12 – 0.24)	**<0.001**
A2aPositif					0.72 (0.53 – 0.92)	**<0.001**	0.79 (0.59 – 0.98)	**<0.001**
Random Effects								
σ^2	2.38		2.31		2.30		2.29	
τ_{00}	0.68 $_{VAGUE2}$		0.81 $_{VAGUE2}$		0.82 $_{VAGUE2}$		0.01 $_{AGE}$ 0.81 $_{VAGUE2}$ 0.01 $_{SEXE}$	
ICC	0.22		0.26		0.26		0.27	
N	8 $_{VAGUE2}$		8 $_{VAGUE2}$		8 $_{VAGUE2}$		10 $_{AGE}$ 2 $_{SEXE}$ 8 $_{VAGUE2}$	
Observations	40001		39778		39339		39339	
Marginal R^2 / Conditional R^2	0.000 / 0.222		0.022 / 0.276		0.023 / 0.279		0.021 / 0.281	

Nous voyons ici l'émergence d'un phénomène normatif, qui peut traduire l'effet de la pression sociale qui internalise le port du masque comme comportement souhaitable (et négociable), ou celle de l'État et des institutions scientifiques – sources d'autorité – et de l'ensemble des organisations qui font face à des problèmes pratiques : éviter la démobilisation des salariés, maintenir un territoire attractif, assurer l'ordre public, permettre l'accueil du public, etc.

3.2. Étude 2 : Évolution du discours de la crise au déconfinement

La seconde étude a pour objet l'analyse des variations temporelles des thématiques Elle dégage deux résultats qui s'ajoutent à ceux obtenus dans notre enquête de cadrage et qui peuvent être résumés ainsi : les discussions se déplacent du coronavirus vers la covid, marquant un mouvement d'endogénéisation de l'épidémie ; le masque se trouve au centre des débats depuis le début de la période et est le premier objet de défense cité contre la maladie.

3.2.1. Résultat 2 : Du Coronavirus à la Covid-19, l'endogénéisation de l'épidémie

À partir des fréquences d'occurrences d'une série de termes représentatifs des débats et des sujets d'intérêts, on calcule une densité quotidienne, avec un lissage sur 7 jours. L'évolution temporelle de la fréquence de ces termes est représentée sur les figures 5a et 5b.

Figure 5a. Évolution de la fréquence des termes clés de l'épidémie : corona, covid, confinement, déconfinement et masque. L'échelle est logarithmique

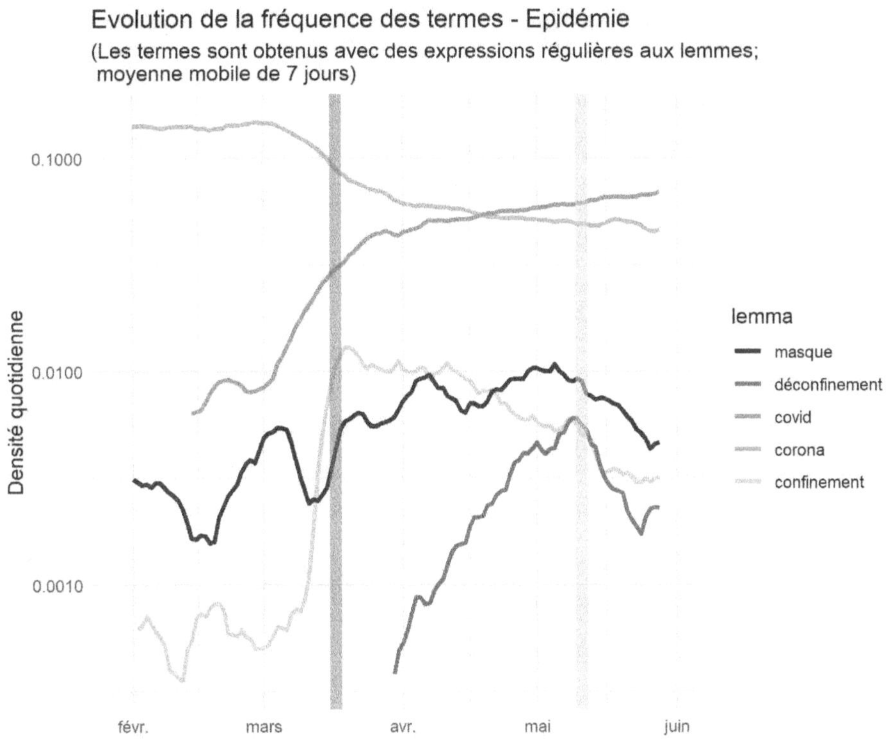

Figure 5b. Les objets de l'atténuation sur le front de la santé

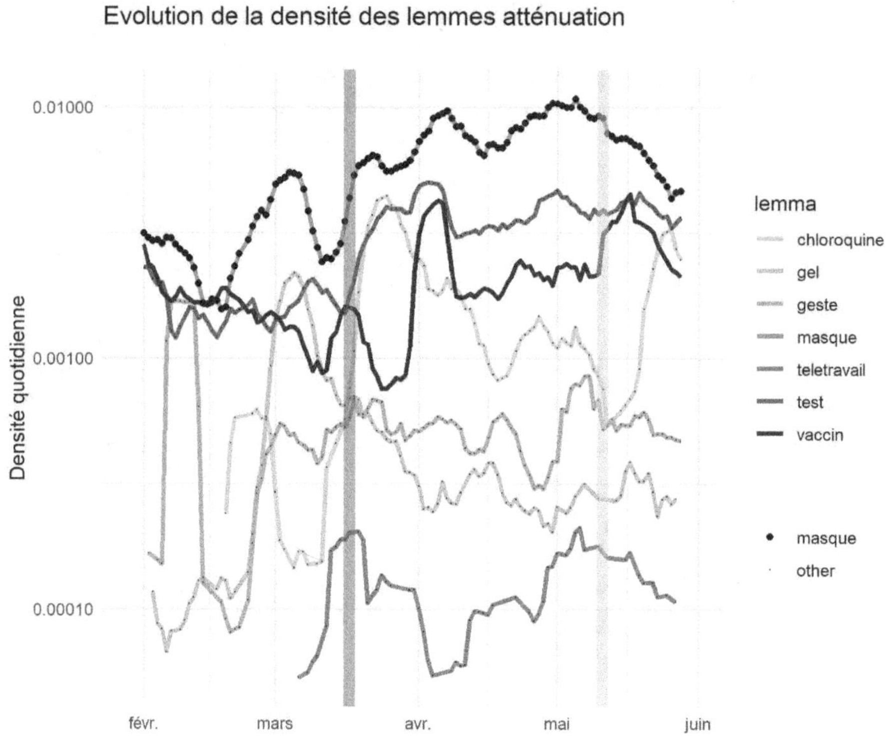

L'évolution est d'une clarté lumineuse. Si de janvier à février le coronavirus était la star (bien noire), la Covid-19 prend le dessus courant mars et reste en tête pour tout le reste de la période. Autrement dit, ce sont les conséquences de la diffusion épidémique du coronavirus qui dominent les débats. La maladie pèse directement par la pression mise sur la santé publique et par ses victimes, mais aussi par les mesures qu'elle suscite pour en atténuer son impact. En ce sens, la Covid-19 est l'être social et politique du Coronavirus, cet être biologique. Le changement de terme marque un changement de discours : la menace qui était extérieure est rapidement endogénéisée : elle devient moins le virus que les perturbations qu'il génère : l'excès de mortalité, l'ébranlement du système de santé, la redéfinition des relations sociales, le choc économique, le questionnement sur les institutions. Le moment du confinement est un basculement de perspective du dehors vers le dedans.

Dans le registre des questions de santé, on note une substitution parallèle à celle du corona/covid entre l'hospitalier et le sanitaire. Si la réponse au virus a été médicale, celle à la maladie qui touche le corps social devient sanitaire. L'impact du désastre venu d'ailleurs s'accompagne d'un changement de perspective, et dans ce renversement, le masque devient une préoccupation de plus en plus fréquente.

On confirme ce résultat grâce à l'analyse des thématiques du corpus. Une solution satisfaisante du modèle semble supporter 20 thématiques, dont on peut difficilement donner ici-même une analyse exhaustive, mais plus facilement une présentation synthétique à partir de la représentation la plus visuelle que fournit le modèle. La figure 6 en fournit la synthèse. Les topics sont d'autant plus proches qu'ils sont corrélés, les corrélations (>.2) sont représentées par l'épaisseur des segments et la taille des cercles est proportionnelle à la fréquence des topics. La figure 7 propose une description sous forme de nuages de mots de chacun des topics.

Figure 6. Réseau de corrélation des 20 topics identifiés : (r seuil : 0.2 - projection FR)

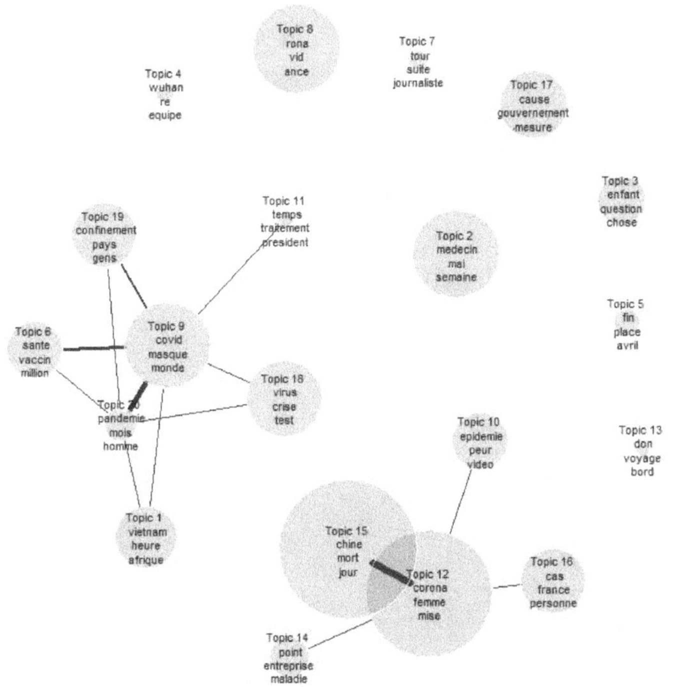

Figure 7. Les topics, décrits par les 50 mots les plus probables d'appartenir à chacun des topics

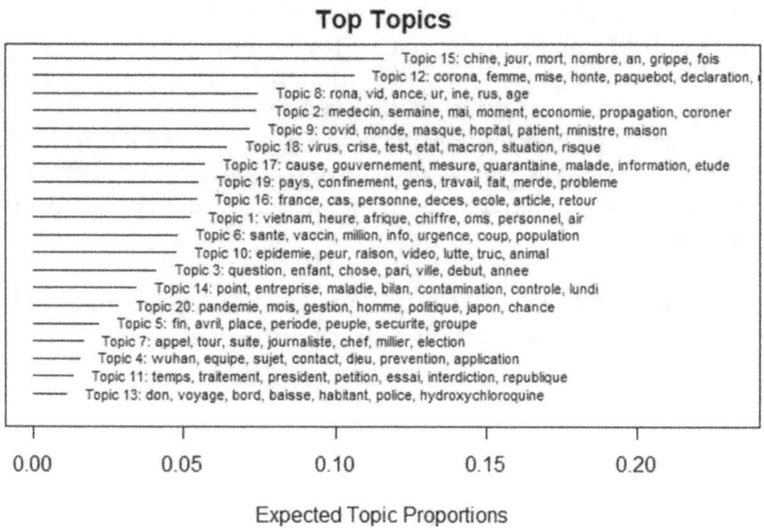

Cette structure se caractérise d'abord par une sorte de dualité, un macro segment semble s'articuler autour de deux composants. L'un est centré sur le coronavirus et la Chine, on le caractérisera d'exotique ; l'autre sur la covid et la question publique. On retrouve cette idée d'un basculement de perspective. Ce qui était un corps étranger, devient une douleur intérieure.

L'avantage du modèle est de permettre de représenter la prévalence temporelle, qui est indiquée dans la figure 8. On identifie clairement les topics favorisés en première période puis qui déclinent, tout autant que ceux qui montent en deuxième période.

Figure 8. Graphiques de prévalence du temps sur la probabilité des topics (décrits par les trois termes les plus distinctifs)

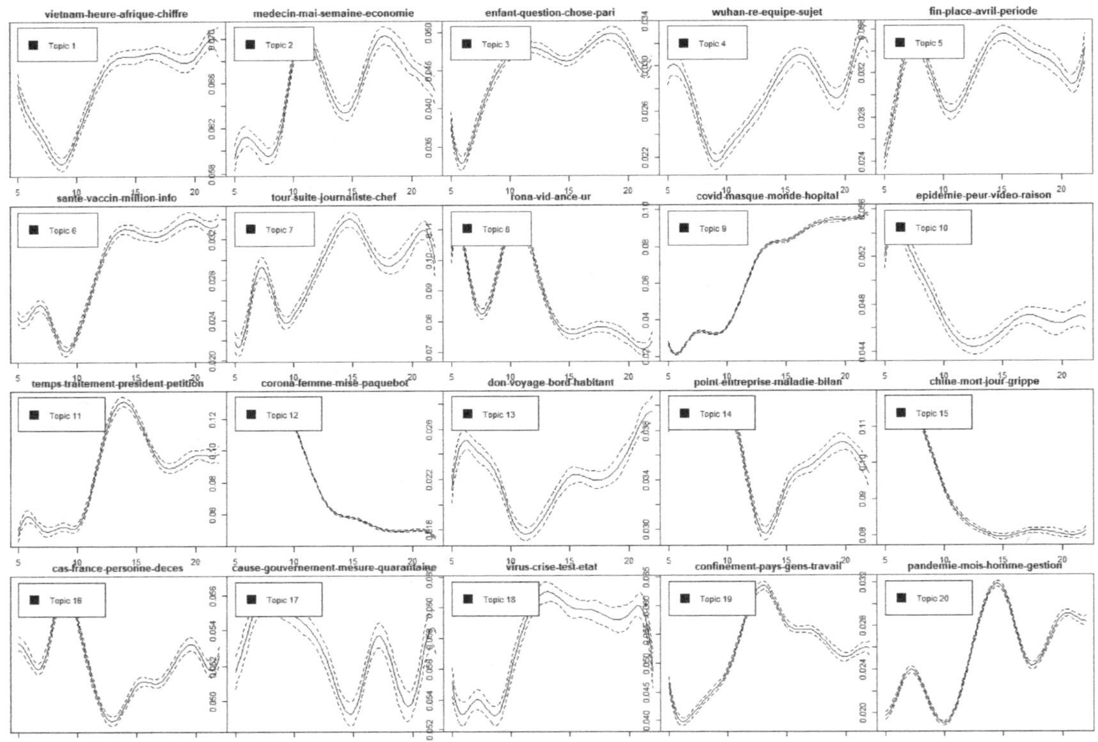

Le début de la période étudiée se caractérise par la prévalence des questions liées à la découverte du coronavirus, de ses effets visibles à travers le nombre de morts en Chine, et à la situation de la France face à un virus inédit. On voit ensuite émerger de nouvelles thématiques, en lien avec la Covid-19 : le développement de la pandémie, le cas des enfants, les annonces concernant de futurs vaccins et les traitements potentiels (avec au cœur la chloroquine, bien évidemment), pour finir par l'état de crise dans le pays et sa gestion par le pouvoir politique. Le mouvement général est que les discussions évoluent vers une endogénéisation de l'épidémie, qui commence par un virus inconnu de Wuhan pour se transformer en une maladie qui dévaste la France et les Français (l'économique et le médical).

Quant au masque, l'analyse de ses occurrences montre une montée progressive, par vagues successives qui concernent sans doute ses différentes polémiques et sa domination en terme quantitatif sur les termes qui évoquent les autres méthodes d'atténuation : le test, le gel, les gestes barrières, le télétravail pour en mentionner les plus significatifs. À travers l'analyse des topics se précise un schéma qui met en lumière sa position. On ne le retrouve pas, comme on aurait pu s'y attendre, dans un grand nombre de thématiques, mais comme une thématique centrale associée étroitement à la maladie. Ce *topic* est lui-même associé à quelques autres, et cette configuration définit le nouveau paradigme du discours qui se noue dans le premier confinement.

3.2.2. Résultat 3 : Le masque au centre des débats et en première place des tactiques d'atténuation

La première approche d'analyse de contenu consiste simplement à dénombrer la fréquence d'usage des termes et à focaliser notre attention sur les plus fréquents. C'est ce que nous avons représenté sur la figure 9a. Les différentes formes de corona et de covid dominent le classement. Le masque se tient en bonne position, c'est certainement la première évocation en fréquence d'un moyen de défense face à l'épidémie, d'un objet concret. Il domine les autres moyens d'atténuation.

Figure 9a. Le masque parmi les mots les plus utilisés

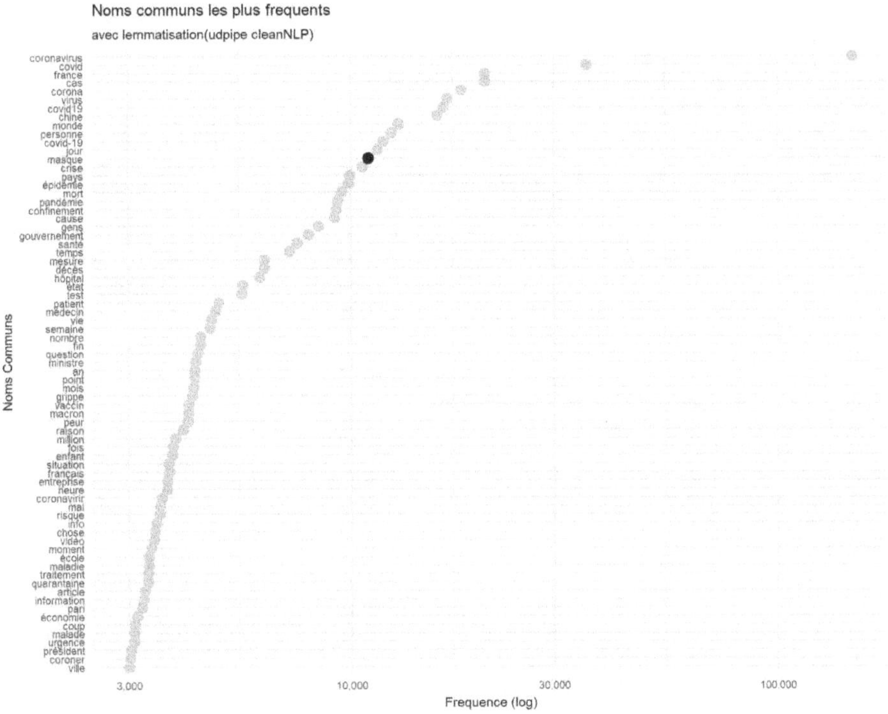

Cette fréquence brute mérite d'être décrite plus qualitativement : dit-on les mêmes choses du masque aux différentes phases de l'épisode épidémique ? À cette fin, on utilise les annotations de dépendance syntaxique, pour identifier quels sont les termes associés grammaticalement au nom commun "masque" : des adverbes, des adjectifs, d'autres substantifs. On compare les plus fréquents parmi les 4 mois d'observations. Pour chacun des termes obtenus on calcule leur densité et on obtient le spectre des significations, représenté sur la figure 9b.

Figure 9b. Les dépendances nominales du masque les plus fréquentes par mois (en termes de densité = $f_{im}/ f_{.m}$ avec i = terme, m=mois). (Universal Dependencies : amod, appos)

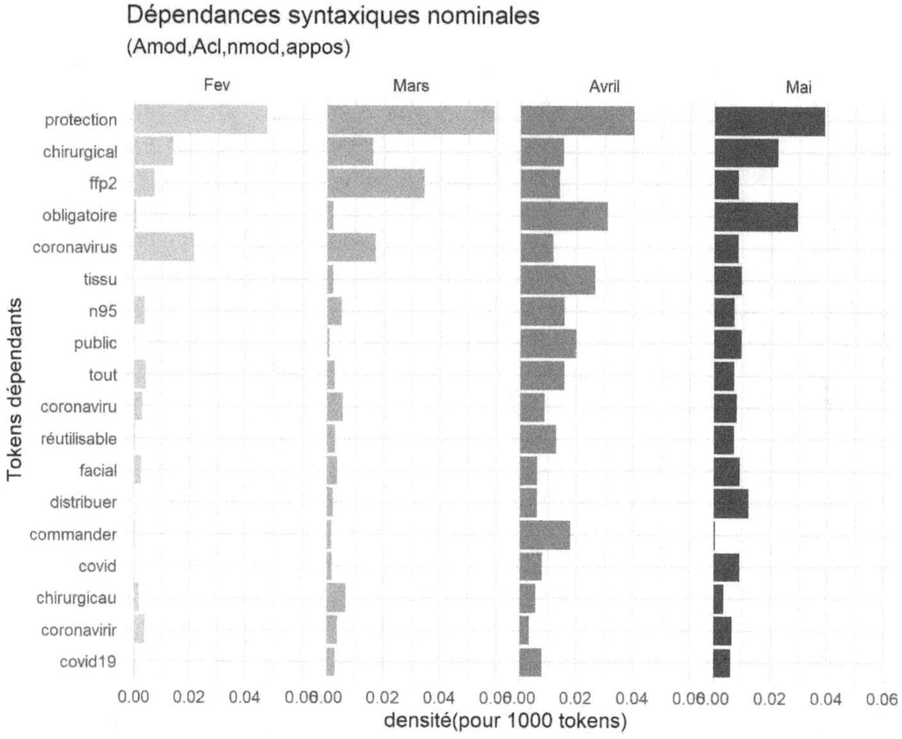

Les résultats sont clairs : 1) le masque protège, c'est trivial ; 2) sa forme est le chirurgical plutôt que FFP2, en dépit d'une hésitation courant mars ; 3) sa distribution et sa commercialisation deviennent plus importantes avec le temps. Mais l'essentiel est dans l'association à "obligatoire". Le masque fût, un temps, un moyen, il est désormais une norme. Cette norme est autant juridique que sociale. En effet, le masque a été rendu obligatoire progressivement, d'abord dans les transports, à l'école puis à l'initiative des maires et des organisations privées, mais il joue aussi par l'invisible pression du regard d'autrui, auquel pourtant l'on échappe, et les croyances construites quant à son efficacité. Remarquons aussi qu'avec le temps, son sens s'enrichit, même si en mai, il semble s'affiner, les traits mineurs ayant une fréquence moindre.

Dans cette évolution, on retrouve l'idée d'une flexibilité interprétationnelle : au cours des mois de confinement, l'idée de masque sans cesser d'être sociale change de signification. De l'objet fonctionnel qui manque et dont on se pose la question de l'efficacité relative des variantes, on passe au registre de l'obligation, du sentiment d'un impératif, le masque devient une norme au-delà de sa signification évidente : la protection. On est tenté de voir dans ce résultat une confirmation sur l'hypothèse d'un basculement de la nature de la convention : ce qui s'impose dans un débat à propos de l'efficacité en raison de l'importance du moyen, devient ce qui possède un caractère obligatoire, s'imposant de lui-même, peut-être comme évidence. À ce changement de sens, une importance croissante peut-elle être associée ?

Pour rendre compte des discussions et de leurs évolutions, on utilise une méthode de cartes sémantiques, calculées pour chacune des périodes (22 semaines consécutives). La lecture de la carte est assez simple : on représente les mots dont les cooccurrences sont supérieures à une fréquence déterminée en fonction du corpus de chacune des périodes et correspondant à une proportion constante à travers les périodes (environ 30%). La taille des nœuds correspond à leur densité dans le corpus, celle des arcs à la fréquence de la cooccurrence. Les positions relatives dans le plan sont calculées par une méthode de positionnement multidimensionnel (MDS) en fonction de la similarité des termes. On voit une problématique centrale manifestée par le macro-composant du réseau de termes, et des thématiques plus spécifiques et déconnectées positionnées en périphérie. La figure 10 en donne une illustration.

Figure 10. exemple de carte sémantique (semaine 12 23-30 mars, - début du confinement)

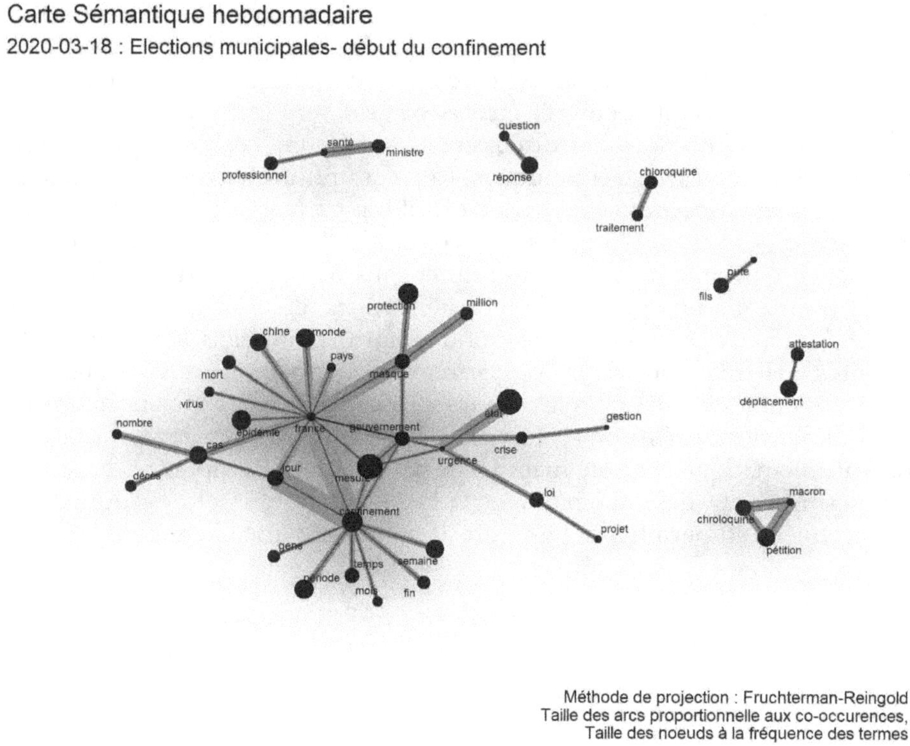

La figure 10 représente les principales discussions lors de la deuxième semaine du (premier) confinement. À cette période, les conversations périphériques traitent de sujets divers et variés : le traitement à la chloroquine, le système de santé, la question pratique de l'attestation de déplacement, la fuite des gens des villes à la campagne, le décès de Manu Dibango, et la pétition adressée au chef de l'État pour l'usage de la chloroquine. Le macro-composant, quant à lui, se structure de manière assez claire. Sur un axe presque horizontal, le confinement est au centre d'une préoccupation temporelle : pour combien de temps ? À l'opposé se dessine nettement la crise de la pénurie de masques, en particulier, pour les soignants. Au centre, la France et le gouvernement font le pont entre les sujets. Sur le sud du composant, on retrouve la question de l'état d'urgence, au nord le thème factuel de l'ampleur de la crise traduite en nombre de morts quotidien.

En répétant cette analyse interprétative sur l'ensemble des 22 semaines de données, et donc 22 cartes, on peut reconstruire schématiquement l'évolution des discours produits sur la thématique coronavirus/covid.

Pour s'assurer de cette intuition ou hypothèse d'une évolution au cours de la période de l'objet masque dans le discours du média social, un test de centralité peut être engagé, il permet de systématiser l'analyse. Trois indicateurs sont choisis (cf. figure 11) :

- le degré de centralité (*degree*) : on compte le nombre de liens que possède chaque nœud ;
- la centralité d'intermédiarité (*betweenness*) : on compte le nombre de fois où un nœud intervient dans un plus court chemin reliant deux autre nœuds ;
- la centralité de proximité (*closeness*) : on additionne la longueur des plus courts chemins qui relient un nœud aux autres.

Figure 11. Évolution de la centralité lexicale du masque (critères de degré, de betweenness et de closeness)

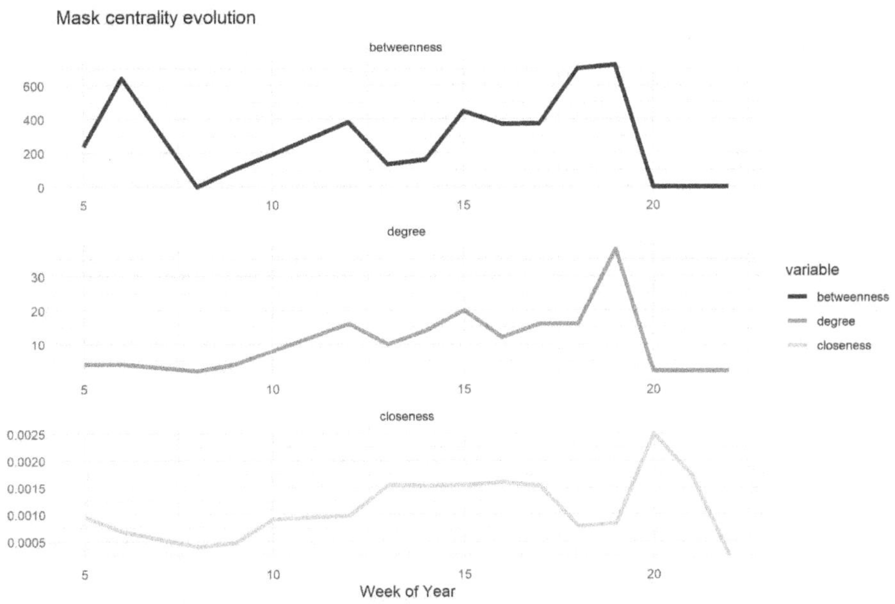

La tendance générale va à la hausse de la centralité, même si les dernières semaines marquent un affaiblissement. On sera naturellement curieux de savoir ce qui advient par la suite, mais sur la période ce qui est indiscutable, c'est une centralité croissante, le masque est connecté à un nombre plus grand de conversations. Devenant un plus petit dénominateur commun, il devient la clé principale par laquelle on peut accéder aux différents cheminements de la pensée collective. Observons-nous là l'installation dans le discours d'une convention sociale qui trouve dans la convention langagière, dans son sens distributionnel, une preuve empirique ? Naturellement la fréquence de citation du masque, plus haute que celle des autres moyens d'atténuation, favorise le fait qu'il soit associé plus fréquemment à une plus grande variété d'objets. C'est le point de vue statistique. On peut envisager aussi l'hypothèse qu'étant associé à plus de thématiques, il soit cité plus souvent.

CONCLUSION

Notre étude se limite à l'analyse d'un discours dont il faut rappeler la dimension fragmentaire. Twitter ne diffuse pas des textes mais des bouts de phrases. Le discours qu'il produit est peu articulé, peu développé, il est un flux de mots et de leurs associations. Nous avons essayé d'en quantifier les flux et nous en obtenons des résultats factuels qui méritent considération.

La contribution théorique de cette recherche se tient dans une perspective d'anthropologie matérielle qui précise et souligne l'importance des objets matériels dans l'élaboration des formes d'interaction sociale. Elle se limite à un champ particulier, celui des situations de catastrophe. Les résultats soulignent la nécessité de considérer les moyens de l'atténuation (gestes barrières, distance sociale, utilisation des artefacts ...) non seulement sur le plan de leur efficacité intrinsèque et extrinsèque, du respect de l'observance et de l'obligation qui suscite des résistances, mais aussi dans une perspective plus anthropologique qui donne aux objets matériel de la vie (extra) ordinaire un pouvoir nourri par leur capacité à ritualiser les interactions sociales, à porter de manière symbolique l'engagement des acteurs et plus encore à leur donner un pouvoir sur le mal invisible de l'épidémie. Même s'il ne protège guère, le masque est efficace comme l'est le fétiche, il maintient un ordre social quand on ne sait rien des batailles qui se produisent en dehors de notre vue. Il est bien possible que pour obtenir la participation des populations il ne faille donc pas qu'uniquement s'appuyer sur des arguments rationnels.

En dépit de la dimension quantitative de nos traitements (compter des fréquences, des densités, des probabilités), l'analyse conduite dans cette étude est largement exploratoire au moins au sens thématique. La capacité à quantifier la fréquence des thèmes permet cependant de reconstruire de manière factuelle une micro histoire immédiate. La contribution méthodologique est évidente : développer des méthodes formelles pour traiter des contenus massifs de données. Au-delà des aspects techniques, l'idée générale est celle de constituer des procédures de traitement qui permettent au chercheur de traiter de larges volumes de données et d'avoir une représentation objectivée des discours.

Sur le plan empirique, le résultat principal est que le masque émerge comme figure polaire du discours dès le mois d'avril, du moins dans celui produit par certains médias sociaux que l'analyse d'un jeu de données d'enquête plus conventionnel confirme nettement. C'est le terme qui semble articuler les polémiques (pénurie de protection pour les agents de santé, problématique de l'approvisionnement, diffusion de l'obligation de son port - qui ne se généralisera que progressivement au cours de l'été et du mois septembre par les arrêtés municipaux, et à partir de fin août pour les entreprises). Sur la période étudiée, celle du premier confinement, l'obligation est limitée, et l'observance de son port est largement volontaire dans la mesure où le comportement volontaire inclut les effets de la normalisation sociale.

Ce résultat n'était pas évident de prime abord, d'autres figures étaient candidates : la visioconférence dont des millions de travailleurs et d'étudiants ou de professeurs ont appris rapidement à manipuler les interfaces avec des bonheurs variables mais qui n'apparaît pas dans les contenus. Le gel aussi, dont les distributeurs quadrillent commerces, gares, administrations et que les pharmaciens ne pouvaient pas fabriquer à temps. Les tests surtout, dont l'utilité a été mise en question avant de devenir un argument central de l'action gouvernementale et sans doute un facteur de réussite dans certains pays asiatiques. C'est finalement vers le masque que convergent les discours de la *twittosphère*.

L'analyse a posteriori du phénomène permet d'expliquer ce qui a fait du masque un point focal de la conversation, mais aussi des comportements. Il vaut moins par ses qualités fonctionnelles (continuellement discutées même d'un point de vue scientifique (Steyer, 2020)) que par sa capacité à fixer l'attention et à organiser les conditions de vie sous la menace épidémique. L'hypothèse défendue est que son ambivalence phénoménologique nourrit une flexibilité interprétationnelle suffisante pour polariser le questionnement de mondes sociaux mal accordés (le savant, le politique et le citoyen), et donne un cadre commun où peuvent se renégocier les conventions et les normes. Au-delà de ce rôle de passeur de frontière, il forme paradoxalement le tissu des relations sociales, les nœuds matériels, rituels et symboliques par lesquels l'activité sociale se réorganise.

Les limites de ce travail sont nombreuses et résultent de la "précipitation" de la recherche qui a débuté exactement quelques jours après le confinement (16 mars) et s'achève, du moins sous la forme de cette contribution, à la fin décembre, le matériau empirique couvrant la période de février à mai 2020. La principale limite se trouve dans la faible explicitation des processus sociaux que l'on invoque sans les avoir observés. Nous n'en observons que les conséquences discursives sans les décrire précisément, sur un objet d'étude limité aux médias sociaux dont la structure de production textuelle, profondément inégalitaire, donne aux plus engagés une voix disproportionnée.

Ces processus peuvent prendre des formes multiples qui méritent d'être étudiés en eux-mêmes. On peut en donner deux exemples directement relatifs au masque lui-même. Le premier requiert sans doute un point de vue institutionnel, c'est l'histoire de la construction de l'obligation du masque, diffuse d'abord et limitée aux espaces publics, centres commerciaux et autres gares, confiée ensuite aux entreprises dans le cadre de leurs obligations sanitaires et aux mains des maires qui en ont fait un geste politique (comme le maire de Nice[1] début août), et qui est devenu désormais quasi générale[2]. C'est aussi l'histoire des arguments employés, des raisons d'agir, des compromis, des controverses. Le second relève de l'étude des gestes, des usages et de l'appropriation et se manifeste dans les gestes du masque : ceux qu'on laisse à disposition aux visiteurs, dont on fait des signes d'identification en apposant un logo, mais aussi dans ses variations matérielles (chirurgical, artisanal, en tissu, personnalisé ou neutre), et comportementales (la manière de le mettre au visage, de se découvrir un instant en public avant de le remettre, de l'enlever ou non quand on est avec des amis).

BIBLIOGRAPHIE

ARNOLD, T. (2017), A Tidy Data Model for Natural Language Processing Using CleanNLP, *The R Journal*, 9(2), 248. https://doi.org/10.32614/RJ-2017-035.

BANDA, J. M., RAMYA, T., GUANYU, W., JINGYUAN, Y., TUO, L., YUNING, D., CHOWELL, G. (2020), A large-scale COVID-19 Twitter chatter dataset for open scientific research -- an international collaboration, *arXiv:2004.03688 [cs]*, avril. http://arxiv.org/abs/2004.03688.

BLEI, D. M., NG, A.Y., JORDAN, M.I. (2003), Latent Dirichlet Allocation, *J. Mach. Learn. Res.* 3, mars, 993-1022.

BOULET, R., LEBRATY, J.F. (2020), Influencers and Covid-19 : Characterizing and defining courses of action. https://doi.org/10.36863/mds.a.13620. » *Management et Datascience* 4 (4), https://management-datascience.org/articles/13620/.

CAMBRIA, E., BEBO, W. (2014), Jumping NLP Curves: A Review of Natural Language Processing Research, *IEEE Computational Intelligence Magazine*, 9(2), 48-57, https://doi.org/10.1109/MCI.2014.2307227

GALDERISI, S., HEINZ, A., KASTRUP, M., BEEZHOLD, J., SARTORIUS, N. (2015), Toward a New Definition of Mental Health, *World Psychiatry,* 14 (2), 231-33, https://doi.org/10.1002/wps.20231

HORNEY, J., NGUYEN, M., SALVESEN, D., TOMASCO, O., BERKE, P. (2016), Engaging the Public in Planning for Disaster Recovery, *International Journal of Disaster Risk Reduction,* 17 août, 33-37. https://doi.org/10.1016/j.ijdrr.2016.03.011

1 Christian Estrosi a réussi à imposer le port du masque le 3 août 2020 : après plusieurs recours, son arrêté est finalement validé par le tribunal administratif. Les maires gagnent ainsi un nouveau pouvoir.

2 Enquête CoviPrev, France métropolitaine, janvier 2021.

HUMPHREYS, A., JEN-HUI WANG, R. (2018), Automated Text Analysis for Consumer Research, Édité par Eileen Fischer et Linda Price, *Journal of Consumer Research,* 44(6), 1274-1306, https://doi.org/10.1093/jcr/ucx104

KOBAYASHI, V.B., MOL, S.T., BERKERS, H.A., KISMIHÓK, G., DEN HARTOG, D.N. (2018), Text Mining in Organizational Research, *Organizational Research Methods,* 21(3), 733-76. https://doi.org/10.1177/1094428117722619.

KOZLOWSKI, A.C., TADDY, M., EVANS, J.A. (2019), The Geometry of Culture: Analyzing the Meanings of Class through Word Embeddings, *American Sociological Review,* 84 (5), 905-49. https://doi.org/10.1177/0003122419877135

KUNZ, N., REINER, G., GOLD, S. (2014), Investing in Disaster Management Capabilities versus Pre-Positioning Inventory: A New Approach to Disaster Preparedness, *International Journal of Production Economics* 157 (novembre), 261-72. https://doi.org/10.1016/j.ijpe.2013.11.002.

LEIGH STAR, S. (2010), Ceci n'est pas un objet-frontière ! Réflexions sur l'origine d'un concept, *Revue d'anthropologie des connaissances*,4, 1(1), 18. https://doi.org/10.3917/rac.009.0018.

LEMONNIER, P. (2012), *Mundane objects: materiality and non-verbal communication*, Critical cultural heritage series. Walnut Creek, CA: Left Coast Press.

LOCK, I., SEELE, P. 2015. Quantitative Content Analysis as a Method for Business Ethics Research, *Business Ethics: A European Review*, 24, juillet, S24-40. https://doi.org/10.1111/beer.12095.

MALINEN, S., HATTON, T., NASWALL, K., KUNTZ, J. (2019), Strategies to Enhance Employee Well-Being and Organisational Performance in a Postcrisis Environment: A Case Study, *Journal of Contingencies and Crisis Management,* 27 (1), 79-86. https://doi.org/10.1111/1468-5973.12227.

MATSUYAMA, Y., JUN, A., AKIHIRO, H., YUKIHIRO, S., SHIHOKO, K., TORU, T., KEN O. (2016), Do Community – and Individual – Level Social Relationships Contribute to the Mental Health of Disaster Survivors? A Multilevel Prospective Study after the Great East Japan Earthquake, *Social Science & Medicine,* 151, février, 187-95. https://doi.org/10.1016/j.socscimed.2016.01.008.

MATUSCHEK, C., MOLL, F., FANGERAU, H., FISCHER, J.C., ZÄNKER, K., VAN GRIENSVEN, M., SCHNEIDER, M. *et al.* (2020), The History and Value of Face Masks, *European Journal of Medical Research* 25 (1), 23. https://doi.org/10.1186/s40001-020-00423-4.

MITROFF, I. (1986), Teaching Corporate America To Think About Crisis Prevention, *Journal of Business Strategy,* 6(4), 40-47. https://doi.org/10.1108/eb039130.

MOHAMMAD, S. M., TURNEY, P.D. (2013), Crowdsourcing A Word-Emotion Association Lexicon, *Computational Intelligence,* 29 (3), 436-65. https://doi.org/10.1111/j.1467-8640.2012.00460.x.

NOJI, E. K. (2005), Disasters: Introduction and State of the Art, *Epidemiologic Reviews*, 27(1), 3-8. https://doi.org/10.1093/epirev/mxi007.

ORLEAN, A., AGLIETTA, M. (2005), *Analyse économique des conventions*, Paris, Presses Universitaires de France.

PERRY, R.W. (2007), What Is a Disaster? in *Handbook of Disaster Research*, par Havidán Rodríguez, Enrico L. Quarantelli, et Russell R. Dynes, 1-15. Handbooks of Sociology and Social Research, New York, NY, Springer. New York. https://doi.org/10.1007/978-0-387-32353-4_1.

REICH, J.W., Zautra, A., Hall, J.S. (ed.) (2010), *Handbook of adult resilience.* New York, Guilford Press.

ROBERTS, M.E., STEWART, B.M., TINGLEY, D., LUCAS, C., LEDER-LUIS, J., KUSHNER GADARIAN, S., ALBERTSON, B., RAND, D.G. (2014), Structural Topic Models for Open-Ended Survey Responses, STRUCTURAL TOPIC MODELS FOR SURVEY RESPONSES, *American Journal of Political Science,* 58 (4), 1064-82. https://doi.org/10.1111/ajps.12103.

RODRÍGUEZ, H., E. L. QUARANTELLI, E.L., DYNES, R.R. (ed.) (2007), *Handbook of disaster research*, Handbooks of sociology and social research, New York, Springer.

SIMONDON, G., SIMONDON, N. (2012), *Du mode d'existence des objets techniques*, Nouv. éd. rev. et Corr. Philosophie., Paris, Aubier.

STAR, S.L., GRIESEMER, J.R. (1989), Institutional Ecology, "Translations" and Boundary Objects: Amateurs and Professionals in Berkeley's Museum of Vertebrate Zoology, 1907-39, *Social Studies of Science* 19 (3), 387-420. https://doi.org/10.1177/030631289019003001.

STEYER, V. (2020), *Le masque de 2004 à 2020 : fausse bonne-idée ou arme absolue ?* Le virus de la recherche, Juin, PUG.

STUTT, R.O., RETKUTE, J.H.R., BRADLEY, M., GILLIGAN, C.A., COLVIN, J. (2020), A Modelling Framework to Assess the Likely Effectiveness of Facemasks in Combination with 'Lock-down' in Managing the COVID-19 Pandemic, *Proceedings of the Royal Society A: Mathematical, Physical and Engineering Sciences,* 476, 2238, 20200376. https://doi.org/10.1098/rspa.2020.0376.

TROMPETTE, P., VINCK, D. (2009), Retour sur la notion d'objet-frontière, *Revue d'anthropologie des connaissances,* 3, 1(1), 5. https://doi.org/10.3917/rac.006.0005.

VINCK, D. (2009), De l'objet intermédiaire à l'objet-frontière: Vers la prise en compte du travail d'équipement, *Revue d'anthropologie des connaissances,* 3, 1(1), 51. https://doi.org/10.3917/rac.006.0051.

WITVORAPONG, N., MUTTARAK, R., POTHISIRI, W. (2015), Social Participation and Disaster Risk Reduction Behaviors in Tsunami Prone

Areas, Édité par Toshiyuki Ojima, *PLOS ONE,* 10 (7), e0130862. https://doi.org/10.1371/journal.pone.0130862.

GESTION DES RISQUES, PANDÉMIE ET PARADOXES DU SYSTÈME DE SANTÉ ET D'ASSURANCE MALADIE FRANÇAIS : POUR UN NOUVEAU MODÈLE DÉCISIONNEL

Didier CASTIEL
Économiste de la santé
Université Sorbonne Paris-Nord, UFR SMBH,
membre du Centre d'Economie de l'Université Paris-Nord (CEPN)
UMR 7234 CNRS-UP13
castiel@univ-paris13.fr

Pierre-Henri BRÉCHAT
Médecin spécialiste de santé publique et médecine sociale,
Assistance publique-Hôpitaux de Paris (AP-HP),
membre de l'Institut Droit et Santé (IDS)
Inserm UMR_S 1145, Université de Paris
pierre-henri.brechat@htd.aphp.fr

RÉSUMÉ

La gestion des risques est une nécessité pour un système de santé et d'assurance maladie, de surcroît s'il est confronté à une crise sanitaire comme celle du Covid-19. L'utilisation ou non de l'évolution de la production scientifique dans la prise de décision, selon le niveau de connaissance disponible, interpelle peu ou prou les modèles décisionnels en matière de gestion des risques, en particulier lors de risques sanitaires.
Cette recherche s'appuie sur l'analyse qualitative de données issues de recherches bibliographiques et de regroupements par item correspondant aux principaux modèles théoriques admis en analyse décisionnelle, pour les interroger au regard de leur capacité à appréhender une crise sanitaire par un système de santé et d'assurance maladie en France et à l'international.
Les outils de décloisonnement des trois principaux modèles trouvés sont en bout de course au sein du système de santé et d'assurance santé français. En considérant l'international, un nouveau modèle décisionnel plus rationnel et corrigé des biais constatés dans les modèles bureaucratique et politique est proposé, afin de mieux répondre aux défis liés à la gestion de

crise du système de santé et d'assurance maladie doublée d'une crise épidémique. Pour gérer une épidémie, il faut un système de santé et d'assurance maladie en capacité de le faire.

Mots-clés : gestion, risques, pandémie, système de santé, système d'assurance maladie, innovation décisionnelle.

ABSTRACT

Risk Management, Pandemics And Paradoxes Of The French Health And Health Insurance System: For A New Decision- Making Model

Risk management is a necessity for a health and health insurance system, in particular facing a health crisis like that of Covid-19. The use or not of scientific knowledge in decision-making, depending on the level of knowledge available, more or less question decision-making models in terms of risk management, that is to say of health risks.
This research is based on qualitative analysis of data from bibliographic researches and groupings by item corresponding to main theoretical models accepting in decision-making analysis to question them according to their capability to apprehend a health crisis by health and health insurance system in France or internationally.
The decompartmentalization tools of the three main models considered here are to be at their end within health and health insurance system. A new decision-making model that is more rational and corrected for the biases observed in bureaucratic and political models is proposed in order to better respond to the challenges linked to crisis management of the health and health insurance system coupled with an epidemic crisis. To manage an epidemic, you need a health and health insurance system capable for doing so.

Keywords : Management, risks, pandemics, health care system, health insurance system, decision making innovation.
JEL Codes: I12, I18, I38

INTRODUCTION

La gestion des risques est une nécessité pour un système de santé et d'assurance maladie, surtout s'il est en plus confronté à une crise sanitaire comme celle due à la pandémie liée au coronavirus (Covid-19) depuis le printemps 2020. Il peut y avoir une crise sanitaire doublée d'une crise économique. Cela appelle à se questionner sur les modèles décisionnels et notamment sur le rapport existant entre connaissances et actions au sein d'un système de santé et d'assurance maladie. La mobilisation des connaissances en économie de la santé, en santé publique et en droit de la santé devient importante pour une nécessaire compréhension interdisciplinaire. L'utilisation ou non de la connaissance scientifique dans la prise de décision, selon le niveau de connaissance disponible, interpelle peu ou prou les modèles décisionnels en matière de gestion des risques et en particulier des risques sanitaires au sein d'un système de santé et d'assurance maladie. Décider, c'est trancher et la notion de décision est consubstantielle à celle de crise. Aussi, gérer les risques, c'est prendre des décisions en situation d'incertitude. C'est d'autant plus difficile que l'opinion n'accepterait en aucune façon que le décideur (le politique) ne fasse pas assez au regard d'une situation de crise et en particulier de crise sanitaire.

Pour un système de santé et d'assurance maladie, les modèles théoriques de prise de décision en matière de gestion des risques concernent un ensemble qui peut comprendre : la gestion des risques iatrogènes (Veber, 2007), des infections nosocomiales et des infections associées aux soins (Dumartin, 2007) ; mais également la sécurité alimentaire (Hirsch, 2007), la sécurité sanitaire environnementale (Zmirou-Navier, 2007) et l'environnement (Deguergue, Torre-Schaub, 2020), ou encore la santé au travail (Imbernon, 2007) et la mise en adéquation des offres d'un continuum d'actions relevant de la sécurité sanitaire (Tabuteau, 2007), de la prévention, des soins ambulatoires et hospitaliers, du médico-social, ayant des effets sur les déterminants de la santé répondant aux besoins de santé de toute la population partout sur le territoire (Bréchat, 2016a) ; mais également la gestion d'une épidémie (Ilef, 2007).

Cela est d'autant plus à prendre en compte que les problèmes du système de santé et d'assurance maladie français tendraient à s'accroître en même temps que ses résultats se dégraderaient (Bréchat, 2016a, 2019, 2020a, 2021 ; Bizard, 2019) et que cela peut être dû à des problèmes de gestion des risques.

Il est donc important de poser ces modèles théoriques de prise de décision, pour les interroger ensuite au regard de leur capacité ou non à apporter une réponse adéquate au phénomène de crise du système de santé et d'assurance maladie. D'autant plus qu'il est confronté à une crise sanitaire liée au Covid-19. Les réponses du système de santé et d'assurance maladie français seront aussi questionnées au regard de celles d'autres systèmes étrangers, dans la perspective d'en découler les voies d'un nouveau système décisionnel en matière de gestion des risques, et en particulier, des risques sanitaires. C'est une nécessité absolue afin de mieux appréhender, les éventuelles crises sanitaires futures.

Une première partie portera sur le développement du cadre théorique usuellement retenu au décours de la prise de décision en situation de crise. Une deuxième partie portera sur la mobilisation de ce cadre face aux crises du système de santé et d'assurance maladie et à celle liée au Covid-19. Les résultats constatés amèneront à proposer dans une troisième partie, un nouveau modèle rationnel corrigé des biais portés par ces modèles en matière d'analyse décisionnelle. Cela, afin de confronter les réflexions théoriques et les expériences concrètes et de proposer une innovation conceptuelle et organisationnelle. Une discussion et une conclusion suivront.

1. LE CADRE THÉORIQUE DE LA PRISE DE DÉCISION EN SITUATION DE CRISE

Compte tenu que l'analyse décisionnelle est consubstantielle à la notion de crise (Appéré, 2006) sont successivement présentés les modèles théoriques décisionnels les plus connus et utilisés comme références (Bérard, 2011), et un modèle de définition de la crise en matière de gestion des risques.

1.1. Les modèles décisionnels

Il y en a trois qui sont traditionnellement distingués. Leur présentation est faite en Annexe 1 et ses Figures 1 et 2 afin d'alléger la lecture, ces modèles étant par ailleurs connus. Il s'agit du modèle rationnel, certainement plus clairement identifié et utilisé en santé publique, du modèle bureaucratique, tel qu'il est issu de la théorie de la bureaucratie (Tirole, 1986) pour son application récente et enfin du modèle politique, qui semble être interpellé aujourd'hui dans le cadre d'une pandémie mondiale.

Si l'on prend en compte les trois modèles traditionnels théoriques de la prise de décision : le modèle rationnel passe pour être plus clair et plus intuitif pour les citoyens et les usagers ; le deuxième modèle, dit bureaucratique, rejoint plutôt les intérêts des professionnels (comportement opportuniste) ; et le modèle politique est purement orienté vers le décideur et ses intérêts propres (en général vers l'opportunisme électoral).

Les systèmes de santé et d'assurance maladie répondent à ces modèles. Le modèle bureaucratique est prédominant dans le système de santé et d'assurance maladie français, au moins jusqu'à l'instauration de la Tarification À l'Activité (T2A) à l'hôpital (Batifoulier, 2017) car depuis, la tutelle qui finance s'est réappropriée l'information sur l'activité de l'hôpital et le bureaucrate (le manager hospitalier) a plus de mal à détourner l'information à son profit : le contrôle de l'activité est devenu permanent et beaucoup plus strict. Il n'a plus la possibilité de dégager un budget discrétionnaire utilisable à ses seules fins. A contrario, les modèles rationnel et politique viennent contrebalancer les biais du modèle bureaucratique dans les 19 systèmes de santé et d'assurance santé intégrés de la High Value Healthcare Collaborative (HVHC) américaine, qui prennent en charge près de 70 millions d'usagers dans 31 États (Foury, 2017). Cette évolution entre système de santé et d'assurance maladie et système de santé et d'assurance santé intégré le facilite (Castiel, Bréchat, 2019). Les deuxièmes ont de bien meilleurs résultats (Castiel, Bréchat, 2019). Par exemple, à Intermountain Healthcare, système laïc à but non lucratif en Utah aux États-Unis d'Amérique, pilier de la HVHC et considéré comme l'un des meilleurs systèmes efficient, efficace et durable au monde et connu en France (Bréchat, 2016a) : il n'y a eu aucun décès parmi leurs professionnels de santé[1], alors qu'il y en a eu près d'un millier dans les autres États de la Fédération[2] et au moins plusieurs dizaines de médecins spécialistes en médecine générale en prenant en charge des usagers atteints du Covid-19 (le nombre de décès des autres professionnels de santé était inconnu). Il n'y a eu aucune plainte en Utah alors qu'il y en a eu plusieurs centaines contre Édouard Philippe (ancien Premier ministre), Olivier Véran (actuel ministre de la santé) ou Agnès Buzyn (ancienne ministre de la santé) par des associations et des particuliers, pour des faits de mise en danger de la vie d'autrui, ou de non-assistance à personne en danger, ou d'homicide involontaire, ou encore en vertu de l'article 223-7 du code pénal[3].

Ainsi, l'on pourrait reprendre ces constats pour faire émerger un modèle de gestion « vertueux » moderne pour les systèmes de santé et d'assurance maladie et santé – intégrant l'environnement, puisqu'il est prévisible que la fonte du permafrost et des calottes glacières ainsi que l'exploitation et les incendies des forêts risquent de « relâcher » d'autres virus.

1.2. Le concept de crise

La crise est par excellence un concept flou. Le concept de crise remonte au moins à Hippocrate : c'est le moment où le sort de la maladie, et donc du malade, se décide. C'est ce point du temps où tout bascule, soit vers le

[1] Pour cela, tous les professionnels de santé ont notamment bénéficié de « face shields » en plus des masques chirurgicaux. Disponible sur : https://clicktime.symantec.com/3G69ikNF36D2Fr4Bkg219JV6H2?u=https://www.youtube.com/watch?v=uYJoKpDmnrI&feature=youtu.be&utm_source=net&utm_medium=hero&utm_campaign=COVID19-faceshields (consulté le 17 août 2020).

[2] Disponible sur : https://www.theguardian.com/us-news/ng-interactive/2020/aug/11/lost-on-the-frontline-covid-19-coronavirus-us-healthcare-workers-deaths-database (consulté le 17 août 2020).

[3] Laugénie M. Covid-19 : plus de 400 plaintes déposées depuis le début de la crise. France Bleu, le 15 avril 2021.

pire, soit vers la guérison. C'est donc avant tout un concept médical. Pour les économistes, la crise désigne également ce point de retournement de la conjoncture, que l'on se situe d'ailleurs à un niveau de conjoncture haut ou bas. La crise désigne ce moment de vérité où tout bascule.

Plus récemment, Lagadec (1991) propose cinq mots pour définir la crise (les 5D) :

- Le déferlement, accompagné le plus souvent de débordement, entraînant une situation d'urgence qui dépasse les capacités de traitement habituelles.
- Le dérèglement, qui menace l'intégralité du système de désagrégation. Ici, on est en quête de l'homme et des recettes miracles et on essaie de trouver des boucs émissaires.
- La décrédibilisation qui reste une menace constante. Cette perte de crédibilité rend la situation d'autant plus incontrôlable.
- Les divergences multiples, entre les acteurs, entre les experts, entre les acteurs et les experts. Chacun y va de son avis sans pour autant arriver à maîtriser le phénomène, ni d'avoir de solution miracle.
- La déstabilisation reste la conséquence de tout ceci et provoque des phénomènes de rupture et de turbulences. Les perceptions et les représentations sont alors faussées.

2. LES MODÈLES DÉCISIONNELS FACE AUX CRISES DU SYSTÈME ET DU CORONAVIRUS

Après s'être posé la question de savoir s'il y a bien une crise du système et si cet épisode épidémique relève bien d'une situation de crise, il sera possible d'en préciser les natures éventuelles (sanitaire et/ou autres) et d'étudier dans quelles mesures les modèles décisionnels précédemment présentés peuvent s'appliquer à cette situation inédite. Et est-il possible d'en découler un nouveau modèle décisionnel en matière de gestion des risques lors d'une situation de crise ou d'urgence ?

2.1. Les outils de décloisonnement des trois principaux modèles théoriques en bout de course au sein du système de santé et d'assurance maladie français ?

L'exemple de la planification en santé…

Depuis 2009, la planification de la santé concilie, via des travaux décloisonnant les trois modèles au sein notamment d'un Projet Régional de Santé (PRS), un équilibre entre les besoins et les demandes de santé d'une population donnée sur un territoire donné et les offres d'un continuum d'actions. Bréchat & Jourdain (2020) montraient que le principe des « gestionnaires », représentants du modèle politique était : « *[de faire] émerger des thèmes prioritaires […], de nouveaux outils ou de nouvelles formes de services »* alors que celui des « administrateurs », représentants du modèle bureaucratique, et des « acteurs de la démocratie sanitaire », représentants du modèle rationnel était : *« du concret », […] pas un catalogue de bonnes intentions […] du concret, d'où [des] actions […], de l'opérationnel [avec] un peu de communication* ». Le PRS les oblige de moins en moins à travailler ensemble et à trouver des consensus et des compromis. De plus, il n'y a plus d'enseignement de cette discipline depuis des années (Bréchat, Jourdain, 2020). Malgré les alertes (Bouzlafa, 2017), il n'y a pas eu d'amélioration. Ainsi, en 2021, le constat suivant était posé : « Censées donner leur avis sur le projet régional de santé et autres sujets territoriaux, les associations [d'usagers] déplorent un manque, voire une absence totale de concertation [par les Agences Régionales de Santé (ARS)] »[4].

…doublé de l'exemple de la démocratie sanitaire…

Depuis 2002, les Conférences Régionales de Santé (CRS) puis les Conférence Régionale de la Santé et de l'Autonomie (CRSA), sont des lieux de débats entre les représentants de l'État et de l'assurance maladie, les professionnels et les acteurs de santé, les usagers et leurs représentants, les citoyens et les élus, pour l'établissement des priorités de santé régionales et la mise en œuvre du PRS. Pourtant, lorsque les représentants d'associations d'usagers et les citoyens proposent des priorités et des actions, elles ne sont pas prises en compte. Ils parlent d'un « déficit de démocratie » (Bréchat, 2012). Ces instances ont un rôle uniquement consultatif où les représentants d'associations étaient dénoncés en 2010 comme n'être que des « alibis » démocratiques alors qu'ils demandent à devenir des coconstructeurs du système de santé et d'assurance maladie (Bréchat, 2010). Malgré les alertes (Bréchat, 2013), il n'y a pas eu d'amélioration. Ainsi, en 2021, « les usagers en santé alert[ai]ent sur les dysfonctionnements graves de la démocratie en santé à l'échelle régionale et territoriale »[5].

…triplé de l'inégalité de la représentation des modèles chez les responsables du système de santé et d'assurance maladie

Peu de représentants du modèle rationnel sont devenus des responsables du système de santé et d'assurance maladie. La grande majorité des responsables du système de santé et d'assurance maladie

[4] Martos S. La démocratie sanitaire en panne dans les territoires ? Peu concertées et sous-financées, les associations d'usagers réclament des moyens. Le Quotidien du Médecin, le 15 février 2021.

[5] Martos S. La démocratie sanitaire en panne dans les territoires ? Peu concertées et sous-financées, les associations d'usagers réclament des moyens. Le Quotidien du Médecin, le 15 février 2021.

français sont des représentants des modèles politique et bureaucratique qui en plus, ont peu développé le modèle rationnel, la démocratie sanitaire ou la planification en santé alors que c'est le contraire dans les systèmes intégrés. La mise en œuvre de la loi n°2002-303 du 4 mars 2002 relative aux droits des malades et à la qualité du système de santé restait à optimiser en 2021 (Bréchat, 2021). En 2021, « les syndicats des agents de droit public [des ARS] dénon[çai]ent une absence de démocratie dans la gestion »[6].

Ces travaux alertent sur le fait que les dispositifs qui devaient permettre de décloisonner les travaux des représentants des trois modèles, ne fonctionnent pratiquement plus. Et malgré les alertes, il n'y a pas eu d'amélioration.

Les réformes du système de santé et d'assurance maladie sous contraintes économiques remettent pourtant de plus en plus en cause les valeurs éthiques et déontologiques (Caillol, 2010), mais aussi les principes d'égalité, de solidarité et de fraternité (Bréchat, 2016a).

De plus, les résultats systémiques ne sont pas là : si en 2000, la France était première en fournissant les meilleurs soins de santé généraux selon le rapport sur la santé dans le monde de l'Organisation mondiale de la santé (OMS)[7], en 2017, la France n'était plus qu'au 15ième rang mondial sur 195 pays pour la qualité et l'accessibilité de son système de santé selon la Revue scientifique « The Lancet » (GBD 2015 Healthcare Access and Quality Collaborators, 2017). De plus, dans le classement 2020 de l'Institut Lowy de Sydney des pays qui ont le mieux géré la crise du Covid-19, la France n'était qu'à la 73ième place sur près d'une centaine de pays pris en compte.

2.2. Une crise sanitaire ?

D'une crise sanitaire…

Si l'on passe cette situation sanitaire particulière au crible de cette grille de lecture, force est de constater que la gestion de l'épidémie de Covid-19 en France constitue bien un épisode de crise sanitaire. Ce qui peut expliquer la déstabilisation encore plus importante de tout le système (Bréchat, 2016a ; Bizard, 2019) qui s'ensuivit, y compris une déstabilisation de tout le système économique : la crise sanitaire s'est rapidement transformée en crise économique.

---

6 APM news. ARS : les syndicats des agents de droit public dénoncent une absence de démocratie dans la gestion. Le 9 mars 2021.

7 Cinq indicateurs ont été pris en compte : 1)- niveau de santé général de la population ; 2)- inégalités (ou disparités) de santé dans la population ; 3)- degré général de réactivité du système de santé (satisfaction des malades conjuguée au bon fonctionnement du système) ; 4)- distribution de la réactivité dans la population (satisfaction des personnes de niveaux économiques divers vis-à-vis des services fournis par le système de santé) ; 5)- et répartition de la charge du financement du système de santé au sein de la population (qui assume les coûts).

Au regard du déferlement, il est clair que les capacités de traitement habituelles ont été dépassées : urgences en situation de saturation, patients envoyés dans des pays limitrophes comme l'Allemagne pour se faire soigner, manque criant de lits de réanimation et de respirateurs, manque de masque et de blouses pour les soignants, manque de tests et de certains médicaments, voire de doses de vaccins, sont autant d'exemples du déferlement. La transformation des services en réanimation a pu empêcher des hospitalisations nécessaires par ailleurs. Certains pays, comme l'Allemagne ont choisi de construire rapidement un hôpital dédié à la prise en charge de l'épidémie pour éviter cela. La Colombie quant à elle, a choisi de construire 5 347 lits de soins intensifs supplémentaires entre février et octobre 2020[8].

Le dérèglement est tout aussi évident : la mise en place d'un Comité scientifique de suivi de l'épidémie par le décideur témoigne de cette quête de l'homme miracle et de la solution miracle. Il peut aussi témoigner de la nécessité de prendre en compte la production scientifique afin de permette au décideur de prendre les meilleures décisions, ce que ne ferait finalement pas assez le modèle bureaucratique. Cela révèle une faille supplémentaire puisque les revues scientifiques publient 1,8 million d'articles dans le monde, avec un taux de croissance annuel de 2,3 % entre 1995 et 2005 (Cubut, Larousserie D, 2013) et qu'une partie de cette littérature scientifique, peut-être la moitié, comporterait des erreurs (Horton, 2015). Ces articles peuvent intéresser les représentants des modèles rationnel, bureaucratique et politique.

La décrédibilisation est tout autant évidente : l'exemple du discours changeant en permanence sur les masques par exemple n'a pu que contribuer à la décrédibilisation du décideur : lorsqu'ils étaient disponibles en nombre insuffisant, ils ont été présentés, voire déclarés comme étant inutiles, puis indispensables, voire obligatoires, dès lors que les approvisionnements ont pu être rétabli (Peronne, 2020).

Les divergences sont également notables : l'exemple le plus parlant est certainement la polémique venue de Marseille autour de l'efficacité ou non de l'hydroxychloroquine dans le traitement de la Covid-19. Ce qui est certain, c'est que l'utilisation de ce médicament pour un usage non initialement prévu a certainement privé un certain nombre de patients de ce traitement antipaludéen dont ils avaient fortement besoin, en créant des tensions en termes d'approvisionnement sur ce marché bien particulier. Cela révèle encore une autre faille du modèle bureaucratique qui est trop lourd pour organiser rapidement et sans conflit d'intérêts des études

---

[8] Álvarez Moreno C. Politiques de santé en Colombie. **Communication orale.** Webinaires « Santé, urgence sanitaire et vaccin dans le cadre de la crise sanitaire de la covid-19 » – Séance 1. **Institut Droit et Santé de l'université de Paris** en partenariat avec l'**Association franco-colombienne de Chercheurs (Colifri)** et l'**Institut Pasteur. Le 17 novembre 2020.**

scientifiques dont les résultats peuvent permettre au décideur de prendre les meilleures décisions.

Plus que la prise en charge de la pandémie, le fonctionnement même du système de santé et d'assurance maladie n'est plus assuré par des outils forçant les représentants des trois modèles à travailler ensemble.

...à une crise économique

Certes, il est encore trop tôt pour dresser le bilan économique de cette crise. Mais quelques tendances peuvent être esquissées. L'économie mondiale est toute entière fragilisée par la pandémie. Par exemple, aux Etats-Unis, 32 états sur les 34 étudiés déclarent voir leur nombre de bénéficiaires du programme Medicaid, destiné aux plus pauvres, augmenter et 27 états projettent une augmentation des dépenses dans le cadre de ce programme pour 2021, de l'ordre de 6,2 % annuels en moyenne (Rudowitz, Hinton, 2020). C'est ainsi que 4 américains sur 10 ont perdu leur emploi depuis le début de la crise sanitaire. Au deuxième trimestre 2020, le PIB des Etats-Unis s'est effondré de 33 %. Avec cette deuxième chute trimestrielle consécutive, la première économie du monde est officiellement entrée en récession. Au premier trimestre, le PIB américain avait reculé de 5 %.

L'Espagne est elle aussi entrée en récession au deuxième trimestre, après un effondrement de son produit intérieur brut (PIB) de 18,5 % lié à la pandémie de coronavirus, selon les données publiées par l'Institut national de la statistique (INE).

L'Allemagne, le moteur économique de l'Europe, a annoncé un « plongeon historique » de 10,1 % de son PIB au deuxième trimestre. Le pays connaît ainsi sa pire récession depuis l'après-guerre : la contraction de son PIB est bien supérieure à celle de 4,9 % qu'elle a connue au plus fort de la crise financière de 2009.

Les experts s'attendent cependant à un net rebond : en plus des mesures de soutien nationales, Berlin compte profiter du plan de relance européen de 750 milliards d'euros, décidé par les 27 à Bruxelles mi-juillet 2020.

D'avril à juin, le PIB a également fortement chuté en Belgique, de 12,2 %, en Autriche, de 10,7 %, et au Mexique, de 17,3 %.

Quant à la France, elle semble plutôt assez bien tirer son épingle du jeu, ayant mis en place rapidement des mesures en faveur de la préservation de l'emploi ou à défaut d'un certain niveau de revenu (prise en charge financière confortable du chômage partiel) afin de soutenir la croissance. Des plans de soutien aux secteurs les plus en difficulté (automobile, bâtiments et travaux publiques, tourisme, aéronautique...) ont été rapidement décidés.

Compagnies pétrolières, avionneurs, constructeurs automobiles paient un lourd tribut à la crise, avec des pertes abyssales au deuxième trimestre : de 8,4 milliards de dollars pour Total et de 18,1 milliards de dollars pour l'anglo-néerlandais Royal Dutch Shell, tandis qu'Airbus a accusé une perte nette de 1,9 milliard d'euros au premier semestre.

Il ne peut s'agir de dresser ici un bilan complet de la situation économique, mais simplement de cibler quelques indicateurs afin de préciser l'ampleur inédite de cette crise économique dont les conséquences dépassent d'ores et déjà celles de la crise financière de 2008. Ce qu'il est important de noter, c'est la vitesse avec laquelle la crise sanitaire s'est transformée en crise économique… Le confinement adopté comme seule solution barrière à la diffusion du virus a limité les possibilités de se rendre sur son lieu de travail et donc les possibilités de production. Tout comme ce confinement a limité les possibilités d'achats pour les consommateurs (fermeture physique des commerces non essentiels). La question sanitaire a donc rapidement impacté l'ordre économique local, mais aussi international, dans la mesure où plus de 80 % des produits que nous consommons sont soit directement produits sur le marché asiatique (Chine principalement), soit incorporent des éléments dont la fabrication est sous-traitée en Asie. Comme la Chine est entrée en confinement avant les autres, sa production a été rapidement réduite et des difficultés d'approvisionnements ont vu le jour, couplées à un quasi-arrêt des transports aériens. Si les approvisionnements en provenance de Chine ont un tant soit peu continué, c'est en prenant des voies détournées (voies maritimes), en passant par des escales les plus improbables (limitées aux ports acceptant encore les navires en circulation, comme le Kazakhstan, l'Azerbaïdjan ou encore certains ports russes) et avec un délai d'acheminement d'un à deux mois.

Aussi, cette épidémie mondiale a bien engendré une situation de crise sanitaire suivie d'une crise économique.

Il est donc nécessaire de trouver un nouveau modèle pour que les représentants des trois modèles travaillent davantage ensemble, à trouver les meilleures solutions afin de résoudre les problèmes et d'améliorer les résultats pour les représentants des trois modèles. D'autant plus qu'il ne s'agit plus de gérer seulement une crise après l'autre ou ici, une crise de système d'autant plus révélée par la pandémie et doublée d'une crise économique, puisque « la crise » est devenue globale et sans fin (Revault d'Allonnes, 2012).

3. POUR UN NOUVEAU MODÈLE RATIONNEL CORRIGÉ DES BIAIS DES MODÈLES BUREAUCRATIQUE ET POLITIQUE

Les systèmes de santé et d'assurance santé intégrés de la HVHC américaine appliquent les modèles rationnel et politique et réduisent les biais du modèle bureaucratique hérité de la période où ils étaient des systèmes de santé et d'assurance maladie basé sur le modèle de l'hôpital entreprise (Castiel, Bréchat, 2019). Comme Intermountain Healthcare, ils promeuvent une prise en compte de toute la littérature scientifique par les professionnels de santé et de la satisfaction des usagers (modèle rationnel), en laissant une place aux décideurs du système de santé et d'assurance santé (modèle bureaucratique) et en considérant le point de vue du politique (modèle politique). Via un objectif démocratique, cela leur permet de coconstruire et de cofinancer des parcours de santé étayés par des Recommandations de Bonne Pratique (RBP) évolutives en fonction des résultats obtenus par objectifs du « Triple Aim » : améliorer la santé de la population, accroître la qualité des soins, tout en maîtrisant les coûts. Le Triple Aim a été conceptualisé par Donald Berwick et l'Institute for Healthcare Improvement (IHI) américain (Berwick, 2008). Il est considéré comme le fondement absolument nécessaire de la transformation du système de santé et d'assurance maladie. Ils mettent aussi en oeuvre le « Quadruple Aim » pour améliorer la vie professionnelle des personnels de santé et de leurs responsables afin d'accroître leur engagement. Ils prennent aussi en compte les enjeux environnementaux via un objectif environnemental (Bréchat, 2020b). Tout cela permet une amélioration continue de la qualité partagée entre professionnels, décideurs, usagers et population puisque l'ensemble de ces travaux est rendu public sur une bibliothèque de santé informatique appelée « Health Knowledge ». Cela favorise la meilleure codécision en santé entre décideur (politique), professionnel et assureur mais aussi entre usager et professionnel de santé. Cela permet aussi de prendre les meilleures décisions possibles en matière de gestion des risques iatrogènes, des infections nosocomiales et infections associées aux soins, en matière de sécurité alimentaire et environnementale mais aussi de sécurité au travail, en mise en adéquation des offres du continuum avec les besoins de santé de toute la population partout sur le territoire (Bréchat, 2016a, 2020a), mais également en gestion d'épidémie (Ilef, 2007).

Le nouveau modèle rationnel corrigé des biais des modèles bureaucratique et politique va s'appuyer sur la prise en compte de la littérature scientifique et des variations de résultats par objectif et par territoire. Les objectifs sont ceux du Triple Aim, du Quadruple Aim, de l'exigence de prise en compte démocratique et des enjeux liés à l'environnement, soit le « Six Aim » (Bréchat, 2020b). Pour améliorer ces résultats qui peuvent être rendus publics, les représentants des trois modèles sont obligés de travailler ensemble, voire de former des équipes. La seule façon d'y arriver est de décloisonner les trois modèles. Cela est d'autant plus rapide quand les représentants peuvent être identifiés et que les résultats sont rendus publics (Bréchat, 2020b). Cela favorise le passage d'un système de santé et d'assurance maladie au système de santé et d'assurance santé intégré qui peut alors aussi devenir un objectif (Castiel, Bréchat, 2019). Les américains ont développés des systèmes informatiques facilitant la mise en place d'une telle gouvernance (Bréchat, 2016a). La Figure 3 illustre cette nouvelle proposition de modèle. Les trois modèles théoriques doivent trouver des zones d'accord et chaque tenant d'un des modèles doit se confronter à l'un ou l'autre des modèles afin de travailler ensemble dans la vision d'atteindre des objectifs communs à partager, à choisir parmi ceux portés par le Six Aim.

Figure 3. Un nouveau modèle de prise de la décision

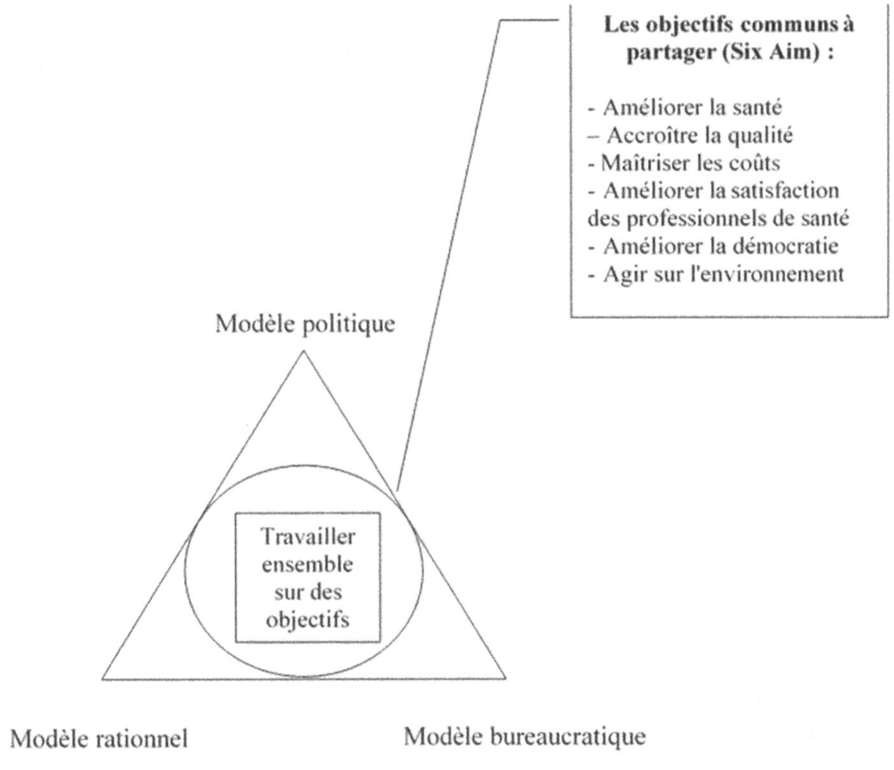

4. DISCUSSION : LES MODÈLES DÉCISIONNELS ET LA CRISE SANITAIRE

Le dispositif de santé et d'assurance maladie français est basé sur le modèle de l'hôpital-entreprise (Castiel, Bréchat, 2019) et les modèles politique et bureaucratique au détriment du modèle rationnel. Ses résultats, tant en termes systémiques que de gestion de la crise de la Covid-19, peuvent les remettre en cause d'autant plus que les systèmes intégrés s'appuient davantage sur le modèle rationnel et ont de bien meilleurs résultats que le premier (Castiel, Bréchat, 2019).

Il y a donc une crise de santé publique en France qui est née précisément du fait que sa nature et l'importance sanitaire de l'enjeu sont sous-évaluées, très certainement parce que les connaissances et les incertitudes scientifiques n'ont pas été maîtrisées.

L'incertitude n'a été en aucune façon anticipée et maîtrisée : le décideur a attendu que les problèmes arrivent alors même qu'une suspicion importante était connue, mais elle a été sous-estimée (Bréchat, 2016b, 2020a).

Une fois l'épidémie avérée, afin de maîtriser l'incertitude, un Comité scientifique a été créé, véritable caution scientifique des décisions politiques à venir dans un climat de saisine de la justice. Le modèle de décision politique semble, du moins au départ, relever d'une forme classique de décision rationnelle. Les options sont identifiées après une période de flottement : le port du masque, puis rapidement, le confinement, seule solution qui semble *a priori* efficace au regard de l'absence de connaissances scientifiques sur le sujet, alors même que ce Comité scientifique est supposé apporter une solution scientifiquement connue et approuvée par la communauté scientifique. Ainsi, parmi les options en compétition, seule celle du confinement ressort comme étant la plus rationnelle. Certes, l'option d'élaboration et de fabrication du vaccin est envisagée, mais le délai pour sa disponibilité est trop lointain : le politique ne peut se permettre d'attendre au mieux jusqu'à l'automne 2020 pour apporter une solution à la population, même si le protocole d'élaboration d'un nouveau vaccin peut être allégé. De plus, il n'est pas possible de tracer et d'isoler pour éviter un confinement massif comme en Corée du Sud (Amblard, 2020) car il n'y a pas les stocks de masques et de tests pour cela (Peronne, 2020). Seule la piste du confinement général complet ou incomplet, via le couvre-feu, est donc engagée pour un moyen ou long terme. Mais à court terme le modèle politique prend le dessus pour l'imposer, le modèle bureaucratique étant dépassé et le modèle rationnel ne le pouvant pas, car ayant été trop peu développé.

Les experts scientifiques proposeront des décisions sanitaires, malgré leurs divergences avérées. *In fine*, le décideur travaillera plus sur la dimension économique de la crise sanitaire et les décisions qu'il prend sont plutôt en faveur du maintien de l'emploi, du moins autant que faire se peut, et du maintien de la croissance, mais ici c'est plus difficile quand par ailleurs un confinement général est décidé.

Comme, en 2020-2021, nous ne sommes pas en année électorale (2022), il est plus difficile de penser que l'intérêt individuel du décideur politique passe avant celui de la collectivité. L'objectif semble plutôt de pouvoir se justifier *a posteriori*, par exemple sur le manque de masques et travailler sur des solutions économiques, ressort plus de l'écran de fumée visant à masquer l'incapacité du décideur à apporter une véritable solution médicale et du système de santé et d'assurance maladie dans son ensemble, à un problème sanitaire. Si un « Ségur de la santé » a bien été mis en place en 2020 pour tenter de trouver des solutions aux problèmes du système, il a surtout débouché sur une tentative d'amélioration des rémunérations des professionnels de santé, surtout hospitaliers (Bréchat, 2020c). Bref, les réponses de nature économique visent à masquer l'absence de réponses sanitaires, tout en donnant l'impression d'agir : le modèle politique décrivant l'opportunisme du décideur est donc bien présent.

Il convient donc de proposer un nouveau paradigme, véritable innovation sociale, qui s'accompagnera nécessairement d'une innovation du modèle économique sous-jacent. Ce nouveau modèle de gestion des risques rationnel corrigé des biais des modèles bureaucratique et politique que nous proposons se base sur le « Six Aim », largement inspiré de la situation observée aux États-Unis (Bréchat, 2021). D'aucuns pourront arguer que ce modèle est loin d'être vu comme social, du moins de notre position européo-centrée, d'autant plus que le résultat global produit est plutôt un échec : les États-Unis font partie des pays dans le monde où il y a le plus de décès liés au Covid-19, du moins en chiffres absolus. Cependant, c'est oublier que les États-Unis ne sont pas un système de santé unique, et que 31 des 51 États ont géré la crise sans suivre les directives fédérales imposées selon le diktat d'un pur modèle politique. Ces 31 États où opèrent les systèmes de santé et d'assurance santé intégrés innovants de la HVHC, et prennent en charge près de 70 millions d'usagers, ont bien compris que tous doivent collaborer pour atteindre les objectifs partagés par tous : améliorer et protéger la santé de toute la population partout sur le territoire, produire des soins de qualité, en respectant la maîtrise des dépenses, tout en préservant l'environnement et la satisfaction des usagers et des professionnels de santé. C'est donc une vraie leçon qui nous est offerte ici et donc une vraie opportunité pour réfléchir au nécessaire changement de paradigme : créer un nouveau modèle décisionnel fédérant en réalité les trois modèles usuellement reconnus.

Pour cela, les représentants des trois modèles peuvent travailler ensemble et analyser en continu la production scientifique et conceptuelle ainsi que les informations sur les besoins de santé et les variations d'activité des actions du continuum ainsi que les résultats obtenus par rapport aux Six Aim. Ils prennent en compte la satisfaction des professionnels de santé et des usagers. Ils bénéficient pour cela d'un système informatique national moderne en capacité de produire en continu des tableaux de bords et des Atlas. Cela permet de générer une émulation collective pour solutionner les problèmes. Ils peuvent coconstruire des recommandations de bonnes pratiques. Ils ont des formations initiales et continues en commun, qui portent sur l'amélioration continue de la qualité ou encore sur le management de confiance. Ces travaux favorisent l'engagement des services déconcentrés des ministères concernés par la santé (éducation nationale, enseignement supérieur et recherche, sports, jeunesse, personnes âgées, transports, environnement, etc.), des assurances maladies, des collectivités territoriales ou des représentants d'associations d'usagers. Ils favorisent aussi le renouveau de la planification sanitaire et de la démocratie sanitaire (Bréchat, Lopez, 2017). C'est ainsi que les systèmes de la HVHC mettent en place un nouveau modèle décisionnel plus rationnel et corrigé des biais constatés dans les modèles bureaucratique et politique (Bréchat, 2016, 2021). Cela leur permet d'avoir de biens meilleurs résultats (Castiel, Bréchat, 2019 ; Bréchat, 2021) et de résoudre les défis qu'ils avaient et que nous avons aujourd'hui comme : la progression des « déserts médicaux » ; la difficulté pour les « usagers complexes » – c'est-à-dire âgés, atteints de pathologies chroniques, précaires – d'être pris en charge ; l'engorgement des urgences ; ou le développement de la prévention, de l'amélioration continue de la qualité ou du management de confiance (Bréchat, 2019).

CONCLUSION

Particulièrement révélée lors de la prise en charge de la pandémie au Covid-19, le modèle français peut être caractérisé par la mise en place d'une dissociation entre les modèles politique et bureaucratique qui sont en extension au détriment du modèle rationnel qui tend à être éliminé. Le premier modèle est affirmé de plus en plus par les plus hauts responsables du gouvernement et le second est développé, comme avec la nomination de sous préfets chargés de mission dans le cadre de la déclinaison territoriale du plan de relance de novembre 2020. Le modèle rationnel n'est pas assez soutenu malgré le « Ségur de la santé » (Bréchat, 2020c) et ne peut répondre aux crises. De plus, la planification sanitaire (Bréchat, Jourdain, 2020) et la démocratie sanitaire (Bréchat, 2010, 2012, 2013, 2021), en charge d'associer les représentants des trois modèles, sont mises sous silence au profit de cabinets de conseil privés dans le domaine de la santé, souvent internationaux[9]. Il y a ainsi une triple fracture : un modèle politique qui s'affirme en faisant appel aux cabinets de conseils au détriment de l'expertise qui peut venir des deux autres modèles ; les modèles politique et bureaucratique qui font abstraction de la planification sanitaire et de la démocratie sanitaire, en laissant le modèle rationnel en déshérence. Cela peut interroger au moment où une mobilisation générale du modèle rationnel est nécessaire pour prendre en charge les « vagues successives » de la pandémie au Covid-19 et celles des autres crises, comme celle liée aux pathologies chroniques. Cette pandémie pourrait être pourtant une occasion de refonder une nouvelle gouvernance entre les trois modèles au profit du troisième, afin de pouvoir enfin convenablement faire face aux crises. C'est ce que propose l'Institut santé

---

[9] Castiel D., Bréchat P.-H. (2019), Le conseil en santé : grâce au privé, disgrâce du public. Innovations. Le Réseau de Recherche sur l'Innovation. Les blogs d'Alternatives Économiques, le 31 mars 2021.

pour refonder notre système de santé en s'appuyant sur des réussites internationales (Bizard, 2020).

La gestion des risques en cette période de pandémie au Covid-19 est bien un révélateur supplémentaire des paradoxes du système de santé et d'assurance maladie français. Cette pandémie montre bien que le modèle politique a permis au décideur de reprendre la main sur le modèle bureaucratique dépassé en tentant de mobiliser le modèle rationnel. Il a tenté de reprendre en main *a minima* un système en crise pendant une crise. Sans réforme globale et d'ampleur, ces crises risquent de se surajouter lors des « vagues successives » de la pandémie au Covid-19 et des autres crises, risquant de se retourner contre lui (Bréchat, 2016b, 2020a, 2020b, 2021 ; Bizard, 2019).

Pour gérer une épidémie, il faut un système de santé et d'assurance maladie qui soit en capacité de le faire. Le système français basé sur le modèle de l'hôpital-entreprise l'est moins que les systèmes de santé et d'assurance santé intégrés étrangers (Castiel, Bréchat, 2020). Pour arriver à cela, il faut dépasser les modèles de gestion en cours et élaborer, tester et mettre en œuvre si le test est positif un nouveau modèle rationnel corrigé des biais des modèles bureaucratique et politique, qui sera évalué.

Une telle évolution est proposée en France (Bréchat, 2016a, 2020a, 2020b ; Bizard, 2019) mais se heurte aux représentants des modèles bureaucratique et politique (Bréchat, 2021). Pourtant, la déstabilisation, comme nous l'avons évoquée, est évidente, s'étendant même à la sphère économique, et « la crise » est devenue globale et sans fin (Revault d'Allonnes, 2012).

Comme l'écrit Pierre-Gerlier Forest, ancien sous-ministre adjoint de Santé Canada : « la confiance peut revenir. Mais elle repose en dernière instance sur le consentement actif de la population. [...] Des centaines d'expériences ont montré de manière probante qu'il est possible de fonctionner d'une autre manière et qu'un consensus profond et durable peut en résulter » (Forest, 2000).

Pour cela, il faut prendre en compte les connaissances scientifiques, comme celles concernant la gestion des risques, au sein d'une réforme globale du système de santé et d'assurance maladie (Bizard, 2019) et de sa gouvernance renouvelée en faveur de la mise en place d'un modèle de gestion « vertueux », moderne et d'un système de santé et d'assurance santé intégré (Castiel, Bréchat, 2019).

BIBLIOGRAPHIE

AMBLARD, F. (2020), Comment la démocratie coréenne a-t-elle dompté Covid-19 ? Partie I. Traçage, isolement, consensus thérapeutique, et déconfinement, Analyse et récit, Ulsan.

APPÉRÉ, G (2006), Gestion des risques et information endogène, *Revue française de gestion*, 162, 63-76.

BATIFOULIER, P., CASTIEL, D., BRECHAT, P.-H. (2017), La tarification à l'activité : une complexité contre-productive pour la santé des populations, *SÈVE : Les tribunes de la santé*, Paris, Editions de Santé et Presses de Sciences Po, 54, 61-78.
BERARD, C (2011), La démarche décisionnelle dans les systèmes complexes : incrémentalisme et rationalités, Congrès AIMS, Nantes.
BERWICK, D. M., NOLAN, T. W, WHITTINGTON, J. (2008), The triple aim: care, health, and cost, *Health Affairs*, 27, 3, 759-769.
BIZARD, F. (dir) (2020), *Et alors ! La réforme globale de la santé c'est pour quand ? Plaidoyer pour une refondation de notre système de santé*, Paris, Fauves Editions.
BOUZLAFA, L, BRECHAT, PH, GRAVELAT, C, LOPEZ, A, RAIMONDEAU, J. *et al.* (2017), Plan Stratégique Régional de Santé et Agence Régionale de Santé : Bilan mitigé en faveur d'améliorations, *Droit & Santé*, 80, 771-781.
BRÉCHAT, P.-H. (2013), Renforcer la démocratie sanitaire et la participation des citoyens et des usagers aux politiques de santé pour la protection et le développement de la démocratie française, *Journal de Droit de la Santé et de l'Assurance Maladie*, 2, 31-36.
BRÉCHAT, P.-H. (2016a), *Sauvons notre système de santé et d'assurance maladie*, Rennes, Presses de l'EHESP.
BRÉCHAT, P.-H. (2020a), Moderniser et transformer un système de santé et d'assurance maladie : conseils de ceux qui y arrivent, Chronique 1 – Organisation sanitaire, politiques de santé, *Journal de Droit de la Santé et de l'Assurance Maladie*, 25, 73-86.
BRÉCHAT, P.-H. (2020b), Les innovations scientifiques et technologiques : moyens de lutte contre les inégalités de santé. Pour un système de santé et d'assurance maladie vertueux, efficient, socialement efficace et durable en faveur des générations futures, in Deguergue M., Torre-Schaub M., *Environnement et santé. Progrès scientifiques et inégalités sociales*, Collection « De Republica », Université Paris 1 Panthéon-Sorbonne, Paris, Éditions de la Sorbonne, 109-140.
BRÉCHAT, P.-H. (2020c), « Ségur de la santé » : une opportunité historique pour réformer le système de santé et d'assurance maladie, *Droit & Santé*, 98, 1126-1131.
BRÉCHAT, P.-H., BRÉCHAT, N., FULTON, R., SMITH, D. (2019), Réduire les « déserts médicaux » et désengorger les urgences tout en prenant en charge les « usagers complexes » et le développement de la prévention et diminuer les inégalités de santé est possible : des systèmes y parviennent, Chronique 1 – Organisation sanitaire, politiques de santé, *Journal de Droit de la Santé et de l'Assurance Maladie*, 22, 28-35.
BRÉCHAT, P.-H., GRAVELAT, C., ORTMANS, C. *et al.* (2016b), Médecins de santé publique du système de santé et d'Assurance maladie : leurs demandes aux candidats à la présidentielle de 2017, *Droit & Santé*, 74, 861-868.

BRÉCHAT, P.-H. (2021), Loi relative aux droits des malades et à la qualité du système de santé du 4 mars 2002 : pour un aboutissement, 20 ans après. Chronique 1 – Organisation sanitaire, politiques de santé, *Journal de Droit de la Santé et de l'Assurance Maladie*, 28, 46-71.
BRÉCHAT, P.-H., GROS, J., HAON, M., JEUNET O., MAGNIN-FEYSOT, C. *et al.* (2010), Représentants d'associations d'usagers et Loi « Hôpital, patients, santé et territoires » : enjeux et douze propositions, *Santé publique*, 22, 1, 131-146.
BRÉCHAT P.-H., JEUNET O., ATTARD A., ROMAGNAN B., LAJOUX, M., MAGNIN-FEYSOT, C. *et al.* (2012), Représentants d'associations d'usagers et priorités de santé : Un déficit de démocratie, *Journal d'Économie et de Gestion Médicales*, 30, 6, 351-366.
BRÉCHAT, P.-H., JOURDAIN, A. (2020), Représentation des acteurs de la mise en œuvre du projet régional de santé dans deux régions, Santé publique, 32, 1, 69-86.
BRÉCHAT, P.-H., LOPEZ, A. (2017), Pour des agences régionales de santé dotées de plus de moyens de régulation, *SÈVE : Les tribunes de la santé*, Paris, Éditions de Santé et Presses de Sciences Po, 55, 75-87.
BRÉCHAT, P.-H., MAGNIEN-FEYSOT, C, JEUNET, O. *et al.* (2016a), Ce que demandent les représentants d'associations d'usagers de l'ARUCAH aux candidats à la présidentielle de 2017, *Droit & Santé*, 71, 354-361.
CAILLOL, M., LE COZ, P., AUBRY, R., BRECHAT, P.-H. (2010), Réformes du système de santé, contraintes économiques et valeurs éthiques, déontologiques et juridiques, *Santé publique*, 22, 6, 625-636.
CASTIEL, D., BRÉCHAT, P.-H. (2019), La qualité des soins, un nouvel outil de régulation de l'hôpital sous contrainte budgétaire ? Un modèle pourtant proposé par Feldstein dès 1977, *Marché et organisations*, 36, 205- 230.
CUBUT, S., LAROUSSERIE, D. (2013), A qui appartient le savoir ?, *Le Monde*, 12 mars.
COHEN, M., MARCH, J., OLSEN, J. (1972), A Garbage Can Model of Organizational Choice, *Administrative Science Quarterly*, 17, 1, 1-25.
DEGUERGUE, M., TORRE-SCHAUB, M. (2020), *Environnement et santé. Progrès scientifiques et inégalités sociales*, Collection « De Republica », Université Paris 1 Panthéon-Sorbonne, Paris, Éditions de la Sorbonne.
DUMARTIN, C. (2007), Infections nosocomiales et infections associées aux soins, in Bourdillon F, Brücker G, Tabuteau D (dir), *Traité de santé publique*, Paris, Editions Médecine-Sciences Flammarion, 78-90.
FOURY, C. (2017), La High Value Healthcare Collaborative américaine : un modèle pour l'Europe et pour la France, *Revue Hospitalière de France*, novembre-décembre, 49-53.
FOREST, P.-G. (2000), Le pouvoir, les incitations, la confiance, in Henrard J.-C., Bréchat P.-H. (dir), Dossier « Politiques et programmes nationaux de santé », *Actualité et Dossier en Santé Publique*, 50, 59.

GBD (2015), Healthcare Access and Quality Collaborators. (2017), Healthcare Access and Quality Index based on mortality from causes amenable to personal health care in 195 countries and territories, 1990-2015: a novel analysis from the Global Burden of Disease Study 2015, *The Lancet*, 15, 390(10091), 231-266.
HORTON, R. (2015), Offline: What is medicine's 5 sigma? *The Lancet*, 385, 9976, 1380.
HIRSCH, M., FOUREL, C. (2007), Sécurité alimentaire, in Bourdillon F, Brücker G, Tabuteau D (dir), *Traité de santé publique*, Paris, Editions Médecine-Sciences Flammarion, 97-103.
ILEF, D. (2007), Gestion d'une épidémie, in Bourdillon F, Brücker G, Tabuteau D (dir), *Traité de santé publique*, Paris, Editions Médecine-Sciences Flammarion, 149-157.
IMBERNON, E., GOLDBERG, M. (2007), La santé au travail, in Bourdillon F, Brücker G, Tabuteau D (dir), *Traité de santé publique*, Paris, Editions Médecine-Sciences Flammarion, 180-188.
LAGADEC, P. (1991), *La gestion des crises. Outils de réflexion à l'usage des décideurs*, Paris, Mc Graw Hill.
LEIBENSTEIN, H. (1966), Allocation efficiency versus X-efficiency, *American Economic Review*, 56, june, 392-415.
MINTZBERG, H. (1982), *Structure et dynamiques des organisations,* Paris, Editions d'Organisation.
PERONNE, C. (2020), *Y a-t-il une erreur qu'ILS n'ont pas commise ? Covid-19 : l'union sacrée de l'incompétence et de l'arrogance*, Paris, Albin Michel.
REVAULT D'ALLONNES, M. (2012), *La crise sans fin. Essai sur l'expérience moderne du temps, La couleur des idées*, Paris, Seuil.
RUDOWITZ, R., HINTON, E. (2020), *Early Look at Medicaid Spending and Enrollment Trends Amid COVID-19*, Washington DC, The Kaiser Family Foundation Report, 15 may.
SIMON, H.A (1957), *Administrative behavior*, New York, MacMillan.
SIMON, H.A (1979), Rational decision-making in business organisation, *American Economic Review*, 69, 493-513.
TABUTEAU, D. (2007), Principes et organisation de la sécurité sanitaire, in Bourdillon F, Brücker G, Tabuteau D (dir), *Traité de santé publique*, Paris, Editions Médecine-Sciences Flammarion, 69-77.
TIROLE, J. (1986), Hierarchies and bureaucraties, *Journal of Law*, Economics and Organization, 40, 2, 181-214.
VEBER F., MASSOL J., BROYART A. (2007) Gestion des risques iatrogènes, in Bourdillon F, Brücker G, Tabuteau D (dir), *Traité de santé publique*, Paris, Editions Médecine-Sciences Flammarion, 91-96.
WEBER, M. (1919), *Le savant et le politique*, Paris, Union Générale d'Edition.
ZMIROU-NAVIER, D. (2007), Sécurité sanitaire environnementale, in : Bourdillon F, Brücker G, Tabuteau D (dir), *Traité de santé publique*, Paris, Editions Médecine-Sciences Flammarion, 104-111.

Annexe 1. Les modèles décisionnels

Le modèle rationnel

Proposé par Herbert Simon (1979), mais en germe dès 1957 (Simon, 1957), ce modèle suppose que le décideur a un comportement rationnel au regard des éléments qu'il perçoit d'une réalité en intégrant les grandes lignes du problème identifié. Ainsi, après avoir identifié le problème, le décideur réalise une analyse non exhaustive afin d'opter pour les choix les plus évident. Le processus s'arrête dès lors que le problème est réglé. Cette démarche peut être synthétisée par la Figure 1.

Figure 1. Le processus d'analyse rationnelle

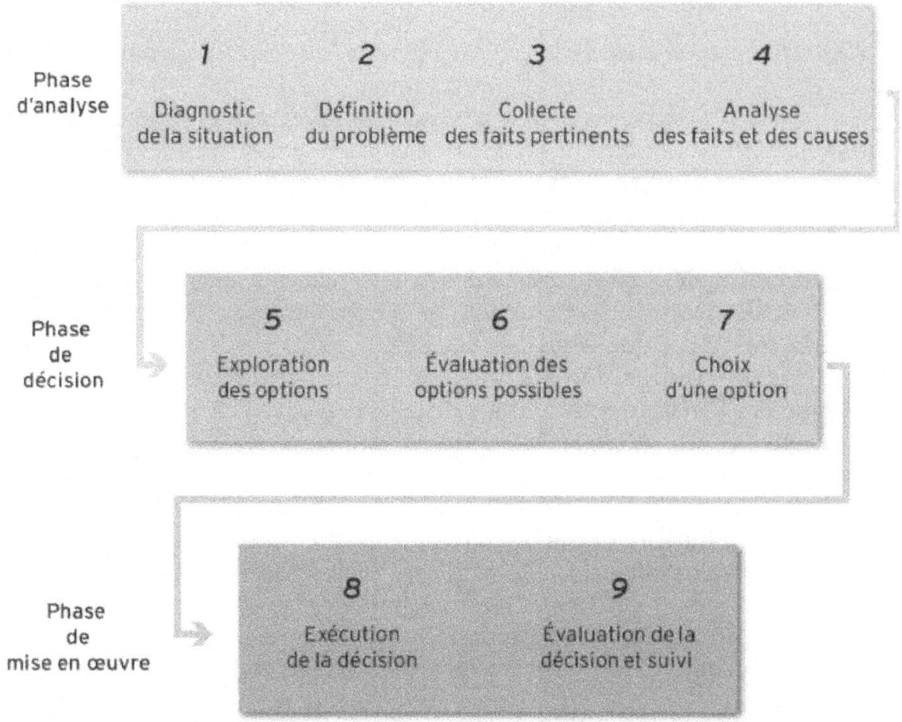

Il est donc possible d'identifier quatre grandes phases :

- Le diagnostic du problème et sa définition conceptuelle et organisationnelle.
- La conception des solutions, c'est-à-dire l'étude des différentes options possibles et le choix d'une option, voire plusieurs le cas échéant, mais cela reste plus compliqué à gérer.

- La décision au sens strict : le choix volontaire et raisonné d'une solution parmi celles formulées.

- Enfin, l'évaluation qui est une phase de bilan et aussi de réexamen de l'ensemble de la procédure et des résultats tant désirables qu'indésirables.

Il serait presque possible d'ajouter une cinquième phase qui irait du point 9 au point 1 sur le schéma (phase de feedback) : l'évaluation pourrait conduire à reformuler le diagnostic, voire la définition du problème, dans la mesure où le choix décisionnel n'aurait pas permis de solutionner le problème. Autrement dit, la décision prise aurait été trop éloignée de la décision optimale.

Ce modèle apparaît comme étant simple et intuitif, empreint de bon sens. Cependant, ses hypothèses ne sont pas toujours exactes : il peut y avoir une diversité d'intérêts et d'objectifs individuels ; quant à l'information elle peut être insuffisante ou déformée.

Remise en cause du modèle rationnel : le modèle bureaucratique

L'idée que les décisions soient adoptées uniquement en fonction d'une rationalité de type cognitif ne résiste pas à l'analyse. Dans cette perspective est proposé le modèle bureaucratique, mais aussi, et nous le verrons ensuite, le modèle politique.

L'origine du modèle bureaucratique se situe chez Weber (1919). Dans le sens weberien, les bureaucraties ne sont associées à aucune connotation négative. Elles sont principalement caractérisées par leur efficacité à réaliser la mission pour laquelle elles sont conçues. Mintzberg (1982) a produit une description fine des bureaucraties professionnelles. Le modèle développé par l'analyse économique de la bureaucratie considère le bureau comme une « boîte noire » dans laquelle nul ne sait ce qu'il s'y passe à l'exception du bureaucrate-type : le manager. Celui-ci est un monopoleur, en particulier au regard de l'information qu'il détient par devers lui. Il offre une activité à l'autorité de tutelle en contrepartie d'un budget. Ce dernier est alloué par sa tutelle en fonction d'une évaluation effectuée à partir de la fonction de coût du bureau et des résultats de son activité, mais aussi en fonction de l'utilité sociale de l'activité ou de l'ampleur de la demande qui s'adresse à son activité. Le bureaucrate est donc détenteur d'un monopole informationnel, ce qui lui permet d'adopter un comportement discrétionnaire, en clair de dégager des ressources supplémentaires en faisant croire à une plus grande utilité de son activité qu'elle n'est en réalité (Leibenstein, 1966). Ce comportement stratégique vise avant tout à maximiser son utilité individuelle, non pas forcément pour obtenir plus de revenu car il ne peut s'approprier directement le budget discrétionnaire obtenu, mais plutôt afin de percevoir plus de pouvoir et de prestige qui sont eux-mêmes fonction du budget alloué.

L'objectif du bureau reste la maximisation du budget alloué et conduit certainement à une production excédentaire et donc à une situation sous-optimale. Il engagera donc des dépenses excessives ou produira des services supplémentaires de façon à utiliser à son profit le budget discrétionnaire qu'il a pu dégager des négociations engagées avec sa tutelle. L'information devient source de moyens supplémentaires mais qui ne sont pas forcément nécessaires. Le vrai décideur devient celui qui possède l'information sur son activité. La décision, dans cette perspective, échappe au décideur, à supposer que le décideur est sous-informé ou en tout cas moins bien informé que le bureaucrate en charge de mettre en œuvre la décision. Le manque d'information du côté du décideur favorise le comportement stratégique de celui qui détient la connaissance (le bureaucrate). Et en situation d'urgence, où une décision est attendue rapidement de la part de la population, le choix échappe totalement au décideur, car il n'a pas le temps nécessaire pour se réapproprier l'information ou la connaissance qui lui fait défaut, ou alors le coût de réappropriation de la connaissance scientifique est trop élevé. Il s'en remet donc au choix préconisé par le bureaucrate, sans possibilité de le contrôler, qui lui-même, peut détourner cette situation de déficit informationnel à sa faveur afin de dégager un budget discrétionnaire important, qui lui-même influera sur son pouvoir et/ou son prestige.

Le modèle politique

Ce dernier est centré sur les acteurs mus par leur volonté de pouvoir. Pour le modèle politique, l'organisation est vue comme un ensemble de joueurs (individus ou unités). Chacun est doté d'intérêts et d'objectifs propres et contrôlent différentes ressources. Les objectifs de l'organisation ne sont pas clairs. Ils sont discutés et redéfinis à partir de l'interprétation qu'en font les acteurs. Ces jeux de pouvoir permettent aux acteurs d'atteindre de façon itérative leurs objectifs propres. En résumé, le modèle politique vise à faire passer l'intérêt du décideur dans sa prise de décision avant celui de la collectivité concernée par sa décision. Cette collectivité pouvant être toute la société dans son ensemble. Ce modèle prend en compte l'existence des enjeux individuels et des coalitions changeantes entre les différents acteurs. Un déséquilibre est constaté entre les joueurs, principalement par asymétrie d'information. La décision est le résultat de ce jeu politique.

L'entreprise ou l'organisation est alors vue comme un ensemble de joueurs dotés d'objectifs propres, contrôlant des ressources afin d'emporter des jeux de pouvoir.

Le modèle plus usuellement reconnu pour analyser la rationalité politique dans la prise de décision est celui développé par Cohen, March et Olsen (1972), dit le modèle de la poubelle ou « garbage can » dans le texte. En réalité, il n'y a pas d'ordre dans un processus de décision. Les décisions ne sont que le produit de rencontres fortuites entre quatre flux relativement indépendants : des solutions, des problèmes, des participants et des opportunités de choix. Les « solutions », par exemple, existent bien avant que les « problèmes » ne se posent ; ou bien des « participants » qui ont soulevé un problème ne sont plus là au moment de choisir ; ou bien les « informations » recherchées ne serviront… qu'à se justifier si un problème se posait plus tard.

En réalité, le lien entre information et décision est un jeu social. Soit le but est stratégique et à moyen terme (pouvoir se justifier *a posteriori* des décisions prises ou encore pouvoir saisir d'éventuelles opportunités), soit à plus long terme afin d'essayer de comprendre le comportement des autres (et donc pouvoir ensuite suivre une règle commune : pouvoir faire confiance, pouvoir consolider une convention d'échange, etc.). Cela renvoie à l'économie des conventions.

Comme l'illustre la Figure 2, un certain nombre de déterminants sont nécessaires dans le cadre du modèle politique. Le comportement stratégique du décideur dépend nécessairement de ses caractéristiques *a priori* (expérience, âge, sexe, etc.), mais aussi de ses prédispositions cognitives ou encore des facteurs contextuels. Tous ces éléments conditionneront la démarche décisionnelle et la nature de la rationalité qui sera adoptée *a posteriori* par le décideur, puisqu'*a priori* sa rationalité reste limitée (il n'a pas toute la connaissance scientifique nécessaire pour prendre sa décision de manière la plus optimale possible).

Figure 2. Les déterminants de la décision dans le modèle politique

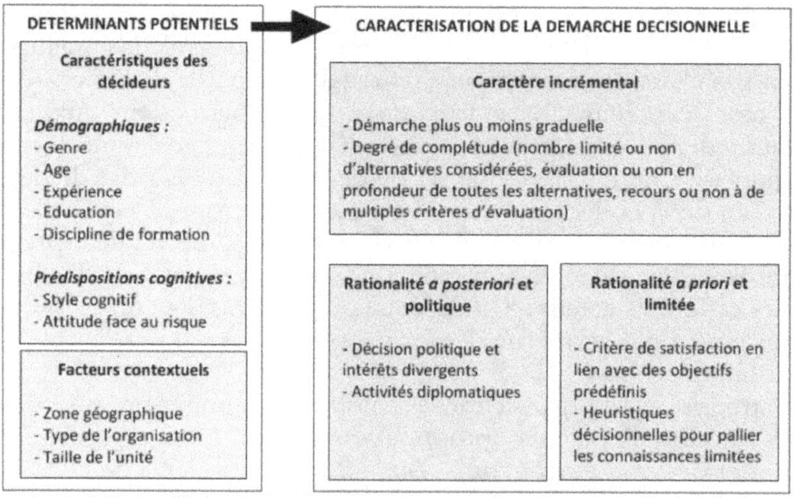

D'après Bérard (2011)

FINANCING THE RECOVERY FROM THE HAVOC CREATED BY COVID: REINFORCING THE NEED FOR A WORLD FEDERAL GOVERNMENT[1]

Arvind ASHTA
Professor, CEREN EA 7477, Burgundy School of Business
Université Bourgogne Franche-Comté, Dijon, France
Arvind.ashta@bsb-education.com

Daksh WALIA
Independent Researcher, Chandigarh, India
dakshwl@outlook.com

ABSTRACT

Covid-19 is a global pandemic. Individual country efforts do not work since the virus migrates with migrants. While many countries have spent lavishly, it is not clear how this will be financed. To resolve this problem, one suggestion for dealing with Covid would be to create a world federal government. The usual reasons given for a world federal government are manifold. Covid-19 creates new arguments: a global pandemic needs a global response without which the virus cannot be contained; the capacity to treat people is not equal requiring transfers of vaccines and medicine in the name of humanity; the raising of effective demand to relaunch the economics needs massive redistribution towards people who need to consume and most of who are in poor countries. For this, fiscal federalism equalization payments are required. All these would therefore argue in favor of a world federal government.

Keywords : public governance, taxation, public debt, charity, equalization, crisis, federalism, development, public policy, inequality.
JEL Codes: E52, E62, P16

---

[1] Funding : Conseil Régional de Bourgogne Franche-comté
Acknowledgment : Thanks to Sudhir Jaiswal, Stuart A. Brown, Camille Talpin and Dimitri Uzunidis for their encouragement and to the reviewers of this journal

RÉSUMÉ

Financer la reprise après les ravages créés par la Covid : renforcer la nécessité d'un gouvernement fédéral mondial

Le Covid-19 est une pandémie mondiale. Les efforts individuels des pays ne fonctionnent pas puisque le virus se déplace avec les mouvements de populations. Bien que de nombreux pays aient engagé des dépenses considérables, les modalités de financement ne sont pas évidentes. Une des suggestions pour gérer la crise du Covid serait de créer un gouvernement fédéral mondial. Le Covid-19 fait apparaître de nouveaux arguments en ce sens : une pandémie mondiale a besoin d'une réponse mondiale, sans laquelle le virus ne pourrait être contenu ; la capacité à soigner les gens n'est pas la même selon les pays, exigeant des transferts de vaccins et de médicaments ; l'augmentation de la demande effective pour relancer l'économie nécessite une redistribution massive vers des populations qui ont besoin de consommer se trouvant dans les pays en voie de développement. Pour cela, il faudrait recourir aux péréquations du fédéralisme fiscal.

Mots-clés : gouvernance publique, fiscalité, dette publique, charité, péréquation, crise, fédéralisme, développement, politiques publiques, inégalité.

Political leaders all over the world have responded rapidly to the Covid crisis to contain its spread, and prevent externalities on employment and incomes, albeit to varying degrees of success. Along with providing logistics and help to those who are ill, preventive measures such as lockdown and social distancing have been placed to save lives. Consequently, economic activity has plummeted by as much as 10 percent or more in many countries. The International Monetary Fund (IMF) considers that the global Gross Domestic Product (GDP) declined by 3.5 percent in 2020 (IMF, 2021). The IMF estimates that developing countries have not only lost their growth, the pandemic has also undone much progress made in poverty reduction over the last decade, exacerbating poverty and international inequalities, taking us away from three major sustainable development goals (SDG1, SDG8, SDG10). Clearly, this is an unprecedented crisis, raising many research questions in very diverse domains (Hall *et al.*, 2020) and an appropriate response may need to be original and global.

To help the economy revive, diverse stimulus measures have been initiated by domestic governments, even by those who preach market-led economics. The UK has already announced £189 billion in measures since March 2020 (FT, July 9, 2020). India announced stimulus measures equivalent to 10 percent of its GDP. In the USA, the aid given to locked-down workers has been larger than the minimum wage to those who are working. It is evident that direct payments to consumers, who would then spend based on their perceived utility, are more efficient than corporate subsidies that prop up both good and poorly managed companies. There may be a case for corporate subsidies to those affected not by lack of demand but by the inability to produce because of the lockdown policies. In addition to fiscal and spending measures, the US government has also kept interest rates low and made emergency funding available through various schemes.

The proposed subsidies and transfers are expensive, and one estimate of the total cost of Covid was $10 trillion in 2020 and $30 trillion by 2023 (Assi *et al.*, 2020). The crucial question then becomes: who will pay for the generosity of our political leaders: some of us, our children, our grandchildren, or nobody? This is the problem that initiated our reflection for this paper.

It is essential to think of a global solution because Covid-19 is a worldwide pandemic. Its budgetary impact has been felt by all countries, even those that managed to register some economic growth. It has given us time to reflect on where the world is headed and create solutions that serve the future and address the crisis. One such suggestion that Covid could reinforce is the need for a world federal government. The proposal for a world federal government is not new and has been coming up time and again over the last century, but it becomes even more important in the face of a global crisis. Innovative proposals don't always succeed in being implemented because the context and timing may not be appropriate or favourable. The changed context, triggered by the pandemic, may be an argument for experimenting with this solution now, and that is the thrust of the proposal developed in this paper. The research objective is to present the need for such a solution and discuss its merits.

On a methodological note, this paper can be viewed as a thought experiment. A thought experiment is an intellectual experiment that attempts to evaluate the benefits and costs of a proposition to evaluate its desirability and feasibility. Often, these thought experiments may occur before a project is implemented, and at other times, they are used to refine existing projects that are not providing desired results. Many published articles use thought experiments (for example, Lucas, 2003 ; Elkington *et al.*, 2006 ; Eccles, 2010 ; Mankiw, 2013), and our paper utilizes a similar methodology.

An accepted practice in international relations is that countries, like nations, like their autonomy. If they are to unite, they need incentives or arguments that convince them that uniting is advantageous for them. The Covid crisis has demonstrated that there is a need to provide a framework to distribute enormously and invest in public expenditure, and it has also shown the limitations of the existing methods of financing. Part 1 of this essay reviews some classical public and private financing methods that may be relevant in times of crisis and discusses their limitations. Part 2 shows that the existing global institutions are insufficient to deal with the situation and the need for further development. Part 3 shows that a global federation would resolve some of these problems and provide other advantages to deal with pandemics and contributing to sustainable development goals. Part 4 provides an initial discussion of the kind of governance issues that may come up.

1. THE PROBLEMS OF PUBLIC FINANCE EXACERBATED BY COVID

The effects of the pandemic are both direct with respect to the loss of lives around the world and the cost of mass-vaccinating populations, but also indirect as fighting the pandemic has radically altered living conditions across the globe and has many negative externalities on economies. Dire growth predictions also come with a massive threat of undoing the progress made for poverty alleviation across the world, and transfer payments aimed at ensuring subsistence livelihoods for the most vulnerable populations also have large costs attached to them. This section discusses the mechanisms to finance these costs for both economic recovery and healthcare costs.

For purposes of clarity, the commonly discussed financing instruments are regrouped here in four categories: taxes, debts, transfer payments, and sale of assets. This section will argue that higher taxes are not desirable, and countries are already indebted to a large extent, which would make repaying any loans problematic. Transfer payments are required to boost the economy and spread economic welfare but we need a legitimate mechanism to finance them. As a short-term solution, selling public assets is possible, but this begs the question of why these investments were made public in the first place and whether such disinvestment in crucial sectors would carry long-term negative effects.

1.1. Taxation

Taxes dampen the economy just as government spending stimulates it. It is well known that between increasing government spending and reducing taxes, the multiplier effect is higher for the former. However, if both are increased together, there is a small stimulus, i.e., without the multiplier effects of the stimulus. If we prefer to have small stimuli rather than big deficits, the question is which tax to increase? Although some theorists are against indirect taxes for efficiency or regressive impact reasons (Atkinson, 1977 ; Kaplow, 2006), these considerations are fairly irrelevant since most economies are already distorted by public policy and political interventions.

Clearly, higher personal income taxes on the middle classes, which have a greater propensity to consume, would offset the stimulus measure to increase aggregate demand. The only possibility is to raise taxes on the rich who are not consuming all their income. These levies could be higher income tax, wealth tax, or succession duties on individuals with high net worth. Governments could consult with them to choose how they prefer to contribute. As for the justification for such taxation, Immanuel Kant's conception of the state and social contract is particularly relevant. He argues that private property ownership depends on the existence of the social contract and the state, which is itself comprised of its various constituents, i.e. citizens (Kant, 1996 [1797], 6, 323-327). Consequently, taxing wealthy individuals to fund social programs is justified because the welfare of citizens is analogous with the welfare of the mass of citizens, i.e. the State on which private property ownership and the very existence of wealthy individuals depend.

> *"To the supreme commander there belongs indirectly, that is, insofar as he has taken over the duty of the people, the right to impose taxes on the people for its own preservation, such as taxes to support organizations providing for the poor, foundling homes, and church organizations, usually called charitable or pious institutions. The general will of the people has united itself into a society which is to maintain itself perpetually… For reasons of state the government is therefore authorized to constrain the wealthy to provide the means of sustenance to those who are unable to provide for even their most necessary natural needs." (Kant, 1996 [1797]:326, p. 468)*

Democrats in the US could favor some such progressive taxes (Buffie, 2020). As shown in figure 1, the personal tax represents about 8 % of GDP for most countries of the OECD (Organisation for Economic Co-operation and Development). However, there are variations, as illustrated by taking a sample of countries (we have taken the G7 as a demonstrative example). Most G7 countries tax personal incomes equivalent to 9-12 % of their GDP except Japan, which raises about 5 % of its GDP through personal taxation. The OECD average is somewhat lower because many countries have lower importance of personal taxation in their GDP. Indeed, some countries still have some relatively unused capacity to increase personal tax, but doing so at a time like this may dampen their economies by further dampening demand, making it an unattractive solution.

Figure 1. Tax on Personal Incomes as % of GDP (G7 Countries and OECD Average, 2009-2019)

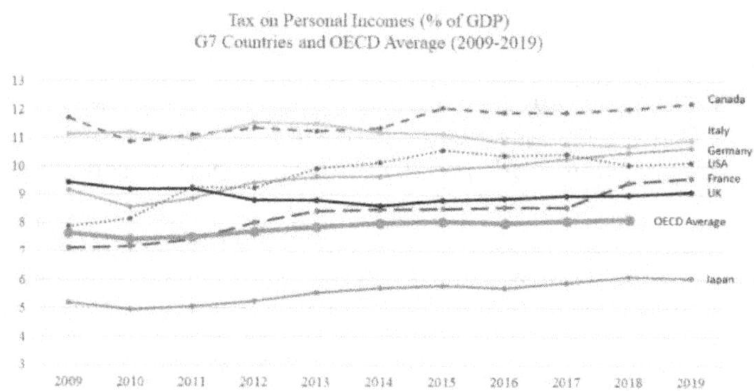

Source: OECD Data (https://data.oecd.org/tax/tax-on-personal-income.htm)

Corporate taxes are difficult to raise because capital is mobile, and countries compete on corporate taxation to attract firms to locate in their country and stimulate employment. Figure 2 shows that the total collection from corporate taxes has been stable in the average OECD country at about 3 %, well below the 8 % for personal income taxation. Individual examples of countries show that some are increasing while others are reducing corporate tax in order to be fiscally competitive. Competition between countries limits taxation on mobile capital since firms can move from one country to the other unless the infrastructure provided is oriented towards the needs of firms. Therefore, the capacity to raise these taxes may be limited. We note, though, that governments should be able to tax all the technology companies, investment banks, insurance firms, and financial companies who have benefitted during the Covid and made higher profits. Therefore, rather than raising tax rates, what is required is to ensure that such companies do not benefit from tax exemptions or tax reductions, especially on short-term capital gains. Since tax competition is based on attracting capital, which is mobile, a case is often made to institute or increase property taxes since land is not mobile. Property taxes have an inbuilt progressive mechanism since only those who own property are taxed. However, high property taxes discourage construction and, consequently, employment in low-skill industries, with high linkage effects. It is not surprising that most local governments would prefer to cut discretionary expenses rather than raise property taxes in times of crisis (Maher *et al.*, 2020).

Figure 2. Tax on Corporate Profits as % of GDP (G7 Countries and OECD Average, 2009-2019)

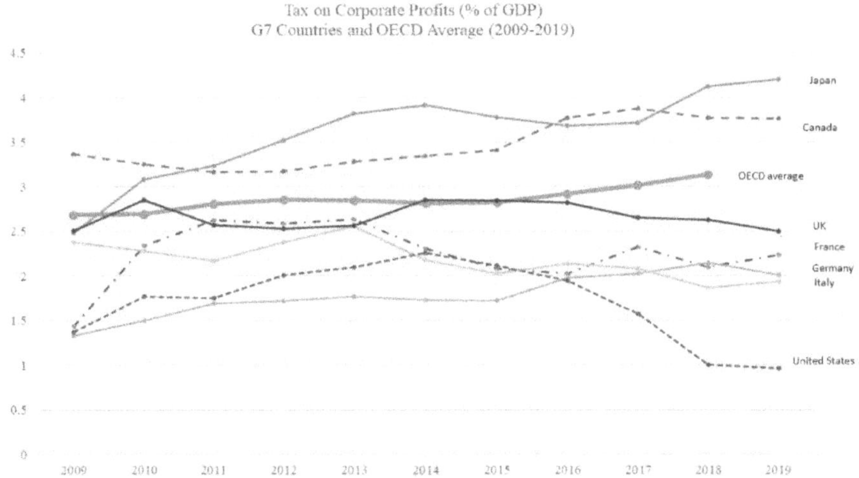

Source: OECD Data (https://data.oecd.org/tax/tax-on-corporate-profits.htm)

Perhaps the easiest to implement are indirect taxes. Yet, businesses will claim that an increase in indirect taxes will lead to a rise in prices and reduce demand, and therefore, they would request a reduction in indirect taxes as a stimulus measure. However, it should be possible to impose a levy on petrol which is still trading at levels much lower than those of 2018. This could also be favored for environmental reasons.

A notable feature of the crisis has been that financial markets have quickly reverted to previous pre-crisis levels, especially in the USA. A large part of the savings of the wealthy is being invested in the financial economy rather than the real economy where aggregate demand has been choked by income inequalities, unemployment, and the rise of the working poor. Thus, financial markets keep on booming and a tax on these will only affect this illusionary boom. Therefore, it is possible to re-open the discussion on the Tobin Tax (Raffer, 1998). A small tax of 1 percent on all financial transactions would be enough to restrain the animal spirits prevalent in the bulls and the bears of the financial markets. The funding raised could be used for financing the Covid crisis as well as the ecological crisis. However, competition between countries will not allow such a tax to work unless it is levied on a global basis, creating the need for a world federation with some taxing and redistributive powers. The proceeds of the taxes would then have to be redistributed to governments through appropriate fiscal federalism transfers. However, one should also keep in mind that any tax on financial transactions brings in inefficiencies that may raise the cost of capital, and that researchers do not all agree whether a Tobin Tax would reduce volatility at all times and its efficacity may depend on liquidity of the market and stability of the market in normal times (Damette, Park, 2015).

1.2. Debt

To finance the stimulus measures, another possibility would be debt monetization. This approach is recommended by modern monetarists as a way out of a crisis, especially when unemployment is high (Wray, 2015 ; Kelton, 2020). However, the experience in Venezuela of printing more money is that hyperinflation may occur despite high unemployment. Of course, the case of Venezuela may be unique (Brown, 2019), but Argentina's experience is similar on a smaller scale: 60 % increase in money supply, 40 % increase in consumer prices, and 25 % devaluation: all accompanied by unemployment of 10 %. Although modern monetarists claim that the government spends before it raises taxes, classical monetarists do not see why this would make a difference to the effect on the economy (Mankiw, 2020). For developed countries, the problem is that effective demand for real goods is not growing (even before the pandemic). Therefore, any increase in money supply goes directly to speculative financial markets, notably equity since the yield on debts is so low. Governments support financial markets, hoping to boost investor and consumer confidence in economies and keep demand from falling further. Therefore, financial markets in developed countries have returned to their pre-Covid levels despite government concern about the real economy. Indeed, some smart short-sellers such as hedge funds have had to close (see the case of Landsdowne, FT July 9, 2020).

Instead of printing money, an alternative could be for the government to take debt since it would overcome the immediate problem, and a more powerful economy could pay for the debt later. Some even feel that we just don't have to pay the money back (Wray, 2015) and recommend perpetual bonds (Soros, 2020). A bigger public debt could lead to a bigger public sector and collective consumption may be more efficient in some countries. While one can understand, using this logic, that countries like Rwanda may need a bigger public sector, the optimal size of the public sector needs to be determined. It is possible to argue that the USA could go from a third of GDP (37.77 % according to OECD data) in the public sector to around half following France's footsteps (55.86 %), but then how far should France go? Figure 3 shows the details of public spending as a percentage of GDP in other G7 countries.

Figure 3. General Government Spending as % of GDP (Selected Countries, 2009-2018)

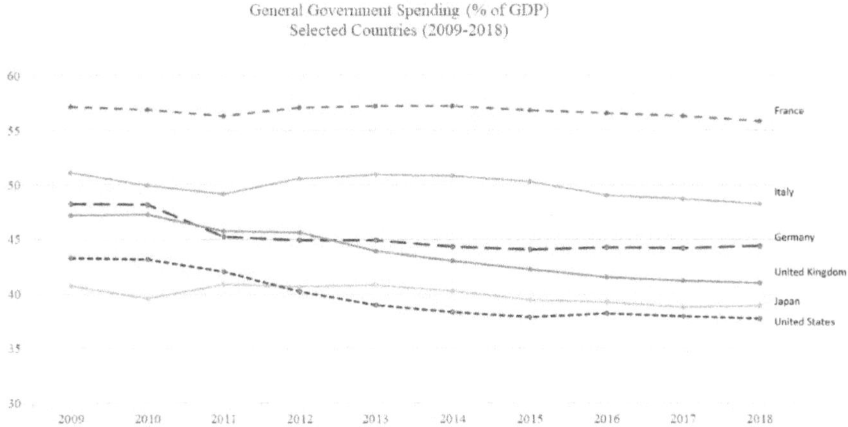

Source: OECD Data (https://data.oecd.org/gga/general-government-spending.htm)

Kelton (2020) considers that public deficits mean private surpluses (assuming third countries are in balance). However, if the State represents most of the economy, only a few would be benefiting from the private surplus. The other crucial concern with respect to increasing government size is how much debt a government can accrue. Reinhart and Rogoff (2010) estimated that beyond a debt to GDP threshold of 90 %, additional debt leads to falling growth rates. As shown in figure 4, with the exception of Germany, all G7 countries are already beyond that threshold, with Japan's debt well above 200 % of its GDP. This raises further concerns about the limits of deficit financing through borrowing.

Figure 4. Government Debt to GDP Ratio (G7 countries, 2009-2019)

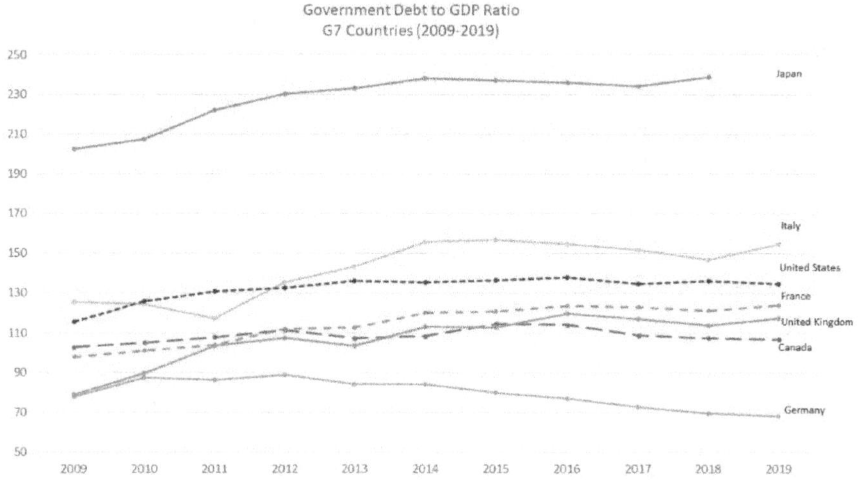

Source: OECD Data (https://data.oecd.org/gga/general-government-debt.htm)

For developed countries, there may be little problem in having public deficits when interest rates are negative or close to zero: 86 % of global bonds have less than 2 % yield, of which 60 % less than 1 % yield, of which 20% have negative yields (see FT, July 27, 2020, p. 6). Wealthy lenders may offer funds at negative interest rates if they are convinced that they have a choice between lending at minus 1 % or an equivalent wealth tax at 1 % or a higher income tax at, say, 40 %. Between these alternative threats, the negative interest rate option is the one that allows the principal cash outflow to come back and, if interest rates on loans are variable, there is a chance that they may become positive.

However, for many developing countries and some very advanced countries, the problem is that the yield on 10-year bonds varies from 3 % to 32 % per year (Assi *et al.*, 2020). One estimate of servicing debt (repayments and interest) for COVID related issues is at $2.5 trillion per year (Assi *et al.*, 2020), although the servicing cost reduces if the term of the debt increases. Therefore, they need strategies to reduce the cost of debt. On the supply side, for wealthy people and large funds, lending to governments is practically risk-free income with low transaction costs compared to lending to millions of people individually. If the collective sovereign risk is lower than any individual country's sovereign risk, once again there can be an advantage of forming large federations of countries or even a global federation. Recent policies at the European Union represent an example of a debt of 750 billion Euros being taken at a collective level.

Another way of reducing interest costs is by touting these as green bonds as Germany is doing (see FT, September 3, 2020). Since Covid seems to have shown that if we want, we can reduce pollution, many stimuli have been provided to green parties and green financing mechanisms such as green bonds. Asset managers consider ESG (Environment, Social and Governance) issues as key to safeguarding their investments, and the pandemic has heightened their awareness of climate risks (See FT, July 27, 2020, p. 15). Yet, one wonders whether the proceeds will really be used to finance green projects or just to repay old bonds (see FT, July 9, 2020, p. 9).

An innovative debt instrument is pandemic bonds, an example of catastrophe bonds. The World Bank has used these. In this instrument, investors get high-interest rates of 5 % to 20 % over LIBOR. The high return comes with a risk: if a catastrophe such as the pandemic does materialize, the debt is converted to charity. The problem with the world bank's pandemic bonds was that only 250 million dollars were raised to finance 64 developing countries to which it was directed. At the same time, if the black swan event doesn't happen, some people gain massive amounts (Hodgson, 2020).

1.3. Transfer Payments

The pandemic-based deficit can also be financed by charity from rich individuals or states to poor ones. At an individual level, donation-based crowdfunding has increased in the last few months (Moine, Papiasse, 2020). However, it has collected only a few million Euros, a far cry from the billions required. Probably, a gift from a few billionaires to their countrymen, such as Carlos Slim to the Mexicans for their vaccines, would raise more than crowdfunding. We can see in Figure 5 that for most countries, public social spending far outweighs private social spending, which is not surprising. However, the one notable exception is that of the USA where the ratio between public and private social spending is about 3:2, which is reflective of the relatively low investment made by the government into social spending, with the private sector compensating through larger social expenditures.

Figure 5. Private and Public Social Spending as % of GDP (G7 Countries and OECD Average)

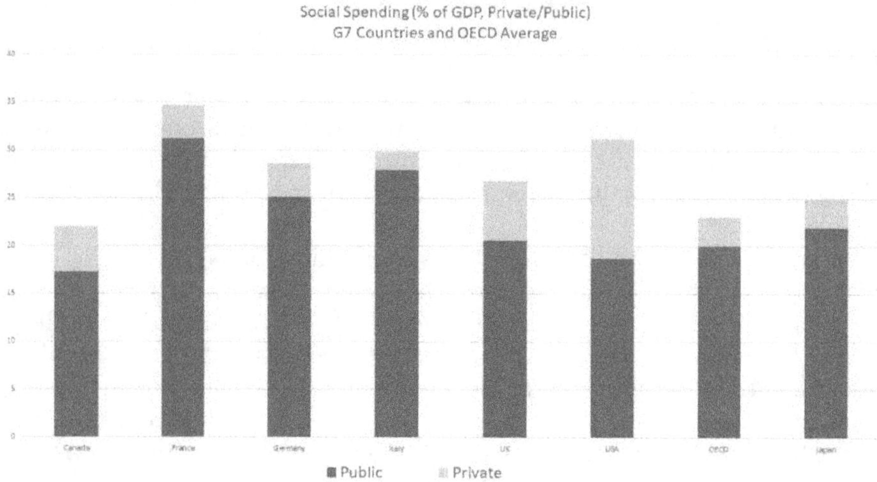

Source: OECD Data (https://data.oecd.org/socialexp/social-spending.htm)

States should normally avoid stimulus packages aimed at providing subsidies to firms and bailing them out. This role should be left to the financial markets to ensure that healthy firms survive. It can be argued that COVID is a one-off emergency and the subsidy can be only for this occasion. In such a case, precaution should be taken to avoid subsidizing firms that would have failed in any case.

Arguing for richer countries to finance others has been politically problematic as evidenced by very few countries that are willing to contribute 1 % of GDP as foreign aid. Many offer subsidized loans and tout them as aid. But these subsidized loans are often tied to equipment or projects provided by the enterprises of the developed State. Moreover, the delays and cost-overruns in such projects imply that the total interest payment is practically at market rates.

However, we do find inter-regional transfers within countries. Notably, federal countries consider equalization payments as essential for peaceful cohabitation and cohesion of the federation. These are payments that reduce regional inequalities and play a greater role in some federations than in others. Regional inequalities create a situation where terms of trade are in favor of richer regions within a country, for both imports and exports. Therefore, better off regions gain more from trade and the opening of borders within a federation or a union. Part of this extra gain needs to be paid back to the losing States if they are to remain in the federation or Union (Ashta, Sinapi, 2017). In a potentially global federation, the OECD countries need to pay the less developed countries to enable free access to their markets.

This angelic belief comes from seeing that fiscal federalism has worked in many large countries such as Australia, Canada, India and the USA (Ashta, 1996). In fact, Emmanuel Macron seems to have convinced Angela Merkel to try it for Europe, and even the frugal four (Netherlands, Sweden, Austria and Denmark) have agreed that maintaining a union and access to markets is worth some kinds of transfers. Going from Europe to the rest of the world is a second step. The primary problem of developed countries is the lack of effective demand. They can pump in money, but nothing is going to happen: only financial markets will boom. We have already seen this since the start of the COVID. Transfers from rich countries to poor countries will lead to an increase in aggregate demand, including demand for developed country goods. This demand flow will be higher with reduced barriers to trade, in a federal world.

1.4. Sale of Assets

Finally, a word can be placed on the government disinvesting from its non-core business of providing essential services (Assi *et al.*, 2020). Most governments have nationalized some firms or created public sector corporations, which the private sector could manage. The government could disinvest in these enterprises.

Even more important, the government should not invest equity in enterprises facing difficulty since its involvement leads to inefficiencies of bureaucratic control, and later, invariably, the taxpayer bears the burden of these inefficiencies instead of the shareholder who willingly took a risk to get returns. The correct market mechanism would be for these firms to increase equity by issuing new shares. In depressed markets, this means transfers of ownership distribution from the existing shareholders to new shareholders. The current shareholders would prefer the issuing of new shares relative to the alternative of closing the company. The primary markets should therefore boom and absorb some of the liquidity that is currently doping the secondary markets.

This summary of the existing financing tools is resuired to appreciate what needs to be done. If the individual tools of public finance were already stretched before the onslaught of COVID, how can we create a system by which we can reduce public expenses and increase our resilience to crisis? For this, we have suggested a classic merger proposal: create a world government but with adequate decentralization. Before we examine its benefits, we need to show that the existing institutional arrangements are insufficient.

2. THE EXISTING GLOBAL INSTITUTIONAL ARRANGEMENTS ARE INADEQUATE

The problems that we are focusing on, poverty, lack of growth, and inequalities, have been heightened by the pandemic. While the wealthy may ignore poverty and inequality in good times, they may be concerned with these issues during epidemics. This because individual health conditions become a public concern rather than a private one: the self-interest of not wanting to contract the virus also calls for making sure others don't contract it either. Therefore, it is in the interest of the wealthy to protect the poor and marginalized. In a pandemic that crosses national borders, this protection needs to be transnational. The pandemic is an example of a risk that individual States can not resolve on their own, conforming to the world risk society conceptualization (Beck, 2006). Its causes are not localized in one State, especially as new mutants come up in different environments; the pandemic's temporal duration is unknown; the effects are incalculable; the assignment of consequences is unknown, and its effects are non-compensable for those who have already died. The pandemic is just one in a series of examples of risks that individual nation-states cannot master as the threat of disease outbreaks and climate crisis grows. However, it serves as an essential trigger to look for solutions that would otherwise be rejected. The trigger for a change requires an emotional displacement and the pandemic may have created this situation.

Since individual States are disempowered by globalization, the solution that we are proposing, that of a federal world government, seeks to redress poverty, lack of growth and inequality. This solution suggests bringing together nations more formally than the existing mechanisms of the United Nations (UN), World Health Organization (WHO), World Bank, World Trade Organization and a host of other institutions. Although all these organizations have some federal features, none of them has political legitimacy that democratically elected leaders can confer. The extant international law is weak because it can bind only members who accept its decisions. Even the USA does not always recognize some international bodies, such as the International Criminal Court. The unanimity requirement is another key limitation of the current system.

> *"It is recognized that amongst the many effects of the COVID-19 crisis is the disruption of the normal processes by which policy is formulated at the international level. Those processes usually involve inclusive meetings of the full membership of the Organization, something that is practically impossible at this stage of the COVID-19 pandemic." (Gurry, 2020 ; April 24).*

Leave alone unanimity, even consensus is difficult to achieve. For example, The OECD has proposed two pillars of corporate taxation to combat fiscal base erosion and profit shifting (taxing global profits and setting a minimum corporate income tax rate), and for this, it has included 137 governments in the discussion. For many of these countries, it provided estimates on the effects of these tax proposals on the country. Even disclosing these estimates was not possible since consensus could not be achieved.

> *"After extensive consultation with members of the Inclusive Framework, there was no consensus over whether or not jurisdiction-specific estimates should be publicly released as part of the economic impact assessment. In view of this lack of consensus, no jurisdiction-specific estimates are included in this report".(OECD, 2020, para 28).*

Secondly, treating one issue at a time misses out on the inter-relationship of issues even within a field. For example, during the previous major pandemic, that of the Human immunodeficiency virus (HIV), as international institutions were deemed inoperative, the international community had created a specific agency to treat the acquired immunodeficiency syndrome (AIDS), UN-AIDS. This specific-agency response strategy has shown its limits: AIDS patients have been victims of opportunistic pathologies, which could not be managed since the funds were dedicated to the fight against AIDS only. Epidemics are systemic risks, and these have structuring effects: focusing on one disease will lead to the development of others, as is seen during the COVID pandemic. Health systems, therefore, need to be designed to treat all diseases, while weighing the various interactions between the actions taken. Consequently, a specific international body to treat just COVID will not be sufficient, we need a more global federal body.

Third, to this, we can add the problem of issues between ad-hoc agencies without cross-sectional coordination. In health matters, there is a need for international coordination between the World Health Organization (WHO), the World Intellectual Property Organization (WIPO) and the World Trade Organization (WTO). This inter-agency cooperation is essential to allow innovations in essential medicines, thanks to patents, and make them available to those who need them, irrespective of patents and the ability to pay (WHO et al., 2013). Although official cooperation started in 2009, the lack of coordination creates delays in the supply of medicines. For example, in October 2nd, 2020, South Africa and India requested for a waiver of the provision of Trade-Related Aspects of Intellectual Property Rights (TRIPS) so that medicines can be researched and developed quickly. The WTO will continue the discussion on this in March 2021, and although many members have endorsed this, some of the richer countries continue to oppose the proposition.

> *"The next formal meeting of the TRIPS Council is scheduled for 10-11 March 2021. In order to allow for further consideration of the waiver request in the more*

immediate future, the chair proposed to consider meeting in January and early February to advance discussions" (WTO, 2020, December 10).

Fourth, divisions between economic and social administration issues on the one hand and health on the other have been recurring problems in the management of the Covid crisis. For example, women in labour may not have reached hospitals due to lockdowns imposed as precautionary measures against Covid (UNAIDS, 2020).

Fifth, many of these international initiatives lack funding. For example, an outbreak of Ebola haemorrhagic fevers broke out in forest Guinea in December 2013, with a slow response from WHO, which issued its first epidemiological bulletin in August of the following year. International experts considered the WHO's response to be too slow, too poorly informed, and inflexible to ground realities (BBC, 2016). WHO has about 1,500 staff members, with a base program budget of $4.8 billion for the biennium 2020-21 (WHO, 2019). Moreover, during the Covid pandemic, the USA (the largest donor) threatened to withdraw from the WHO because it alleges that it favors China. Thus, the scale of the funding is small and uncertain, requiring corporate funding to boost what nations cannot provide.

Sixth, to carry out necessary reforms, more international institutional levers are required. Hence, the G20 health initiative's formation under the initiative of Angela Merkel in 2017, which is a consultation meeting of the health ministers of the G20 countries (G20, 2017). All this multiplicity of international actors creates confusion.

These examples indicate the need for a federal body with a wider scope, more power, and autonomous funding. We will first look at the advantages of federalism to respond to the pandemic's economic problems and then discuss some possible difficulties to institute the proposal. This is an exploratory paper and further papers will expand on different aspects of a federal world government.

3. ADVANTAGES OF FEDERALISM TO REPLY TO COVID'S ECONOMIC IMPACT

We have suggested that we create a federal world. We now need to take stock of the benefits that such an arrangement would confer over the existing institutional arrangements (discussed in the second part) in order to meet the economic, financing and redistribution needs (discussed in the first part).

There are many advantages of federalism, which were subject to an intense debate during American independence (Hamilton *et al.*, 1787-88 [1982]). The usual reasons given for a world federal government are manifold. The first is the maintenance of peace and the reduction of conflicts because human lives matter (Johnsen, 1948 ; Cabrera, 2010).

Second is democracy: if all humans matter equally, everyone should participate in a world democracy equally (Cabrera, 2010). Third, economic efficiency and trade would be boosted by reducing the risk of conflicts and increasing creativity (Behrman, 1985). Moreover, capital is distorting the power of the people: indeed, multinational corporations are getting bigger and we need a bigger government to negotiate with them. Since capital is mobile, it escapes taxation owing to jurisdictional competition, which would not happen if taxes on capital are levied at a global scale. At the same time, capital is available in the global North, but effective demand can be boosted only by transfers to the global South, at least in the name of equity (Behrman, 1985 ; Cabrera, 2010). This rising of the South is essential so that the poor countries will one day pay for the social security of the rich where lives are getting longer and deficits in social security regimes are cause for concern (Ashta, 1998 [1996]). Finally, global environmental problems cannot be solved unless all countries participate (Weiss, 2009).

All these reasons have been boosted by the problems relating to the financing of Covid-19. Disparities between countries and their ability to finance Covid measures and vaccinations have already caused global concerns as expressed by World Health Organization's Director-General Tedros Adhanom Ghebreyesus who warned against the 'catastrophic moral failure' of young, healthier adults in rich countries getting access to vaccination opportunities before health workers and elderly in poorer nations (WHO, 2021). These remarks came when developing countries were attempting to suspend Covid vaccine patents to make vaccinations affordable quickly. However, moral imperatives have limited force when countries prioritize the survival of their citizens. Despite the creation of WHO's COVAX, a global platform created to ensure vaccinations first reach the most vulnerable populations, Dr. Ghebreyesus discussed instances of countries signing bilateral deals which bypassed COVAX (WHO, 2021). We have witnessed the fight for vaccines even among developed regions such as tensions between the European Union and the United Kingdom. Another example would be China trying to block Taiwan's access to vaccines, and conflicts of such kind can be reduced if all the countries were part of a global federation.

The recent struggle between the USA and China has taken its toll. It has shown that voluntary contributions by a Member State can be stopped (or threatened to be stopped) if an international institution is going against its geopolitical policy. This means that any State's funding to international institutions is uncertain. Moreover, many of these institutions also raise corporate funding in the form of donations, which are also subject to fads. Both of these uncertainties can be reduced if a federal body were to levy taxes rather than appeal to contributions.

One important concern that can be raised is that many arguments of the essay rely on an underlying assumption about the nature of the world government as a democratic, fair entity that equally cares for all its citizens. One could argue against this assumption citing the realities of many countries where democracies have also seen power captures by the elite, and it would be hard to argue that the policies of these countries treat the welfare of each citizen equally. However, the purpose of this essay is not to present a framework for a global government, but present the benefits accruing from the formation of such an entity which is motivated by principles of democracy and equality. Even a flawed world government could achieve some of the goals enlisted here to some degree of success, and indeed, as long as there are some democratic processes that determine their status. Nevertheless, in the next section, we take up some preliminary discussion of governance.

4. QUESTIONS ABOUT WORLD GOVERNANCE

The debate about the need and indeed, inevitability, of a world government, picked up pace post the Cold War and has somewhat subsided in the last two decades. Somewhat paradoxically, the prospect of a world government has been offered when countries are close to solving many of their own problems, rather than in times of increased uncertainty or when countries are facing challenges (Weiss, 2009). However, as this essay argues, it is in a time of crisis that the efficacy of a global government would be most beneficial. A global government needs to be viewed as a necessary solution to a global crisis like the Covid pandemic or climate change, rather than a cosmopolitan ideal to be pursued when it is convenient to do so. A crisis also provides a trigger that is essential for change.

The true ideal could lie somewhere on the lines of a confederal body akin to the European Union with a small bureaucracy. The anarchic theory of international relations posited that sovereign states are unrestrained by moral or legal rules in their relations, and international relations will remain anarchic and filled with passive conflict (Weiss, 2009). Some interpreted this to argue that the only way these conflicts between nation-states can end is if a world government brings an end to the anarchy inherited from the nation-state's Westphalian model (Weiss, 2009). However, to fix anarchy without imposing a Leviathan-like state, an alternative was the idea of an 'international society' of mutual obligations without a government (Grotius, 1925). This idea has been implemented in the form of the United Nations, but it often remains powerless to enforce policy, resigned to being a forum for public discussion, which is valuable but simultaneously insufficient to tackle global issues like climate change and more recently, the Covid vaccine rollouts. A possible solution lies somewhere in between a universal sovereign to rule all countries and an often-powerless international society: a federation of states akin to the European Union. Yet, the European Union needs a stronger role of public representatives (as opposed to those of the State). All sections of society need to be heard and represented.

> *"To overcome Covid-19, and to avoid slipping back on progress in overcoming AIDS, countries will need to build Covid-19 responses rooted in respecting human rights, and hearing from the most marginalized" (UNAIDS, 2020, see Forward of Winnie Byanyima, P.2.).*

Indeed, a world federation holds the potential to internalize moral arguments that call for global humanity and maximize global welfare and survival rather than that of individual countries. It can do this if it has the required legitimacy, which would be the case if each country's people are represented at the global level. This would translate into a global parliament, with a people's house (lower house) and a senate (upper house). The need for the Senate would be to reassure existing countries, including small countries and power blocks, that their interests are respected. It is clear that the OECD countries would like to ensure a greater weight of voting rights since they would be paying for transfers. This could be solved by Senate voting power being in function with the economic power of each country. This disparity in economic power and voting rights could reduce over time if the equalization payments are used productively by the recipients (Ashta, 2021).

For the organization of the separation of federal powers from those of the member States, we can learn from existing federal countries. What we learn is that there is no best practice rule. Each federal country has its own way of separating the federal body's powers from that of the member States, often enshrined in the constitution (Ashta, 1996). Perhaps, international matters should be assigned to the federal world government and local matters, such as those related to internal policing and culture, be left within the national governments' control. However, the exact division would need to be determined by a constituent assembly. However, the discussion in this paper, on the need to financing the stimulus shows that the federal body should have at least some taxing powers, notably of corporate taxation and international capital flows, and should be backed by monetary institutions that can take debt. Moreover, it should also have the power of determining equalization transfers.

CONCLUDING REMARKS

In the introduction, we have indicated many arguments in favor of a world federal government. Considering these and many other such reasons, Covid-19 creates new arguments. First, like global warming, a global pandemic needs a global response because if one State avoids precautions, all States may suffer. Second, the capacity to treat people is not equal between countries, and some sharing and transfers are essential in the name of humanity. Third, Covid has seen governments rushing to spend money to finance the expenses of treating Covid and relaunch the economy. The paper has focused on this last problem since it is related to poverty (SDG1), growth (SDG8), and inequalities (SDG10).

In dealing with this problem, governments are realizing the limits of fiscal and monetary policy. A global tax base on capital may solve some of the problems. However, the most important instrument would be increasing effective demand by boosting consumption by the poor. For this fiscal federalism equalization payments are required. The existing multilateral and global institutions, those of the United Nations and others, are inadequate since they cannot produce consensus, leave alone unanimity. There is a need for more legitimacy. A world federal government is required. The Greek crisis and Brexit have both helped the EU, including the North European countries, accept that redistribution is necessary to keep countries together. The pandemic may have been the trigger to allow this acceptance to pass into action. It may also be a sufficient trigger to consider this at a global level. Global crises are often important triggers for global action: we have seen the creation of the League of Nations after World War I, and the United Nations after World War II. It is perhaps time to move on to a world federal government after this war with a virus.

A brief conclusion to this essay is that governments need to focus on supporting the private sector without owning it. There is a need for a global federation that can levy taxes such as uniform corporate tax or the Tobin tax to enable ecological and socially relevant equalization payments between rich and developing nations and take low-cost debt in crisis times. Inter-regional transfers could raise effective demand for ecologically sensitive investments and essential consumer goods, boost world demand, and usher further economic progress.

BIBLIOGRAPHIE

ASHTA, A. (1998) [1996], *Le Fédéralisme Fiscal – Les aspects fiscaux du droit budgétaire – Australie, Canada, Etats-Unis, Inde*, Presses Universitaires de Septentrion, Doctorat en Droit Public, Paris, Université de Paris 2 (Panthéon-Assas).

ASHTA, A. (2021), It is time to seriously consider the advantages of a world federal government, In LSE (ed.), https://blogs.lse.ac.uk/europpblog/2021/03/18/it-is-time-to-seriously-consider-the-advantages-of-a-world-federal-government/: LSE.

ASHTA, A. , SINAPI, C. (2017), The Greek Crisis: A Gandhian Perspective, *Challenge,* 60(2), 189-222.

ASSI, R., CALAN, M.D., KAUL, A. ,VINCENT, A. (2020), Closing the $30 trillion gap: Acting now to manage fiscal deficits during and beyond the COVID-19 crisis, *Insights,*

https://www.mckinsey.com/industries/public-sector/our-insights/closing-the-30-trillion-gap-acting-now-to-manage-fiscal-deficits-during-and-beyond-the-covid-19-crisis?action=download#: McKinsey & Company.
ATKINSON, A.B. (1977), Optimal taxation and the direct versus indirect tax controversy, *Canadian Journal of Economics,* 10(4), 590.
BBC (2016), Ebola global response was 'too slow', say health experts, *BBC News,* https://www.bbc.com/news/health-34877787.
BECK, U. (2006), Living in the world risk society: A Hobhouse Memorial Public Lecture given on Wednesday 15 February 2006 at the London School of Economics, *Economy and society,* 35(3), 329-345.
BEHRMAN, J.N. (1985), The Future of International Business and the Distribution of Benefits, *Columbia Journal of World Business,* 20(4), 15.
BROWN, E. (2019), The Venezuela Myth Keeping Us From Transforming Our Economy, in TRUTHDIG (ed.) https://www.truthdig.com/articles/the-venezuela-myth-keeping-us-from-revolutionizing-our-economy/: Truthdig.
BUFFIE, N. (2020), Opinion: Liberals aren't giving Joe Biden credit for a radical tax plan that goes after the indolent rich, https://www.marketwatch.com/story/liberals-arent-giving-joe-biden-credit-for-a-radical-tax-plan-that-goes-after-the-indolent-rich-2020-07-02?siteid=yhoof2&yptr=yahoo: MarketWatch.
CABRERA, L. (2010), World government: Renewed debate, persistent challenges, *European Journal of International Relations,* 16(3), 511-530.
DAMETTE, O. ,PARK, B.J. (2015), Tobin Tax and Volatility: A Threshold Quantile Autoregressive Regression Framework, *Review of International Economics,* 23(5), 996-1022.
ECCLES, N. (2010), UN Principles for Responsible Investment Signatories and the Anti-Apartheid SRI Movement: A Thought Experiment, *Journal of Business Ethics,* 95(3), 415-424.
ELKINGTON, J., EMERSON, J. ,BELOE, S. (2006), The Value Palette: A Tool For Full Spectrum Strategy, *California Management Review,* 48(2), 6-28.
G20 (2017), Berlin Declaration of the G20 Health Ministers: Together Today for a Healthy Tomorrow, Vol. Germany: G20.
GROTIUS, H. (1925), The Law of War and Peace, trans, Vol. Indianapolis, IN Bobbs-Merrill.
GURRY, F. (2020), April 24, Some Considerations on Intellectual Property, Innovation, Access and COVID-19, Vol., https://www.wipo.int/about-wipo/en/dg_gurry/news/2020/news_0025.html. Geneva, CH: World Intellectual Property Organization.
HALL, J.L., ZAVATTARO, S.M., BATTAGLIO, R.P. , HAIL, M.W. (2020), Global Reflection, Conceptual Exploration, and Evidentiary

Assimilation: COVID - 19 Viewpoint Symposium Introduction, *Public Administration Review,* 80(4), 590-594.
HAMILTON, A., MADISON, J. , JAY, J., (1787-88) [1982], *The Federalist Papers,* Bantam.
HODGSON, C. (2020), World Bank ditches second round of pandemic bonds, *Financial Times,* Vol. London: https://www.ft.com/content/949adc20-5303-494b-9cf1-4eb4c8b6aa6b.
IMF, 2021, World Economic Outlook Update, Vol. January. Washington, D.C.: International Monetary Fund.
JOHNSEN, J.E. (1948), *Federal World Government*: HW Wilson Company.
KANT, I., 1996 [1797], Metaphysics of Morals, Metaphysical first principles of the doctrine of right, in GREGOR, M. (ed.) *Practical Philosophy,* Vol. Part II. Cambridge: Cambridge University Press.
KAPLOW, L. (2006), On the undesirability of commodity taxation even when income taxation is not optimal, *Journal of Public Economics,* 90(6/7), 1235-1250.
KELTON, S. (2020), *The deficit myth: modern monetary theory and the birth of the people's economy*: Hachette UK.
LUCAS, J.R.R.E. (2003), Macroeconomic Priorities, *American Economic Review,* 93(1), 1-14.
MAHER, C.S., HOANG, T. , HINDERY, A. (2020), Fiscal Responses to COVID-19: Evidence from Local Governments and Nonprofits, *Public Administration Review,* 80(4), 644-650.
MANKIW, N.G. (2013), Defending the One Percent, *Journal of Economic Perspectives,* 27(3), 21-34.
MANKIW, N.G. (2020), A Skeptic's Guide to Modern Monetary Theory, *AEA Papers and Proceedings,* 110, 141-44.
MOINE, A., PAPIASSE, D. (2020), Evidence from France: How crowdfunding is being used to support the response to Covid-19, In EUROPP – EUROPEAN POLITICS AND POLICY, T.L.S.O.E. (ed.), https://blogs.lse.ac.uk/europpblog/2020/04/24/evidence-from-france-how-crowdfunding-is-being-used-to-support-the-response-to-covid-19/: EUROPP – European Politics and Policy, the London School of Economics.
OECD (2020), *Tax Challenges Arising from Digitalisation – Economic Impact Assessment,* Paris, OECD/G20 Base Erosion and Profit Shifting Project.
RAFFER, K. (1998), The Tobin tax: reviving a discussion, *World Development,* 26(3), 529-538.
REINHART, C.M. , ROGOFF, K.S. (2010), Growth in a Time of Debt, *American economic review,* 100(2), 573-78.
SOROS, G. (2020), Letter: EU cannot afford to ignore perpetual bonds in Covid-19 crisis, *Financial Times,* London, https://www.ft.com/content/ece25e9d-2ec7-47fa-8362-da80953b7ce7.

UNAIDS (2020), Rights in a pandemic: Lockdowns, rights and lessons from HIV in the early response to COVID-19, Geneva, CH, UNAIDS.
WEISS, T.G. (2009), What happened to the idea of world government, *International studies quarterly,* 53(2), 253-271.
WHO (2019), Programme budget 2020 –2021, Geneva, CH, World Health Organization.
WHO (2021), WHO Director-General's opening remarks at 148th session of the Executive Board, Geneva, CH, World Health Organization.
WHO, WTO ,WIPO (2013), *Promoting Access to Medical Technologies and Innovation: Intersections between public health, intellectual property and trade,* Geneva, CH, World Health Organization, World Intellectual Property Organization and World Trade Organization.
WRAY, L.R. (2015), *Modern money theory: A primer on macroeconomics for sovereign monetary systems*, Springer.
WTO (2020), December 10, Members to continue discussion on proposal for temporary IP waiver in response to COVID-19, https://www.wto.org/english/news_e/news20_e/trip_10dec20_e.htm: World Trade Organization.

ETUDE DE L'IMPACT DU CAPITAL IMMATÉRIEL SUR LA PERFORMANCE FINANCIÈRE AVEC LA MÉTHODE VAIC : CAS DES ENTREPRISES MAROCAINES COTÉES A LA BOURSE DES VALEURS DE CASABLANCA (BVC)

Zakaria NEJJAR
Za.nejjari@gmail.com

Hanane AAMOUM
hanane.aamoum@gmail.com

Laboratoire ingénierie scientifique des organisations
Ecole Nationale de Commerce et de Gestion,
Université Hassan II de Casablanca

RÉSUMÉ

Cet article vise l'étude de l'impact du capital immatériel sur la performance financière. Le modèle VAIC™ mesure l'efficience de ce capital et ses éléments. Une analyse de régression est appliquée pour déterminer cet impact. L'échantillon est composé d'entreprises marocaines cotées à la bourse des valeurs de Casablanca entre 2014 et 2019. Les données sont issues des rapports annuels de 37 entreprises. Les résultats prouvent l'existence d'un lien statistiquement considérable entre l'efficience du capital humain et la performance financière mais sans confirmer toutes les hypothèses. Même si le capital immatériel est progressivement considéré comme une ressource stratégique pour un avantage concurrentiel durable, les résultats de l'analyse donnent lieu à différentes discussions, critiques et recherches supplémentaires sur le sujet.

Mots-clés : Capital immatériel, Mesure, Performance financière, VAIC ™ , entreprises marocaines.

ABSTRACT

Study Of The Impact Of Intellectual Capital On Financial Performance Using The Vaic Method: Evidence From Moroccan Companies Listed In Casablanca Stock Exchange (Cse)

The aim of this investigation is to study the impact of intellectual capital on financial performance. VAIC™ model is employed to measure the efficiency of intellectual capital and its elements. A regression analysis was applied to determine this impact. The study sample belonged of Moroccan companies listed on the stock exchange of Casablanca during the period 2014–2019. The data is derived from the annual reports of 36 firms. The findings don't endorse most of the hypotheses, only verifying that there is a statistically considerable connection between human capital efficiency and financial performance. Even though intellectual capital is progressively understood as a key strategic resource for durable competitive advantage, the outcomes of the established analysis provide rise to different altercations, criticism, and additional research on the topic. This research fuses prior methods to explore certain causal relations considering the intellectual capital of Moroccan-listed firms.

Keywords : Intellectual capital, Intellectual capital measurement, Financial performance, VAIC™, Moroccan financial firms.

JEL Codes: E22, J24, L25, N 27, O34

INTRODUCTION

Le capital immatériel a suscité, dernièrement, un intérêt important (Mignon, Walliser, 2015). Bien que cet intérêt augmente, de nombreuses organisations sont confrontées aux problèmes de sa gestion aux difficultés de mesure (Nazari, Herremans, 2007). Le capital immatériel provient de l'investissement des firmes dans des actifs non matériels tels que la recherche, l'innovation, les logiciels et les expertises spécifiques à l'organisation, et la réalisation de biens ou de services. Au Maroc, cette recherche révèle que le capital immatériel participe à la réussite ou à l'échec d'une firme. Il peut, aussi, déterminer la croissance socio-économique du pays. L'apport de ce papier demeure dans le dévoilement de l'influence du capital immatériel au Maroc. L'écart observé entre la valeur marchande et la valeur comptable a attiré l'attention de nombreuses sociétés sur la recherche de la valeur manquante dans les états financiers. Selon divers chercheurs, le capital immatériel est une valeur cachée qui échappe aux états financiers et qui conduit les organisations à obtenir un avantage concurrentiel (Edvinsson, Malone, 1997 ; Lev, 2001 ; Chen *et al.*, 2005 ; Kamukama, Sulait, 2017). De plus, l'incapacité des états financiers à expliquer précisément la valeur de l'entreprise prouve que la source de valeur économique est la création de capital immatériel et non plus la production de biens matériels (Chen *et al.*, 2005).

L'acceptation généralisée du capital immatériel comme source d'avantage concurrentiel a conduit au développement de méthodes de mesure appropriées, car les outils financiers traditionnels ne saisissent pas tous ses aspects (Nazari, Herremans, 2007 ; Fustec, 2016). Pulic (2000a) a développé une méthode mesurant l'efficacité de la valeur ajoutée par la capacité immatérielle des entreprises (coefficient immatériel de valeur ajoutée [VAIC]). Le VAIC mesure l'efficacité de 3 types d'intrants : le capital physique, humain et structurel (Public, 2000a, b ; Firer, Williams, 2003).

Examiner la relation capital immatériel et performance financière est le but de notre étude. La méthodologie de mesure du capital immatériel part des études de Chen *et al.* (2005). L'enquête empirique est menée à l'aide de données tirées d'un panel composé de 37 sociétés marocaines cotées à la Bourse des valeurs de Casablanca, issues de 8 secteurs économiques différents (période 2014-2019). A l'aide de la méthodologie VAIC susmentionnée, l'étude examine analytiquement les effets distincts de l'efficacité du capital investi, humain et structurel sur la performance financière.

Cette étude contribue à la littérature existante par le capital immatériel et sa relation avec les performances financières des entreprises dans divers secteurs au Maroc. Ces résultats fourniraient aux décideurs et aux gestionnaires des preuves empiriques pour comprendre la situation actuelle du capital immatériel dans les secteurs promoteurs et ses contributions à la performance des entreprises. Il n'y a pas d'étude dans le contexte marocain discutant l'impact du capital immatériel sur la performance financière, y compris l'effet de la taille de l'entreprise, du type d'industrie et du ratio d'intensité d'investissement sur cette relation.

Une section comprendra une brève revue de la littérature concernant les principales variables de l'étude. Une autre portera sur le cadre conceptuel proposé et la méthodologie de recherche. Enfin, une troisième concernera les résultats, les conclusions, les limites de l'étude et les recherches futures seront discutés.

1. CAPITAL IMMATÉRIEL ET PERFORMANCES FINANCIÈRES

1.1. Le capital immatériel dans la littérature

Le terme capital immatériel a été employé pour la première fois en 1969 par l'expert économique John Kenneth, pour justifier l'écart entre la valeur comptable et la valeur marchande dans les organisations. Après, Sveiby (1997), le contrôleur suédois, a abordé la quasi absence du capital immatériel dans les bilans. Dans le cadre de l'économie de la connaissance, le capital immatériel est le plus vital dans chaque organisation, résultant de la performance de l'organisation sous tous ses aspects (Riahi, Balkauie, 2003). C'est l'ensemble d'actifs immatériels ne figurant pas toujours dans le bilan (Bessieux-Ollier *et al.*, 2014). Il comprend les données, les informations et les compétences qui seront utilisées dans la création de valeur (Louzzani, 2004).

Trois éléments composent le capital immatériel : le capital humain, structurel et relationnel. En général, le capital immatériel ne signifie pas simplement « intellect as pure intellect », mais aussi un degré « d'action immatérielle ». Dans ce sens, il n'est pas un bien immatériel statique intrinsèquement, mais plutôt une méthode abstraite. Une synthèse de la littérature fournit 3 constructions interconnectées (Bontis, 1996 ; Edvinsson, Sullivan, 1996) : le capital humain (CH) comprenant la capacité, les savoir-faire, l'expérience et les compétences des employés (Brooking, 1996 ; Edvinsson, Malone, 1997 ; Stewart, 1997 ; Bounfour, 2006). Le capital structurel (CS) se composant des processus, des systèmes, des structures, des marques, des biens immatériels et des différents actifs incorporels (Brooking, 1996 ; Edvinsson et Malone, 1997 ; Stewart, 1997 ; Bounfour, 2002). Et le capital social (CR) résidant au niveau individuel et structurel. La plupart des analystes examinent les composantes du capital immatériel isolément (Hutahayan, 2020). Cependant, l'observation de l'une de ces sous-catégories, séparément, conduirait à une analyse incomplète (Brooking, 1996 ; Lev, 2001). De plus, ses composantes ne sont pas universelles et son évolution ne correspond pas à un développement commercial typique. D'où la nécessité pour les chercheurs de développer un outil de mesure spécifique à l'industrie.

1.2. La méthode VAIC comme outil de mesure du capital immatériel

Pulic (2000a, b) a développé une méthode pratique de mesure du capital immatériel. Il a constaté que la valeur marchande des organisations est créée par le capital investi et immatériel. Ce dernier étant composé du capital humain et structurel. La méthode proposée par Pulic (2000a, b) fournit des informations sur l'efficacité de création de valeur des actifs matériels (capitaux investis) et immatériels (capital humain et structurel) d'une organisation.

Cette méthode, parmi d'autres, est appelée VAIC. Elle le mesure indirectement par la mesure de l'efficience des capitaux, investis (CEE), humain (HCE) et structurel (SCE). Plus le VAIC est élevé, meilleure est l'utilisation du potentiel de création de valeur d'une entreprise. Nous adoptons l'approche tout en suivant le cadre méthodologique de Firer et Williams (2003) ; Chen *et al.* (2005). Selon Andriessen (2004), l'utilisation du VAIC comme indicateur de capital immatériel est justifiée par la disponibilité suffisante des données financières que le modèle utilise comme entrées. De plus, selon Schneider (1998), le danger de perdre de vue l'objectif principal d'une étude survient lorsque les procédures de collecte et de traitement des données appropriées deviennent extrêmement sophistiquées. Compte tenu de cela, la simplicité du VAIC offre de bons services aux chercheurs et permet des comparaisons transversales (Schneider, 1998). De plus, Firer, Williams (2003) soutiennent l'utilisation de VAIC, mentionnant que d'autres modèles de mesure sont, pour la plupart, personnalisés pour s'adapter au profil d'une entreprise spécifique, par conséquent, manquent d'opportunités de généralisation et ont une comparabilité limitée.

1.3. Revue de la littérature empirique

Dans la recherche empirique, de nombreuses études ont empiriquement utilisé VAIC. Firer et Williams (2003) ont utilisé la VAIC pour mesurer la relation capital immatériel et mesures traditionnelles de la performance des entreprises. Ils ont utilisé un échantillon de 75 sociétés cotées en bourse Sud-Africaine, mais les résultats empiriques n'ont étayé aucune relation entre les trois composantes d'efficience et les trois variables dépendantes (rentabilité, productivité et valeur marchande).

Buallay (2017) a examiné la relation entre les composantes du capital immatériel (efficacité des capitaux humain, structurel et employé) et 3 indicateurs représentant la performance de l'entreprise (y compris le rendement des actifs [ROA] et des capitaux propres [ROE]), et le Q) de Tobin sur 171 entreprises cotées à la bourse saoudienne de 2012 à 2014. Les résultats ont montré que l'efficacité du capital humain a un impact significativement positif sur le ROE. De même, Rahim *et al.* (2017) ont étudié 55 entreprises technologiques malaisiennes en 2009. Les résultats ont montré que l'efficacité du capital humain a une relation significative et positive avec la performance de l'entreprise.

Smriti et Das (2018) ont examiné l'impact du capital immatériel sur la performance financière de 710 entreprises indiennes de 2001 à 2016. Les résultats ont indiqué que l'efficacité des capitaux employé et structurel sont des facteurs si importants pour les entreprises, tandis que l'efficacité du capital humain a un impact majeur sur la productivité des entreprises.

Khan (2018) a mené une enquête pour montrer l'impact du capital immatériel sur la performance financière du secteur informatique indien. L'échantillon a été tiré du secteur informatique dont l'indice sectoriel ESB IT avait été sélectionné. Au total, les données de 51 entreprises du secteur des technologies de l'information (TI) pour les exercices allant de 2006 à 2016 ont été prises. Les résultats montrent que seul le VAIC avait une association positive significative avec la rentabilité du secteur informatique indien, alors qu'il avait une relation insignifiante avec la productivité et l'évaluation du marché.

Hoang *et al.* (2018) ont mené une enquête auprès de 319 entreprises de TIC vietnamiennes pour mesurer l'effet du capital immatériel (y compris les capitaux humain, social et organisationnel) sur la performance des entreprises. Sur la base des analyses factorielles exploratoire et confirmatrice et d'une analyse modératrice, ils ont conclu que le capital humain et social sont fortement liés à la performance de l'entreprise. Chowdhury *et al.* (2018) ont utilisé la VAIC pour le même but pour 34 entreprises de textiles au Bangladesh de 2013 à 2017. Les composantes du VAIC ont considérablement influencé les résultats de la productivité. De plus, il a été constaté que le capital structurel avait un effet considérable sur le ROA, le capital humain indiquant un impact insignifiant sur tous les indicateurs de performance financière. Ousama *et al.* (2019) ont utilisé aussi la VAIC dans le secteur bancaire islamique. L'auteur a utilisé un échantillon de banques islamiques opérant au Bahreïn, au Qatar, en Arabie Saoudite et aux Émirats Arabes Unis. Les résultats affirment que le capital immatériel a un impact positif sur la performance financière des banques islamiques. Même si la moyenne du capital immatériel est inférieure à celle rapportée dans d'autres études, l'effet positif sur la performance financière est évident. Les résultats montrent également que le capital humain est supérieur aux capitaux investi et structurel.

Oppong *et al.* (2019) ont examiné les données de 33 compagnies d'assurance au Ghana de 2008 à 2016 pour la même mesure. L'examen dévoile que l'efficacité du capital humain a un effet significatif sur la productivité des compagnies d'assurance. De plus, Ulum *et al.* (2019) ont montré que le capital humain a indiqué une relation positive avec l'intérêt des nouveaux étudiants pour l'avenir. Cheikh et Noubbigh (2019) tentent de déterminer une mesure fiable de la performance des entreprises tunisiennes opérant dans la nouvelle économie. Ils affirment que les informations sont liées au capital immatériel, la principale source de création de valeur pour les entreprises de l'économie du savoir ; cependant, ces informations sont ignorées dans les mesures traditionnelles. Les résultats obtenus, suite aux différentes régressions opérées, indiquent la significativité des variables : « valeur comptable, BVE » ; « retour sur capitaux propres, ROE » et « retour sur actifs, ROA ». Enfin, Weqar *et al.* (2020) voulant explorer le même impact sur des entreprises indiennes axées sur le savoir, l'indice financier de la Bourse de Bombay a été pris pour la période 2009-2018. La méthodologie du VAIC™ a été utilisée pour mesurer les aspects immatériels de ces entreprises. Les résultats révèlent que ce coefficient a une association insignifiante avec la rentabilité et la productivité des entreprises de l'échantillon.

1.4. Capital immatériel et performance d'entreprise au Maroc

Le capital immatériel est un gisement important de création de richesses et d'opportunités. Son développement favorisera, selon le rapport, l'accélération de la transformation structurelle de l'économie dans le cadre d'un modèle national de développement durable et permettra de consolider le rayonnement du Maroc. Quelques études ont été réalisées dans le contexte marocain qui traitent de la relation capital immatériel et performance d'entreprise. Cegarra et Sánchez-Polo (2010) analysent le rôle des effets de différents contextes sur cette relation au moyen d'une enquête empirique sur 112 petites et moyennes entreprises (PME) des industries des télécommunications espagnoles et marocaines. Dans le cadre de l'enquête, des ANOVA répétées ont été utilisées et validées par une analyse factorielle. Les résultats confirment que la performance des PME espagnoles est associée plus positivement à des niveaux plus élevés de capital humain, structurel et relationnel.

Lotfi *et al.* (2016) examinent la relation entre, d'une part, le capital immatériel (CI) et la valeur de l'entreprise et, d'autre part, le CI et la performance de l'entreprise. CI est représenté par la méthode du coefficient intellectuel à valeur ajoutée (VAIC), tandis que la performance financière est mesurée par les retours sur actifs [ROA], capitaux propres [ROE] et investissement [ROI]. La valeur ferme est évaluée en fonction de la valeur marchande et comptable. Cette étude est réalisée à partir des données des sociétés bancaires cotées en bourse marocaine, de 2009 à 2014. Ces banques représentent l'essentiel du système bancaire marocain.

2. CADRE CONCEPTUEL, MÉTHODOLOGIE DE RECHERCHE ET RÉSULTATS DE L'ÉTUDE

2.1. Cadre conceptuel

Cette étude introduit un cadre conceptuel étendant les méthodologies de prévisualisation (Pulic 2000 a, b ; Bontis *et al.*, 2000 ; Firer et Williams, 2003 ; Chen *et al.*, 2005) et étudie la relation capital immatériel et performance financière. Pour mesurer le capital immatériel, nous avons choisi la méthode VAIC. Sa simplicité, subjectivité, fiabilité et comparabilité en font une mesure idéale pour le contexte de l'étude.

En théorie, d'éminents auteurs soutiennent que le capital immatériel est le moteur de valeur de toutes les entreprises (Stewart, 1997), que la gestion des connaissances est un problème organisationnel central (Nonaka, Takeuchi, 1995) et que les connaissances organisationnelles sont au cœur de toute concurrence durable (Bontis, 1999). D'un autre côté, les preuves empiriques ne sont pas concluantes et sont loin de parvenir à un solide consensus scientifique. L'étude de Riahi-Belkaoui (2003) a trouvé une relation positive capital immatériel et performance financière, tandis que Bontis *et al.* (2000) ont conclu que, indépendamment de l'industrie, le développement du capital structurel a un impact positif sur la performance des entreprises. D'autre part, Firer et Williams (2003) ont examiné la relation capital immatériel et mesures traditionnelles de la performance des entreprises (ROA, ROE, TCA) et n'ont trouvé aucune relation, tandis que Chen *et al.* (2005), en utilisant la même méthodologie, ont conclu que le capital immatériel a un impact significatif sur la rentabilité. Notre article essaie d'enrichir la littérature du capital immatériel, considérant ainsi les hypothèses suivantes :

HG : Meilleures performances financières pour les entreprises à capital immatériel plus élevé.

- H1 : Meilleure rentabilité des capitaux propres (ROE) pour les entreprises à capital immatériel plus élevé.
- H2 : Meilleure rentabilité des actifs (ROA) pour les entreprises à capital immatériel plus élevé.
- H3 : Meilleur taux de variation du chiffre d'affaires (TCA) pour les entreprises à capital immatériel plus élevé.
- H4 : La taille de l'entreprise affecte la relation capitale immatériel et rentabilité des capitaux propres (ROE).
- H5 : Le type d'industrie affecte la relation capitale immatériel et rentabilité des actifs (ROA).
- H6 : Le ratio d'intensité d'investissement affecte la relation capital immatériel et taux de variation du chiffre d'affaires (TCA).

2.2. Méthodologie de recherche

2.2.1. L'échantillon

L'échantillon se compose de 37 sociétés marocaines cotées, appartenant à 8 secteurs économiques (selon la classification officielle de la bourse des valeurs de Casablanca) : Agroalimentaire et production (6), banques (5), Assurances (4), Bâtiment et matériaux de construction (4), Participation et promotion immobilières (3), Distributeurs (5), Mines (3), Matériels, Logiciels et Services Informatiques (7). Les données sélectionnées couvrent la période 2014 - 2019. Ces secteurs sont basés sur la connaissance et ont une importance significative pour l'économie marocaine (Les secteurs Agriculture, Industrie (Bâtiment et matériaux de construction, Mines et Matériels, logiciels et services informatiques) et Services (Banques, Assurances, Participation et promotion immobilières, Distributeurs) contribuent à 37,9 %, 21,6 %, 40,5 % du PIB respectivement (Source : FMI)). Notre objectif initial était de tirer des données de toutes les sociétés cotées. Cependant, le premier examen de la disponibilité des données a montré qu'un tel effort était trop ambitieux. Le deuxième tri des données exclu de nombreuses entreprises, laissant un échantillon de 42 entreprises disposant de suffisamment de données disponibles. Enfin, 5 autres exclues de l'échantillon après le troisième tri des données. Globalement, l'échantillon final représente 49 % du nombre total de sociétés cotées pour l'année 2020.

2.2.2. Définition des variables

- Les variables indépendantes

L'étude comprend 4 variables indépendantes (Pulic 2000a, b) :

CEE, indicateur d'efficience des capitaux investis.

SCE, indicateur d'efficience du capital humain.

HCE, indicateur d'efficience du capital structurel.

VAIC, la somme composite des trois indicateurs distincts.

La première étape, le calcul de la valeur ajoutée (VA) selon la méthodologie proposée par Riahi-Belkaoui (2003).

La Deuxième étape, le calcul du capital investi (CI), humain (CH) et structurel (SC) : CI = Total des actifs * – actifs incorporels

CH = Investissement total sur les employés (salaires, traitements, etc.)

SC = VA – CH

Enfin, le calcul de la VAIC et ses trois composantes :

CEE = VA/CI

HCE = VA/CH

SCE = CS/VA

La troisième étape, le calcul de l'indice du capital immatériel

VAIC = CEE + HCE + SCE

- La variable dépendante

L'étude comprend une variable dépendante : la performance financière.

Elle est mesurée à l'aide de 3 indicateurs :

- La rentabilité des fonds propres ou capitaux propres (*ROE*) :

ROE = Résultat net/capitaux propres

Elle mesure la rentabilité d'une organisation en dévoilant le profit qu'une entreprise génère avec l'argent investi par les actionnaires.

- La rentabilité des actifs (*ROA*) :

ROA = Résultat net/actif total

Elle est indicatrice de la rentabilité d'une entreprise par rapport à son actif total. Il donne une idée de l'efficience de l'utilisation des actifs pour générer des revenus.

- Le taux de variation du chiffre d'affaires (TCA)

Taux de variation du CA = ([CA N+1 - CA N] /CA N) x 100

C'est la mesure la plus traditionnelle indiquant la croissance d'une organisation.

- *Les variables de contrôle*

- Taille de l'entreprise (TE) :

Elle influe sur la relation capital immatériel et performance financière des entreprises. Son effet, dans cette recherche, sur les relations entre les variables, est contrôlé par celui de l'équation de régression. Pour la mesurer, le logarithme naturel de la valeur marchande de l'entreprise est appliqué.

Log = M.V Valeur marchande de l'entreprise = M.V

- Type d'industrie (TI) :

Différents groupes industriels se classeraient sous différents aspects. Il existe une variable muette (0 et 1). 0 concerne les industries à faible technologie, 1 les industries à haute technologie.

- Ratio d'intensité d'investissement (RII) :

Il représente le montant de l'investissement de la société en immobilisations. Lorsque le montant des immobilisations par rapport à l'actif total de l'entreprise croît, le ratio d'investissement de cette entreprise augmente. Ce ratio correspond au total des actifs fixes par le total des actifs.

2.2.3. Modèles de régression

- Analyse des données de la variable dépendante Y1 (ROE)

Estimation par régression du modèle :

Le modèle de moyenne d'estimation se présente comme :

Ln Yit = β + β 1X1i+β2Z1it+ β3Z2it+ β4Z3it+ γ1 agroalimentaire et production +γ2 banques +γ3 assurances +γ4 bâtiments et matériaux de construction +γ5 participations et promotion immobilière + γ6 distributeurs + γ7 mines + γ8 matériels, logiciels et services informatiques + γ9 agroalimentaires et production *X11t+ γ10 banques *X12 t + γ11 assurances *X13 t + γ12 bâtiments et matériaux de construction *X14 + γ13 participations et promotion immobilières *X15 t + γ14 distributeurs *X16 t + γ15 mines *X17 t +γ16 matériels, logiciels et services informatiques *X18 t + εit

X1it est la principale variable indépendante et Z3it, Z2it et Z1it des variables de contrôle. L'effet de l'industrie est une variable muette définie comme s'il s'agit :

- De l'industrie agroalimentaire et production = 1
- Non de l'industrie agroalimentaire et production = 0

- De l'industrie des banques = 1
- Non de l'industrie des banques = 0

- De l'industrie des assurances = 1
- Non de l'industrie des assurances = 0

- De l'industrie bâtiment et matériaux de construction = 1
- Non de l'industrie bâtiment et matériaux de construction = 0

- De l'industrie participation et promotion immobilières = 1
- Non de l'industrie participation et promotion immobilières = 0

- De l'industrie des distributeurs = 1
- Non de l'industrie des distributeurs = 0

- De l'industrie des mines = 1
- Non de l'industrie des mines = 0

- De l'industrie des matériels, logiciels et services informatiques = 1
- Non de l'industrie des matériels, logiciels et services informatiques = 0

L'effet de l'industrie se manifeste en deux parties :

La première partie, $\gamma1$‘$\gamma2$‘$\gamma3$‘$\gamma4$ ‘$\gamma5$‘$\gamma6$‘$\gamma7$‘γ 8, montre l'effet de l'estimation des paramètres dans la largeur d'origine des coordonnées.

La deuxième partie, $\gamma9$‘$\gamma10$‘$\gamma11$‘$\gamma12$ ‘$\gamma13$‘$\gamma14$‘$\gamma15$‘γ 16, le montre dans la pente de la ligne, autrement, l'effet de la variable principale dans chaque industrie.

Pour étudier la signification du modèle de régression des hypothèses H0 et H1, on calcule :

- H0: $\beta1=\beta2=\ldots=\gamma16=0$
- H1: $\beta1\neq0$ or β $2\neq0\ldots$ or $\gamma16\neq0$

- H0 : Le modèle n'est pas significatif
- H1 : Le modèle est significatif

- Analyse des données de la variable dépendante Y2 (ROA)

X1it est la principale variable indépendante et Z3it, Z2it et Z1it sont des variables de contrôle. L'effet de l'industrie est une variable muette définie comme avant.

- Analyse des données de la variable dépendante Y3 (TCA)

X1it est la principale variable indépendante et Z3it, Z2it et Z1it sont des variables de contrôle. L'effet de l'industrie est une variable muette définie comme avant.

2.3. Résultats et discussions

Cette section présente les résultats des travaux empiriques et les statistiques descriptives, et explique l'analyse de régression des modèles avec des commentaires.

2.3.1. Statistiques descriptives et analyse de corrélation

D'après les résultats des statistiques descriptives, les entreprises ont réalisé une croissance du chiffre d'affaires autour de 13 %, ainsi que des rendements fructueux pour leurs actionnaires avec environ 62 % de ROE et 6,5 % de ROA. Les statistiques descriptives des variables indépendantes montrent que l'ECI est de 0,15 et que la valeur ajoutée représente 15 % du capital total investi. En 6 ans, les entreprises ont créé une valeur égale à leurs capitaux investis. Quant à l'ECI, la productivité des employés est d'environ 3,32, signifiant que la part des employés dans la valeur ajoutée est inférieure à 1/3. Ce qui n'est pas surprenant pour les entreprises industrielles, car ce sont des organisations à plus forte intensité capitalistique.

Tableau 1. Statistiques récapitulatives des variables

Variable	Obs.	Moyenne	Ecart.Typ.	Min	Max
ROE	216	0.6187	0.3408	-0.772	2.498
ROA	216	0.0646	0.0858	-0.243	0.365
TCA	216	0.1331	0.6771	-0.42	8.92
CEE	216	0.1481	0.1238	0.115	0.719
HCE	216	3.3163	2.0484	0.102	15.92
SCE	216	0.0543	0.3121	-0.331	2.332
VAIC	216	4.1022	2.6455	-14.32	24.783
TE	216	13.543	7.432	-19.18	64.125
TI	216	0.583	0.242	0.133	3.086
RII	216	0.432	0.256	-0.132	1.343

Tableau 2. Corrélation entre les variables dépendantes et indépendantes

	ROE	ROA	TCA	CEE	HCE	SCE	VAIC	TE	TI	RII
ROE	1.000									
ROA	0.216	1.000								
TCA	0.312	0.495	1.000							
CEE	0.233*	0.346	0.536	1.000						
HCE	0.172*	0.349*	0.403*	0.451*	1.000					
SCE	-0.100	0.616	0.336	0.116*	0.096*	1.000				
VAIC	0.136	0.789	0.216	0.252*	0.141	0.162*	1.000			
TE	0.231*	0.431*	0.453*	0.229	0.189	0.489	0.179	1.000		
TI	0.321	0.154	0.444	0.129	0.339*	0.211	0.029*	0.023	1.000	
RII	0.256	0.132	0.098*	0.622	0.321	0.209	0.343	0.567	0.456	1.000
* Significatif à 5% test t bilatéral.										

Dans l'analyse de corrélation, les relations entre toutes les variables sont présentées. Le tableau 2 présente des relations significatives entre les variables indépendantes. Une forte relation linéaire entre les variables indépendantes dans le même modèle entraînerait une multicolinéarité aboutissant à des résultats d'estimation moins précis (Gujarati, 2004). Le test VIF mesure la multicolinéarité entre les variables, en en excluant la variable « VAIC », car se trouvant dans un modèle de régression unique. Les tests VIF montrent qu'il n'y a pas de multicolinéarité parfaite ou imparfaite parmi les variables puisque leurs résultats, illustrés dans le tableau 3 ci-dessous, sont bien inférieurs à 5 (Myers, 1990 ; Evrard *et al.*, 2003).

Tableau 3. Tests VIF pour les variables indépendantes

Variables	Coefficients de corrélation	VIF
CEE-HCE	0.451	3.1213
CEE-SCE	0.116	1.889
HCE-SCE	0.096	1.2543
HCE-TI	0.339	2.0269

L'analyse de corrélation fournit un premier aperçu des résultats, concluant que le ROE, le ROA et le TCA ne sont significativement liés qu'à l'une des trois composantes du VAIC ; efficience du capital humain. Tous les autres indices de corrélation (ROE, ROA, TCA corrélés avec

VAIC, CEE et SCE) ne se sont pas révélés statistiquement significatifs (tableau 2). Les corrélations entre les variables montrent que la relation ratio de ROE et CEE est significative, indiquant que le rendement des fonds propres favorise le capital physique investi dans les entreprises.

2.3.2. Vérification des hypothèses

Nous avons appliqué un test Chow pour savoir si les coefficients estimés sur un groupe de données sont égaux aux coefficients estimés sur un autre. Il est appliqué pour examiner si les paramètres (pentes et intersection) d'un groupe sont différents de ceux des autres groupes. Nous nous intéressons uniquement aux différences entre les intersections, nous ajoutons donc un modèle de régression à variable muette (modèle à effets fixes). Nous créons un terme d'interaction du régresseur et de la variable muette, puis ajustons le modèle avec elles.

L'analyse des données :

Le capital immatériel en tant que variable indépendante et le ROA, le ROE, le TCA en tant que variables dépendantes sont calculées à partir des informations extraites des états financiers et des données des banques d'informations, pour les entreprises de l'échantillon pour une période de 6 ans. Le coefficient de corrélation de Pearson est utilisé pour l'analyse annuelle des modèles et la régression pour l'analyse des données combinées. La base de l'inférence est le niveau de signification et d'erreur. Lorsque la probabilité du niveau de signification du test est inférieure à 0,5, l'hypothèse est acceptée au niveau de 95 %.

Test d'hypothèse et analyse :

Les hypothèses sont examinées par des symboles statistiques :

$H0: \beta1 = \beta2 = \ldots\ldots\ldots = \beta = 0$

$H1: \beta i \neq 0 \qquad i = 1, 2, 3..., 8$

Tableau 4. Résultats de l'examen des hypothèses 1, 2 et 3

Hypothèse acceptée	Sig	T-Statistic	Durbin Watson	F-Statistic	R2	Coefficients standardisés	Relation entre Capital immatériel et variable dépendante		Variable dépendante
H0	0.119	1.046	2.126	1.113	0.587	0.267	0.267	Coefficient de Pearson de Corrélation	**ROA**
							0.119	Sig	
							216	Observations	
H0	0.017	1.543	1.765	1.455	0.698	0.057	0.057	Coefficient de Pearson de Corrélation	**ROE**
							0.017	Sig	
							216	Observations	
H0	0.298	1.086	1.261	0.613	0.467	-0.237	-0.237	Coefficient de Pearson de Corrélation	**TCA**
							0.298	Sig	
							216	Observations	

Le niveau de signification du coefficient de corrélation étant supérieur à 5 % pour les hypothèses 1-2 et 3, le capital immatériel a, donc, la capacité d'expliquer la performance financière (ROA, le ROE et le TCA) avec un niveau de variation acceptable (58,7 %, 69,8 %,46,7 % respectivement). Aussi, d'après le résultat des hypothèses 1, 2 et 3, une relation positive, mais non significative, existe entre le capital intellectuel et le ROE/ROE/TCA. Par conséquent, les hypothèses 1, 2 et 3 ne sont pas confirmées à un niveau de confiance de 95 %.

Tableau 5. Résultats de l'étude de l'effet de taille sur les coefficients de régression modèle

Hypothèse acceptée	Sig	T-Statistic	Durbin Watson	F-Statistic	R2	Coefficients standardisés	Relation entre Capital immatériel et variable dépendante		Variable dépendante
H1	0.000	5.436	2.801	16.111	0.615	0.632	0.632	Coefficient de Pearson de Corrélation	**ROA**
							0.000	Sig	
							216	Observations	
H1	0.000	4.411	1.842	12.511	0.512	0.366	0.366	Coefficient de Pearson de Corrélation	**ROE**
							0.000	Sig	
							216	Observations	
H1	0.002	2.231	1.785	5.154	0.388	0.374	0.374	Coefficient de Pearson de Corrélation	**TCA**
							0.002	Sig	
							216	Observations	

Les résultats obtenus de la régression à 3 variables avec présence d'une variable modificatrice de la taille de l'entreprise dans le tableau 5 et la comparaison des résultats de la régression entre le capital immatériel et le ROA, le ROE, TCA discuté dans le tableau 4, montrent qu'en ajoutant la variable de taille de l'entreprise au modèle de régression, le coefficient de détermination modifié et les hypothèses rejetées changent. Alors, la variable modificatrice de la taille de l'entreprise affecte les relations entre les variables et devrait être ajoutée au modèle de régression. Selon les résultats, l'hypothèse 4 est confirmée à un niveau de confiance de 95 %.

Pour l'hypothèse 5, nous calculons les variables type d'industrie, capital immatériel, ROA, ROE et TCA comme une régression à 5 variables. Ensuite, nous les comparons au modèle de régression constitué de capital immatériel et de ROA, ROE, TCA sans modificateur de type d'industrie variable. Si l'inclusion du type d'industrie de variable de modificateur dans le modèle de régression entraîne une augmentation ou diminution du coefficient de corrélation et du coefficient de détermination modifié, le type d'industrie de la variable de modificateur affectera la relation capital immatériel et ROA, ROE et TCA. Les résultats du coefficient de corrélation, de détermination et de détermination modifié dans 2 cas mentionnés, ont été illustrés dans le tableau 6 :

Tableau 6. Résultats de l'étude de l'effet de l'inclusion du type d'industrie sur les coefficients du modèle de régression

Hypothèse acceptée	Sig	T-Statistic	Durbin Watson	F-Statistic	R2	Coefficients standardisés	Relation entre Capital immatériel et variable dépendante		Variable dépendante
H0	0.078	1.712	1.576	1.698	0.489	0.147	0.147	Coefficient de Pearson de Corrélation	**ROA**
							0.078	Sig	
							216	Observations	
H0	0.165	1.032	1.097	0.915	0.411	-0.342	-0.342	Coefficient de Pearson de Corrélation	**ROE**
							0.165	Sig	
							216	Observations	
H0	0.145	1.242	1.297	0.993	0.463	0.211	0.211	Coefficient de Pearson de Corrélation	**TCA**
							0.145	Sig	
							216	Observations	

Selon les résultats obtenus de la régression à 5 variables avec présence d'une variable modificateur de type Industrie dans le tableau 6 et en comparant les résultats de la régression entre le capital immatériel ROA, ROE, TCA, discutée en détail et présentée dans le tableau 4, ajouter une variable de type d'industrie au modèle de régression montre que le coefficient de détermination modifié et les hypothèses rejetées changent. Donc la variable modificateur, le type d'industrie, affecte les relations entre les variables et devrait être ajoutée au modèle de régression. Mais, les résultats restent toujours non significatifs, l'hypothèse 5 n'est pas confirmée à un niveau de confiance de 95 %.

Pour l'hypothèse 6, nous calculons les variables ratio d'intensité d'investissement, capital immatériel et ROA, ROE, TCA comme une régression à 5 variables. Ensuite, nous les comparons au modèle de régression précédent (tableau 4). Si l'inclusion du ratio d'intensité d'investissement variable du modificateur dans le modèle de régression entraîne une augmentation ou diminution du coefficient de corrélation et de détermination modifié, le ratio d'intensité d'investissement variable du modificateur affectera la relation capital immatériel et ROA, ROE, TCA. Les résultats du coefficient de corrélation, de détermination et de détermination modifié dans 2 cas mentionnés, sont illustrés dans le tableau 7 :

Table 7. Résultats de l'étude de l'effet de l'inclusion du ratio d'intensité de l'investissement sur les coefficients du modèle de régression.

Hypothèse acceptée	Sig	T-Statistic	Durbin Watson	F-Statistic	R2	Coefficients standardisés	Relation entre Capital immatériel et variable dépendante		Variable dépendante
H0	0.543	1.003	1.012	0.432	0.354	-0.006	-0.006	Coefficient de Pearson de Corrélation	**ROA**
							0.543	Sig	
							216	Observations	
H0	0.143	1.154	1.662	1.432	0.411	0.113	0.113	Coefficient de Pearson de Corrélation	**ROE**
							0.143	Sig	
							216	Observations	
H0	0.081	2.012	1.684	2.108	0.588	0.279	0.279	Coefficient de Pearson de Corrélation	**TCA**
							0.081	Sig	
							216	Observations	

Selon les résultats obtenus de la régression à 3 variables avec présence d'une variable modificatrice du ratio d'intensité de l'investissement dans le tableau 7, en comparant les résultats de la régression à 4 variables entre capital immatériel et ROA, ROE, TCA, discutée en détail et présentée dans le tableau 4, et en ajoutant la variable du ratio d'intensité de l'investissement au modèle de régression, le coefficient de détermination modifié et l'hypothèse acceptée ne changent pas. La variable modificateur, le ratio d'intensité de l'investissement, n'affecte pas les relations entre les variables. Selon les résultats, l'hypothèse 6 n'est pas confirmée à un niveau de confiance de 95 %.

Par conséquent, HG n'est pas validée par les données empiriques.

2.3.3. Discussion des résultats

Les résultats offrent à la bibliographie un autre article ne soutenant pas pleinement l'incidence du capital immatériel (mesuré selon la méthodologie VAIC) sur la performance financière. Généralement, les études empiriques utilisant l'approche VAIC pour étudier l'impact du capital immatériel sur diverses variables de la performance financière ont abouti à des résultats contradictoires. Firer et Williams (2003) ; Hutahayan (2020) ; Chowdhury *et al.* (2018) n'ont pas réussi à identifier une relation entre VAIC et la rentabilité, la productivité et la performance financière. Tandis que Chen *et al.* (2005) ; Bontis *et al.* (2015) ; Ousama *et al.* (2019) ont réussi à identifier une relation entre le capital immatériel, la valeur de marché et la performance financière.

L'incapacité de la méthodologie VAIC à fournir des résultats cohérents soulève des critiques sur son efficacité, remettant en question sa fiabilité : « La méthodologie VAIC décrit-elle correctement la vérité des affaires (par conséquent, le capital immatériel n'a aucun impact sur la performance financière, etc.), ou faut-il apporter des améliorations/ajustements afin de mieux refléter la réalité ? ».

Pour y répondre, il faut considérer le contexte de réalisation de la plupart des études VAIC. Soit par tendance de réplication, soit parce que la méthodologie VAIC correspond mieux au contexte des pays émergents et en développement (Afrique du Sud, Taïwan, Malaisie, Maroc, Thaïlande, Bangladesh) où la plupart des études empiriques ont été menées. Les raisons de l'utilisation généralisée du VAIC dans les économies émergentes et en développement semblent être sa mise en œuvre facile, son fondement sur des mesures comptables fondamentales et ses exigences de déclaration limitées (par rapport à d'autres méthodes de mesure du capital immatériel). Il paraît que le manque de pratiques comptables avancées et de structures financières matures dans les pays émergents et en développement correspond aux exigences de la VAIC, ce qui en fait une méthodologie. Par conséquent, la question de la fiabilité du VAIC est fortement liée au contexte des recherches précédentes. Étant donné que les pays émergents et en développement n'ont pas encore exploré leur potentiel de connaissances, on pourrait supposer que l'échec du VAIC à vérifier les relations significatives entre capital immatériel et diverses variables de performance financière (rentabilité, productivité financière, etc.) est attribué, non à l'inefficacité du VAIC elle-même, mais à la non valorisation des actifs immatériels par les entreprises de ces pays et du fonctionnement imparfait du marché des capitaux dans ces économies. Ces pays s'appuient principalement sur des actifs matériels et ont tendance à négliger les actifs immatériels (Malhotra, 2003). Il est logique que les études VAIC ne parviennent pas à établir une relation positive entre capital intellectuel et performance financière.

Dans une perspective économique, le potentiel de développement des pays, des régions et des secteurs économiques repose surtout sur des ressources immatérielles et des capacités cachées. Il est question d'identifier les facteurs clés de succès créant de la valeur pour les nations et déterminant son avantage concurrentiel. Le capital fondé sur les connaissances résulte de l'investissement des entreprises dans des actifs non physiques tels que la recherche, le développement et l'innovation, les données, les logiciels, les brevets, les nouveaux processus organisationnels, les compétences propres à l'entreprise et la conception de produits ou de services. Au Maroc, cette étude montre que le capital immatériel ferait la différence entre succès et échec d'une entreprise.

Il serait un facteur de réussite décidant du développement socio-économique. L'identification du capital de connaissances permettra d'utiliser toutes les ressources intellectuelles ancrées dans une nation. Afin de répondre aux exigences de l'économie du savoir, des méthodes et des indicateurs de mesure du capital intellectuel des pays sont à développer. Ainsi, notre contribution réside-t-elle donc dans le déballage des définitions, de l'importance et des mesures du capital immatériel au Maroc. Notons que ce concept mesuré à ce niveau reste encore au stade embryonnaire de développement. La suggestion essentielle pour les travaux futurs est d'être sensible à la manière de transformer directement les modèles de capital immatériel des entreprises au niveau régional. Une entreprise n'est pas égale à un pays. Ces deux entités présentent des caractéristiques si différentes, qu'il convient de considérer lors de la construction de tels modèles de mesure.

CONCLUSION

Cette étude a tenté d'étudier la relation capital immatériel et performance financière des sociétés marocaines cotées et qui appartiennent à 8 secteurs d'activité. La méthodologie adoptée est celle du VAIC, utilisée pour d'autres études similaires (Firer, Williams, 2003 ; Chen *et al.*, 2005 ; Ousama *et al.*, 2019).

Bien que le capital immatériel soit de plus en plus reconnu comme un atout stratégique important pour un avantage concurrentiel durable, les résultats de l'étude ne soutiennent pas une telle affirmation. Les résultats empiriques étayent la plupart des hypothèses proposées et ne vérifient que la relation efficience du capital humain (ECH) et ROE d'un côté et ROA d'un autre côté. Deux des 3 indicateurs de performance financière utilisés dans l'étude. De plus, les résultats semblent être en corrélation directe avec certaines caractéristiques de l'économie marocaine. L'importance du secteur public, le faible niveau des investissements directs étrangers, la faible efficience du marché des capitaux (BERD, 2016), la taille relativement petite et moyenne de la plupart des entreprises marocaines et la non généralisation des pratiques de gestion modernes ne constitueraient pas le meilleur environnement pour le développement du capital immatériel. Par ailleurs, les indices d'innovation, de compétitivité et d'entrepreneuriat au Maroc (3 variables mesurant indirectement la capacité immatérielle d'une économie) sont à des niveaux très bas (BERD, 2016). En conséquence, les résultats de l'étude ne devraient pas surprendre, mais plutôt servir de signal d'avertissement pour prendre certaines mesures.

Enfin, l'étude a des implications sur les connaissances, la pratique et l'élaboration des politiques. Concernant le domaine de la connaissance, l'étude complète la littérature relative au contexte marocain. Pour la pratique, les résultats reflètent l'étendue actuelle du capital immatériel et de ses composantes. Cela aidera à comprendre la force des entreprises marocaines pour améliorer les performances et créer de la valeur grâce à une utilisation efficace du capital immatériel. Les entreprises marocaines peuvent utiliser efficacement leurs capitaux investis, humain et structurel. Pour l'élaboration des politiques, les résultats guident les autorités compétentes (le législateur, les bourses) pour mettre en œuvre des réformes stratégiques puisque la plupart des entreprises marocaines prévoient de diversifier leurs stratégies et de se transformer en une économie fondée sur la connaissance, où le capital immatériel jouera un rôle majeur dans l'amélioration des performances des entreprises.

Les limites de cette étude seraient classées en 2 catégories : celles inhérentes à la méthodologie de la recherche et celles liées à la méthodologie VAIC. Pour les premières, il s'agit de l'échantillon de recherche qui a exclu certains secteurs en raison de la non-disponibilité des données au moment de la recherche. L'ajout d'autres secteurs à l'avenir pourrait améliorer les résultats. En plus, la période de recherche est limitée à 6 ans. Des périodes plus longues pourraient éventuellement offrir des résultats plus concluants. Enfin, les résultats reposent sur une analyse quantitative (régressions) insuffisante pour brosser un tableau riche des marchés marocains. Au Maroc, les stratégies adoptées par les institutions financières sont influencées par les directeurs généraux et les décideurs souvent nommés pour concrétiser les stratégies économiques du gouvernement. Par conséquent, une analyse plus qualitative est nécessaire (entretiens avec des décideurs clés) pour mieux comprendre la position du capital immatériel dans le secteur financier. Pour les deuxièmes, il s'agit de l'utilisation du résultat net dans le calcul du ROA pouvant influer sur la corrélation entre VAIC et performance financière, car le bénéfice net est fortement influencé par le degré de l'effet de levier financier. En général, la méthodologie VAIC ne tient pas compte du niveau de risque de l'entreprise, un des facteurs les plus importants pour déterminer la valeur de l'entreprise et du capital immatériel.

BIBLIOGRAPHIE

ANDRIESSEN, D. (2004), Making Sense of Intellectual Capital: Designing a Method for the Valuation of Intangibles, *Elsevier Butterworth-Heinemann*, Burlington, MA.

BANQUE EUROPEENNE POUR LA RECONSTRUCTION ET LE DEVELOPPEMENT (BERD) (2016), *Stratégie pour le Maroc*, https://www.ebrd.com/documents/osg/morocco-strategy-in-french.pdf, consulter le 29 octobre 2019.

BESSIEUX-OLLIER, C., SCHATT, A., WALLISER, E., ZEGHAL, D. (2014), La reconnaissance du capital immatériel : quels enjeux pour l'évaluation des entreprises ? *Management international / International Management / Gestiòn Internacional,* 18 (3), 12-19. https://doi.org/10.7202/1025086ar

BONTIS, N. (1996), There's a price on your head: managing intellectual capital strategically, *Ivey Business Journal – Business Quarterly,* Summer, 40-7.

BONTIS, N. (1999), Managing organizational knowledge by diagnosing intellectual capital: framing and advancing the state of the field, *Intellectual Journal of Technology Management,* 18, 5-8, 433-62.

BONTIS, N., CHUA, W., RICHARDSON, S. (2000), Intellectual capital and business performance in Malaysian industries, *Journal of Intellectual Capital,* 1(1), 85-100.

BONTIS, N., DŽENOPOLJAC, V. (2015), Intellectual capital in Serbia's hotel industry, *International Journal of Contemporary Hospitality Management,* 27(6), 1365-1384.

BOUNFOUR, A. (2006), *Capital immatériel, connaissance et performance*, Collection Conception et dynamique des organisations, ISBN 13978-2-296-01128-1.

BROOKING, A. (1996), *Intellectual capital, core asset for the third millennium enterprise*, London, International Thomson Business Press.

BUALLAY, A. M. (2017), The relationship between intellectual capital and firm performance, *Corporate Governance and Organizational Behavior Review*, 1(1), 32-41.

CEGARRA, J., SANCHEZ-POLO, M. (2010), Linking National Contexts with Intellectual Capital: A Comparison between Spain and Morocco, *The Spanish journal of psychology*, 13, 329-42.
CHEIKH, I.B., NOUBBIGH, H. (2019), The Effect of Intellectual Capital Drivers on Performance and Value Creation: The Case of Tunisian Non-financial Listed Companies, *Journal of the Knowledge Economy,* 10, 147-167.
CHEN, M.C., CHENG, S.J., HWANG, Y. (2005), An empirical investigation of the relationship between intellectual capital and firms' market value and financial performance, *Journal of Intellectual Capital,* 6 (2), 159-76.
CHOWDHURY, L.A.M., RANA, T., AKTER, M., HOQUE, M. (2018), Impact of intellectual capital on financial performance: evidence from the Bangladeshi textile sector, *Journal of Accounting & Organizational Change,* 14(4), 429-454.
EDVINSSON, L., MALONE, M.S. (1997), *Intellectual Capital: Realizing Your Company's True Value by Finding Its Hidden Brainpower*, Harper Business, New York, NY.
EDVINSSON, L., SULLIVAN, P. (1996), Developing a Model for Managing Intellectual Capital, *European Management Journal,* 14, 356-364.
EVRARD, Y., PRAS, B., ROUX, E., (2003), *Market, études et recherches en marketing, fondements, méthodes*, 3[e]édition, Nathan.
FIRER, S., WILLIAMS, S.M. (2003), Intellectual capital and traditional measures of corporate performance, *Journal of Intellectual Capital,* 4(3), 348-60.
FUSTEC, A. (2016), Évaluation du capital intellectuel par des indices de notation, profitabilité et performances financières des entreprises, *Innovations,* 3, 125-146.
GUJARATI, D. N. (2003), *Basic Econometrics. 4th edition,* McGraw Hill Publishing Company Limited.
HOANG, T. N., THONG, B. Q., PHUONG, N. (2018), The impact of intellectual capital dimensions on Vietnamese information communication technology firm performance: A mediation analysis of human and social capital, *Academy of Strategic Management Journal*, 17(1), 115.
HUTAHAYAN, B. (2020), The mediating role of human capital and management accounting information system in the relationship between innovation strategy and internal process performance and the impact on corporate financial performance, *Benchmarking: An International Journal,* 27(4), 1289-1318.
KAMUKAMA, N., SULAIT, T. (2017), Intellectual capital and competitive advantage in Uganda's microfinance industry, *African Journal of Economic and Management Studies,* 8(4),498-514.
https://doi.org/10.1108/AJEMS-02-2017-0021

KHAN, A. M. (2018), An empirical study of the impact of intellectual capital on the financial performance of the Indian IT sector, *Journal of Corporate Finance Research,* 15(1), 7-19.
LEV, B. (2001), *Intangibles: Management, and Reporting,* Brookings Institution Press, Washington, DC.
LOTFI, M., ELKABBOURI, M., IFLEH, Y. (2016), The relationship between intellectual capital, firm value, and financial performance in the banking sector: empirical evidence from morocco, *International Journal of Innovation and Applied Studies,* 17, 1004-1013.
LOUZZANI, Y. (2004), Immatériel et performances des entreprises : Cas des entreprises industrielles en France sur la période 1994-1998, *Gestion et management,* Université des Sciences Sociales, Toulouse I, Français. Halshs-00008639.
MALHOTRA, Y. (2003), Measuring knowledge assets of a nation: knowledge systems for development, *Ad Hoc Group of Experts Meeting – Knowledge Systems for Development,* New York.
MIGNON, S., WALLISER, E. (2015), Éditorial : Connaissances, capital intellectuel et management de l'innovation, Innovations, *Revue d'économie et de management de l'innovation,* 47(2), 5-13.
MYERS, R. (1990), *Classical and modern regression with applications (2 ed.),* Boston, Duxbury.
NAZARI, A., HERREMANS, I.M. (2007), Extended VAIC model: measuring intellectual capital components, *Journal of Intellectual Capital,* 8(4), 595-609.
NONAKA, I., TAKEUCHI, H. (1995), *The Knowledge-creating Company: How Japanese Companies Create the Dynamics of Innovation,* Oxford University Press, New York, NY.
OPPONG, G., PATTANAYAK, J., IRFAN, M. (2019), Impact of intellectual capital on productivity of insurance companies in Ghana, *Journal of Intellectual Capital,* 20(6), 763-783.
OUSAMA, A.A., HAMMAMI, H., ABDULKARIM, M. (2019), The association between intellectual capital and financial performance in the Islamic banking industry: An analysis of the GCC banks, *International Journal of Islamic and Middle Eastern Finance and Management,* 13(1), 75-93.
PULIC, A. (2000a), VAIC – an accounting tool for IC management, *International Journal of Technology Management,* 20(5-7), 702-14.
PULIC, A. (2000b), *MVA and VAIC analysis of randomly selected companies from FTSE 250.*
RAHIM, A., ATAN, R., KAMALUDDIN, A. (2017), Human Capital Efficiency and Firm Performance: An Empirical Study on Malaysian Technology Industry, *SHS Web of Conferences,* 36(1), 1-26
RIAHI-BELKAOUI, A. (2003), Intellectual capital and firm performance of US multinational firms: a study of the resource-based and stakeholder views, *Journal of Intellectual Capital,* 4(2), 215-26.

SCHNEIDER, U. (1998), The Austrian approach to the measurement of intellectual potential, paper presented at the *National Business Conference*, Hamilton.
SMRITI, N., DAS, N. (2018), The impact of intellectual capital on firm performance: a study of Indian firms listed in COSPI, *Journal of Intellectual Capital*, 19, 5, 935-964.
STEWART, T. (1997), *The New Wealth of Organizations*, Doubleday, New York, NY.
SVEIBY, K. (2000), *Intellectual capital and knowledge management.*
SVEIBY, K.E. (1997), *The New Organizational Wealth: Managing and Measuring Knowledge Based Assets*, Berrett-Koehler, New York, NY.
ULUM, I., HARVIANA, R. R., ZUBAIDAH, S., JATI, A. W. (2019), Intellectual capital disclosure and prospective student interest: An Indonesian perspective, *Cogent Business & Management*, 6(1), 1-13.
WEQAR, F., KHAN, A.M., RAUSHAN, M.A. *et al.* (2020), Measuring the Impact of Intellectual Capital on the Financial Performance of the Finance Sector of India, *Journal of the Knowledge Economy*, 12(3),1134-1151

COMPTE-RENDU

Aux origines du « rouge »

Danielle Trichaud-Buti, Gilbert Buti, *Rouge cochenille. Histoire d'un insecte qui colora le monde XVIè-XXIè siècle*, CNRS éditions, Paris, 2021, 335 p.

Par Cédric Perrin

Quasiment partout dans le monde, la couleur rouge, notamment parce qu'elle est associée au sang, recèle une charge symbolique forte. Elle est présente par exemple sur 80 % des drapeaux. Or, jusqu'à l'invention des colorants de synthèse, ce sont des insectes de la famille des coccidés, dont la cochenille, que l'on tirait les plus beaux rouges. La cochenille fut ainsi un des « trésors et fruits des Indes », le deuxième produit en valeur au retour d'Amérique - les Indes occidentales - du XVIè au XVIIIè siècles. Dans un livre publié aux Editions du CNRS, l'historienne et l'historien Danielle Trichaud-Buti et Gilbert Buti nous invitent à suivre à partir du XVIè siècle l'histoire de cet insecte méconnu aujourd'hui mais qui « colora le monde » en rouge. Leur ouvrage est divisé en trois grandes parties d'importances inégales : une première sur la découverte du produit et l'appropriation des savoirs, une deuxième sur la constitution d'un marché mondial d'un produit de luxe, une troisième sur la fin du prestige de cette matière depuis le XIXè siècle. Cette dernière partie qui couvre les deux derniers siècles est beaucoup plus courte (une cinquantaine de pages) que les précédentes ; la période moderne, dont les deux auteurs sont spécialistes, est ainsi au cœur de l'enquête historique. En dépit de quelques répétitions, celle-ci se lit aisément et elle bénéficie d'une édition soignée et d'une cartographie de qualité.

Les *conquistadores* de la Nouvelle-Espagne (l'actuel Mexique) ont découvert la cochenille parmi les tributs que les Aztèques prélevaient sur les peuples de leur empire. Dans cette Amérique pré-colombienne qu'ils colonisent, le rouge est présent partout et les teintes les plus intenses sont produites avec les cochenilles, un parasite du cactus (les *opuntias*) présent de la Californie à l'Argentine. Parmi ses différentes espèces, celle du Mexique produit un « colorant exceptionnel » dont les conquérants espagnols perçoivent assez vite l'intérêt. Dans la vieille Europe, les rouges de meilleure qualité étaient d'origine animale. Dans l'Antiquité, ils étaient fabriqués avec le murex mais ce coquillage en contenait de si petites quantités que la ressource s'épuisa. Au Moyen-âge, les rouges écarlates sont produits à partir de la cochenille du chêne kermès du bassin méditerranéen. La région de Montpellier, par exemple, s'était fait une spécialité des draps rouges luxueux. La cochenille dite de Pologne (*porphyrophora*), un parasite des racines de graminées, était également employée. La cochenille du Mexique les surpassa car elle présentait le grand avantage de demander des quantités beaucoup moins importantes pour teindre en rouge.

En l'absence de sources écrites, on ignore quand et où fut exactement domestiquée la cochenille. Ne connaissant pas les modalités de sa production, les savants espagnols ont d'abord hésité entre origine animale ou végétale du colorant. La Couronne espagnole a ensuite gardé ce savoir secret pour protéger ses intérêts commerciaux. Si bien que dans les pays d'Europe qui n'avaient pas d'accès direct à la source, le mystère demeura jusqu'au XVIIIè siècle. La meilleure qualité provient de la région montagneuse et difficile d'accès de la Mixteca, au sud de Mexico et à l'ouest de l'isthme de Tehuantepec. Les Zapotèques y ont longuement sélectionné les cactus (les nopals) et les cochenilles pour en maîtriser l'élevage. La demande des européens a conduit à une expansion des nopaleraies mais, dès le début du XVIIè siècle, les Espagnols réduisirent leur espace au centre du Mexique pour mieux contrôler la ressource. La plupart des nopaleraies sont de petites, voire très petites, tailles. Près de trois ans après la plantation, les cactus sont « ensemencés » avec des nids de cochenille-mères. La femelle, qui seule fournit du colorant, se fixe sur les « figuiers d'Inde » dont elle suce la sève. L'élevage nécessite une surveillance régulière et la récolte beaucoup de soin. Les cochenilles sont ensuite triées et mises en sac pour les transporter vers le port de Veracruz à dos de mulets.

Dans le cadre de l'Exclusif colonial, Séville est la « seule porte d'entrée en Europe » de la cochenille mistèque – ou *grana* – dont les volumes d'importation triplent au XVIIIè siècle et qui représente la majeure partie (en valeurs) des arrivées hors métaux précieux. Tous les Etats maritimes d'Europe ont essayé de contourner le contrôle espagnol, par la contrebande, des raids sur les ports de Nouvelle-Espagne et les prises de mer par les flibustiers qui restent toutefois trop limitées pour entraver le commerce espagnol des Indes. La Couronne a renoncé à un monopole royal mais elle surveille le trafic sur lequel elle prélève une taxe. Les capitaines ne peuvent charger à Veracruz que la marchandise qui porte le sceau royal. En Espagne, elle doit passer par les entrepôts du roi avant que les négociants puissent l'acheter mais la demande y décline, en même temps que l'industrie drapière espagnole, et les principaux centres de la demande sont en Europe du Nord-Ouest. La *grana* gagne également les ports du Levant puis d'Asie, soit par Séville, soit depuis Acapulco. Marseille devient un pôle important de la redistribution de ces flux et le chapitre V en décrit plus précisément les réseaux, les pratiques et les opérations de spéculation. La cochenille est d'abord utilisée pour teindre les tissus. Au début du XVIIè siècle, la mexicaine dépasse les autres produits pour obtenir les rouges les plus écarlates grâce à la mise au point de nouveaux procédés. En France, avec la politique mercantiliste de Colbert destinée à contrôler la qualité, les règlements exigent que les couleurs en « grand teint » soient obtenues avec de la cochenille du Mexique. Celle-ci est aussi employée en parfumerie, en cuisine ou encore par les apothicaires pour ses propriétés médicinales, ainsi que par les peintres (Zurbarán, El Greco, Rubens, pour n'en citer que quelques-uns). La cochenille est un produit de luxe et le rouge est le symbole de la puissance des élites qui le portent sur leurs vêtements et en décorent leurs intérieurs.

La tentative la plus aboutie pour exfiltrer la cochenille du Mexique fut celle du français Thierry de Menonville à la fin du XVIIIè siècle mais le développement de nopaleraies à Saint-Domingue tourna court. L'histoire de la cochenille est ensuite prise dans celle des révolutions politiques de la fin du XVIIIè et du XIXè siècles et la fin de l'empire espagnol en Amérique. Français et Hollandais tentèrent sans y parvenir d'introduire l'élevage des cochenilles dans leurs colonies. Seuls les Espagnols réussissent le transfert vers les Canaries où il connaît une croissance rapide. Mais, l'élaboration progressive des colorants de synthèse à la fin du XIXè siècle en diminua l'intérêt, sans s'y substituer brutalement. Après des décennies d'oubli, la cochenille réapparaît depuis les années 1970 avec la critique des rouges de synthèse dont la toxicité est avérée. Le Pérou est désormais le pays d'origine de 85 % de la production mondiale – qui connaît aussi un renouveau depuis peu dans la province d'Oaxaca au Mexique et aux Canaries – dont les trois-quarts sont destinés désormais à l'industrie alimentaire (sous le code E120 en Europe) et non plus textile.

A PROPOS DE M&O – RAS

ABOUT M&O – JSA

Marché et Organisations

La revue Marché & Organisations – Revue d'Analyse Stratégique (M&O – RAS) est une publication académique thématique dans les domaines de l'économie et de la gestion. Son objectif est d'offrir aux enseignants-chercheurs et aux praticiens un forum de premier plan pour communiquer, échanger et diffuser leurs idées et leurs recherches sur les dynamiques de marché et les liens qu'elles entretiennent avec les stratégies concurrentielles et la structure des organisations. Elle s'adresse aux enseignants-chercheurs et aux étudiants en sciences économiques et de gestion, ainsi qu'à un public plus large de décideurs et de managers, curieux de se tenir informés de l'évolution des interactions entre stratégie d'entreprises et marchés

La revue Marché & Organisations – Revue d'Analyse Stratégique (M&O – RAS) publie des articles de recherche de nature théorique et empirique, et qui traitent de sujets ayant un impact important sur l'économie et la gestion dans leur ensemble. En ce sens, la revue se veut comme une ressource précieuse pour les académiques, et fournit aux praticiens un moyen d'accéder à des connaissances utiles sur les dynamiques marchandes et les stratégies d'entreprises.

Tout article adressé à la revue Marché & Organisations – Revue d'Analyse Stratégique (M&O – RAS) est d'abord avisé par les rédacteurs en chef et les éditeurs invités en charge de la réalisation des numéros thématiques, avant d'être évalué de manière anonyme par au moins deux chercheurs, membres du comité scientifique ou choisis en fonction de leurs compétences.

Les articles soumis pour publication dans la revue Marché & Organisations – Revue d'Analyse Stratégique (M&O – RAS) doivent respecter les standards académiques en vigueur et sont évalués

Market and Organizations

Market & Organizations – Journal of Strategic Analysis (M&O - JSA) is a thematic academic publication in the fields of economics and management. Its objective is to provide a forum for academic researchers and practitioners to communicate, exchange and disseminate their ideas and research on market dynamics and their links with competitive strategies and organizational structure. It is aimed at teacher-researchers and students in economics and management, as well as at a wider audience of decision-makers and managers, who are interested in keeping abreast of developments in the interactions between corporate strategy and markets.

Market & Organizations – Journal of Strategic Analysis (M&O - JSA) publishes research articles of a theoretical and empirical nature, dealing with topics that have a significant impact on the economy and management as a whole. In this sense, the journal aims to be a valuable resource for academics, and provides practitioners with a means to access useful knowledge on market dynamics and business strategies.

Any article addressed to Market & Organizations – Journal of Strategic Analysis (M&O - JSA) is first notified by the editors and guest editors in charge of the thematic issues, before being evaluated anonymously by at least two researchers, members of the scientific committee or chosen according to their skills.

Articles submitted for publication in Market & Organizations – Journal of Strategic Analysis (M&O - JSA) must comply with current academic standards and are evaluated on the basis of their originality and quality. They may be written in French or English and cover areas such as industrial economics, management, entrepreneurship, human resources management, organizational

sur la base de leur originalité et de leur qualité. Ils peuvent être rédigés en français ou en anglais, et couvrir des domaines tels que l'économie industrielle, le management, l'entrepreneuriat, la gestion des ressources humaines, la théorie organisationnelle et les méthodes de recherche. Les approches méthodologiques qualitatives et quantitatives sont les bienvenues, incluant les études économétriques, les études de cas, les études expérimentales, la simulation numérique, et les monographies historiques. Sous réserve que le sujet du Cahier le justifie et que la ligne éditoriale de la revue soit respectée, des articles en droit, sociologie et histoire peuvent être acceptés. Les articles publiés peuvent être mono ou multidisciplinaires.
Les contributions peuvent être en langue française ou anglaise.

Les articles proposés :
- 6000 à 10 000 mots incluant la bibliographie, les tableaux, les figures et les annexes,
- Soumission de l'article à l'adresse suivante : https://mo.manuscriptmanager.net

Marché et Organisations – Revue d'analyse stratégique est une publication sous la responsabilité éditoriale du Réseau de Recherche sur l'Innovation : http://2ri.eu

La revue est diffusée par Cairn : https://www.cairn.info/revue-marche-et-organisations.htm

theory and research methods. Qualitative and quantitative methodological approaches are welcome, including econometric studies, case studies, experimental studies, numerical simulation, and historical monographs. Articles in law, sociology, and history may be accepted, provided that the topic of the Cahier justifies it and that the editorial line of the journal is respected. Published articles may be mono or multidisciplinary.
Contributions may be in French or English.

The proposed articles:
- 6000 to 10 000 words including bibliography, tables, figures and appendices,
- Submit the article to the following address: https://mo.manuscriptmanager.net

Market & Organizations – Journal of Strategic Analysis (M&O - JSA) is a publication under the editorial responsibility of the Research Network on Innovation: http://2ri.eu

The journal is distributed by Cairn: https://www.cairn.info/revue-marche-et-organisations.htm

MARCHÉ ET ORGANISATIONS
L'HARMATTAN

Numéros précédemment parus

N°1 : Artisanat. La modernité réinventée, 2006
N°2 : La petite entreprise, elle a tout d'une grande. De l'accompagnement aux choix stratégiques, 2006
N°3 : Tourisme et Innovation. La force créative des loisirs, 2007
N°4 : Le travail. Formes récentes et nouvelles questions, 2007
N°5 : Les universités et l'innovation. L'enseignement et la recherche dans l'économie des connaissances, 2007
N°6 : Entrepreneuriat et accompagnement. Outils, actions et paradigmes nouveaux, 2008
N°7 : Développement durable des territoires. Economie sociale, environnement et innovations, 2008
N°8 : Développement durable et responsabilité sociale des acteurs, 2009
N°9 : Gouvernance : exercices de pouvoir, 2009
N°10 : Le travail collaboratif. Une innovation générique, 2009
N°11 : Economie sociale et solidaire. Nouvelles trajectoires d'innovations, 2010
N°12 : Relations à la marque et marques de la relation. Regards croisés sur le management relationnel de la marque, 2010
N°13 : Les contrats au service de la recherche ?, 2011
N°14 : Le potentiel économique de l'Afrique subsaharienne, 2011
N°15 : Management de la distribution, 2012
N°16 : Territoire Vert. Entreprises, Institutions, Innovations, 2012
N°17 : Eco-conception, conception et innovation. Les nouveaux défis de l'entreprise, 2013
N°18 : Intelligence économique : entreprises et territoires, 2013
N°19 : La finance globale. Un monde fini, 2013
N°20 : La crise du « développement », 2014
N°21 : La Chine innove. Politiques publiques et stratégies d'entreprise, 2014
N°22 : Go East! Nouvelles Economies de Marché, 2015
N°23 : L'économie du changement, 2015
N°24 : Le temps des artisans. Permanences et mutations, 2015
N°25 : Innovations de proximité et esprit d'entreprise, 2016
N°26 : L'avenir des économies du Maghreb, 2016
N°27 : Le sport aux frontières du marché du travail, 2016
N° 28 : Dynamiques internationales des entreprises, 2017
N° 29 : L'univers du risque, 2017
N° 30 : Petites entreprises dans l'histoire industrielle, 2017
N° 31 : Economie sociale et *Social Business* ? Au défi d'entreprendre et se financer, 2018
N° 32 : Education et fertilisation des économies africaines, 2018
N° 33 : L'entrepreneuriat innovant dans les pays du Maghreb, 2018
N° 34 : L'entrepreneuriat scientifique : institutions et innovation, 2019
N° 35 : Le champ économique de la culture, 2019
N°36 : Economie sociale et solidaire ? Modèles d'innovation et modes de gouvernance, 2019
N°37 : Rethinking luxury business, 2020
N° 38 : La santé connectée. Nouvelles technologies et réorganisation des soins, 2020
N° 39 : Options stratégiques et systèmes complexes d'innovation, 2020
N° 40 : Les Services : Intégration des systèmes productifs et lien social, 2021
N° 41 : Crise pandémique, crise globale : Réalité et controverses théoriques, 2021
N° 42 : La crise de la Covid-19. Le marché et les organisations en perspective, 2021

Structures éditoriales du groupe L'Harmattan

L'Harmattan Italie
Via degli Artisti, 15
10124 Torino
harmattan.italia@gmail.com

L'Harmattan Hongrie
Kossuth l. u. 14-16.
1053 Budapest
harmattan@harmattan.hu

L'Harmattan Sénégal
10 VDN en face Mermoz
BP 45034 Dakar-Fann
senharmattan@gmail.com

L'Harmattan Cameroun
TSINGA/FECAFOOT
BP 11486 Yaoundé
inkoukam@gmail.com

L'Harmattan Burkina Faso
Achille Somé – tengnule@hotmail.fr

L'Harmattan Guinée
Almamya, rue KA 028 OKB Agency
BP 3470 Conakry
harmattanguinee@yahoo.fr

L'Harmattan RDC
185, avenue Nyangwe
Commune de Lingwala – Kinshasa
matangilamusadila@yahoo.fr

L'Harmattan Congo
67, boulevard Denis-Sassou-N'Guesso
BP 2874 Brazzaville
harmattan.congo@yahoo.fr

L'Harmattan Mali
ACI 2000 - Immeuble Mgr Jean Marie Cisse
Bureau 10
BP 145 Bamako-Mali
mali@harmattan.fr

L'Harmattan Togo
Djidjole – Lomé
Maison Amela
face EPP BATOME
ddamela@aol.com

L'Harmattan Côte d'Ivoire
Résidence Karl – Cité des Arts
Abidjan-Cocody
03 BP 1588 Abidjan
espace_harmattan.ci@hotmail.fr

Nos librairies en France

Librairie internationale
16, rue des Écoles
75005 Paris
librairie.internationale@harmattan.fr
01 40 46 79 11
www.librairieharmattan.com

Librairie des savoirs
21, rue des Écoles
75005 Paris
librairie.sh@harmattan.fr
01 46 34 13 71
www.librairieharmattansh.com

Librairie Le Lucernaire
53, rue Notre-Dame-des-Champs
75006 Paris
librairie@lucernaire.fr
01 42 22 67 13

www.ingramcontent.com/pod-product-compliance
Lightning Source LLC
LaVergne TN
LVHW050645051026
849532LV00002B/527
* 9 7 8 2 3 4 3 2 5 4 0 4 3 *